企业管理认知与动态能力研究

余　浩　著

本书为国家社会科学基金重点项目“管理认知、动态能力与转型升级企业创新绩效研究（项目编号：14AGL005）”资助成果

科学出版社
北　京

内 容 简 介

本书从资源转化、能力更新和惯例演化三方面对动态能力的产生机制进行了研究，系统探讨了管理认知影响企业创新绩效的机理，试图通过提出并检验在高新技术产业背景下动态能力对创新绩效的影响机制，建立动态环境对管理认知与动态能力的调节作用的理论框架。本书提出了提高企业创新绩效的管理方法与具体的管理措施，对理论研究、产业实践和政策制定有一定的启发意义。

本书适用于管理学相关专业的本科生、研究生和教师，以及对管理认知或动态能力感兴趣的企业管理者阅读。

图书在版编目（CIP）数据

企业管理认知与动态能力研究/余浩著. —北京：科学出版社，2021.10

ISBN 978-7-03-070037-7

Ⅰ. ①企… Ⅱ. ①余… Ⅲ. ①企业管理-研究 Ⅳ. ①F272

中国版本图书馆 CIP 数据核字（2021）第 206738 号

责任编辑：王丹妮 / 责任校对：贾娜娜

责任印制：张 伟 / 封面设计：有道设计

科学出版社 出版

北京东黄城根北街 16 号

邮政编码：100717

http://www.sciencep.com

北京虎彩文化传播有限公司 印刷

科学出版社发行 各地新华书店经销

*

2021 年 10 月第 一 版 开本：720 × 1000 B5

2021 年 10 月第一次印刷 印张：11 3/4

字数：250 000

定价：110.00 元

（如有印装质量问题，我社负责调换）

前　言

IBM（International Business Machines Corporation，国际商业机器公司）发现，由外而内引起认知型企业转型主要源于不断变化的客户的期望，也包括无所不在的互联互通。随着市场拉动力、技术推动力的增加，包括自动化、区块链、人工智能、物联网，以及5G（5th generation mobile networks，第五代移动通信技术）时代的来临，企业需要充分利用这些呈指数级发展的技术，“由内而外”地展开全面的数字化重塑，打造新型的商业模式。这使我们形成了由内而外、由外而内的对认知型企业转型的必要性的探索。如今数字颠覆大潮席卷而来，认知时代如期而至，促使企业重新界定传统行业和领域之间的界限。互联网的发展对传统行业产生了巨大冲击，许多传统企业经营者迫切希望通过转型升级以追上时代变革。企业比过去更需要不懈地进行自我重塑，评估自身在不断变化的生态系统中的竞争地位，探索新的敏捷工作方式，并解决领导层面临的基本问题：企业应该如何驾驭，而不是任由自己被颠覆超越？

这一问题有了新的答案，那就是寻求认知能力：重新定义传统业务、产品、服务和流程——从基础的后台职能部门到关键的中端部门，再到重要的前台部门，覆盖整个企业。认知能力不仅支持从根本上打造简化、完善且经济的运营模式，还可以带来全新的创新形式并显著提升效益。尽管认知能力可以增加整个企业的效益，但其潜在效益远不止如此。随着企业在数字智能和数字化重塑方面日渐成熟，职能部门之间的相互影响也可能会随之加强。此外，为迎接新机遇，企业可能会改组，实时调整系统和人员，意想不到的创新也可能会随之而来。更重要的是，认知能力可以为企业创造机遇，以及整合资源，促进合作，甚至彻底重塑各行各业。

本书整合了悖论思想，对动态能力和管理认知理论进行了系统阐述。在此基础上，按照“案例-仿真-实证”的结构完成各变量之间基础关系交互研究，得到如下主要研究结论。

首先，唯物辩证法的发展尤为重要，从悖论中把握事物发展，强调物质与主观能动性，动态与静态相结合，以及不确定性对主导逻辑调整的重要性。其次，只有管理惯例与动态能力不断磨合、相互影响，才可以使企业不断创新，选择合适的战略创造新的绩效。最后，人的因素将越来越重要，尤其是企业的高层管理者。企业的认识论是管理认知，方法论是动态能力，它们告诉企业高层管理者如何持续地对生存环境做出判断，感知并把握住出现的机会与威胁及基于认知的机会创造，同时也告诉他们如何去重构自身和组织的资源与能力，以及如何把握机会使企业成功转型升级，从而实现企业的长久生存和持续发展。

基于这些分析,本书提出了提高企业创新绩效的管理方法与具体的管理措施，以及有关研究对于理论建立、产业实践和政府政策制定三个层面的启示。当然，本书在对国内案例研讨方面的研究尚有待于深化。未来的研究工作还可以从如何将管理认知从高阶理论和知识网络结构两层面展开，针对动态能力中的“即兴能力”、管理认知中的“认知凝滞”、能力演化中的“能力陷阱”等最新方向等做进一步的深入探讨。

在写作过程中，笔者引证了大量国内外创新管理研究者的宝贵学术成果和资料，没有他们出色的研究工作，笔者是不可能完成本书的撰写的。在此，请允许笔者向各前辈学者表示敬意和谢忱，同时也为不能一一当面表示谢意而致歉。在资料引用或有关研究与理论观念的转述中如有不当，恳请各位专家学者及广大读者及时指出，笔者会予以订正。

余 浩

2021 年 5 月

目　　录

第 1 章 导 论

1.1 创新的演变

我们今天所处的时代，按照流行的商业语言定义，即正处于“颠覆性的创新时代”，诸多科技大规模地应用，如同当年文艺复兴时期出现了大批伟大作品一样，让人们每天都感觉到有一种前进的“推背感”，而数字时代的真正创新者也必是那些能够将人文和科学联系在一起的人，这就不得不提到文艺复兴的巨人——达·芬奇了。纵观达·芬奇的传奇一生，就是不断打破行业边界的探索之旅。每一次作品的产生，都是他探索新的领域知识的旅程：对人体的临摹开启了他对人体构造的探索；对建筑工程的参与激发了他对工程学研究的热情；计时装置的设计引发了他对时间命题的哲学思考。他的目光超越了那个时代的常规，以前所未有的方式去理解人和自然，改写了科学和技术的法则，许多东西我们今天仍在沿用。因而，真正的创新者都应当以达·芬奇为师，从他身上吸收缔造伟大产品的能量。

“创新”一词，最早是由美籍奥地利经济学家约瑟夫·熊彼特于 1912 年在其《经济发展理论》一书中提出的，所谓“创新”就是最大限度地获取超额利润，不断实现生产要素的重新组合，同时创新也是资本主义经济增长和发展的动力。而后，许多著名的经济学家也进一步探索和研究了创新理论，并逐渐发展形成了一个以“创新理论”为基础的独特的理论体系。其中大多数创新学者强调，“历史方法”在创新研究中相当重要，原因有三：其一，创新十分耗时，它是基于对未来的推测，创新结果在较长的时期内往往是不确定的。因此，对任何创新的研究都需要了解其历史。其二，创新能力是通过复杂的日积月累的学习过程而得到的。其三，创新过程是在社会环境中形成的。正如 Lazonick（2002）所指出的，“影响创新的社会条件随着时间发生变化，并且在不同的生产性活动中也会变化；因此，对创新型企业的理论分析必须与历史研究结合起来”。

创新历史模式的复杂性不仅反映了经济活动的异质性，还反映了技术创造过程在不同产业和国家间的多样性，这些特性使得构建历史发展的总体计划存在一定困难。一些创新史学家和分析家提出了“时代分类法”，该方法建立在定义整个发展时期的“关键技术”之上。它的一种表现形式是熊彼特在《商业周期》一书中提出的“波动理论”——以产业革命为代表的技术创新是经济长波形成的根源，并且长波是以主要技术发明和它们的普及应用、生产技术突破性发展为标志的。佩蕾丝[①]在熊彼特的基础之上将演化经济学、系统理论等内容加入到经济长波的研究之中，他指出 18 世纪末以来的世界经济共出现了五次发展巨浪，分别为 1760 年开始的英国工业革命时代，1829 年开始的蒸汽动力、煤炭、铁和铁路等得到应用的时代，1875 年开始的以钢和重型机械制造业和电力等为标志的时代，1908 年开始的石油、汽车、石化产品大量生产的时代，以及 1971 年开始的信息和通信技术革命的时代。并且他认为，2020～2030 年会出现由生物技术、生物电子、纳米和新材料等技术革命所引发的第六次发展巨浪。具体技术革命时间及各时期的美国主流企业，如表 1-1 所示。

表 1-1 技术革命时间及各时期的美国主流企业

技术革命	美国主流企业样本（成立时间）
第一次科技长波：水力和铁	
萌芽期：1750～1770 年	
成长期：1771～1793 年	
关键/转折点：1793～1797 年	
成熟期：1797～1829 年	
衰退期：1830～1840 年	
第二次科技长波：蒸汽和铁路	
萌芽期：1790～1829 年	巴尔的摩铁路（Baltimore & Ohio Railroad，1827 年）
成长期：1830～1848 年	伊利铁路（Erie Railroad，1832 年） 宾夕法尼亚铁路（Pennsylvania Railroad，1846 年）
关键/转折点：1848～1850 年	
成熟期：1850～1873 年	
衰退期：1874～1890 年	
第三次科技长波：钢和电力	
萌芽期：1850～1875 年	伯利恒钢铁（Bethlehem Steel，1857 年） 米德维尔钢铁（Midvale Steel，1867 年） 卡内基钢铁（Carnegie Steel，1872 年，part of U.S. Steel as of 1901）
成长期：1876～1893 年	
关键/转折点：1893～1895 年	
成熟期：1895～1918 年	
衰退期：1919～1940 年	

① 佩蕾丝，著名演化经济学家，2002 年出版《技术革命与金融资本》。

续表

技术革命	美国主流企业样本（成立时间）
第四次科技长波：汽车和石油	
萌芽期：1880～1908 年	福特汽车（Ford，1903 年）
成长期：1909～1929 年	通用汽车（General Motors，1908 年） 克莱斯勒（Chrysler，1925，predecessor Maxwell founded 1904 年）
关键/转折点：1929～1944 年	
成熟期：1944～1974 年	
衰退期：1975～1980 年	
第五次科技长波：计算机和通信技术	
萌芽期：1950～1971 年	
成长期：1972～2001 年	微软（Microsoft，1975 年） 苹果（Apple，1976 年） 谷歌（Google，1998 年）
关键/转折点：2001/2008 年	
成熟期：（未确定）	
衰退期：（未确定）	

资料来源：Bodrožić 和 Adler（2018）

然而其他不依赖“波动理论”的研究工作则强调少数技术在推动经济增长的过程中扮演的重要角色。虽然这些理论很有价值，但过分强调了所谓关键技术的重要性，而忽视了其他也可能很重要的创新和经济活动领域。在下文的讨论中，笔者对只强调“关键创新”的“变革”效应的历史观点提出挑战，并认为需要认真考虑一系列创新模式、制度过程与组织形式之间的共存问题。

本章关于创新随时间演变的讨论强调，在连续时期内创新过程发生的结构变化，可以通过“创新系统”的概念加以表述。在采用创新系统框架时，笔者聚焦于经济活动结构和相关制度的变化，同时也关注在新兴工业化国家中知识生产和流动模式的变化。下面首先回顾在世界经济中推动工业化的近代史观点。随后讨论工业化不同阶段中创新过程的结构变化，包括 1760～1850 年发生在英国的第一次工业革命，19 世纪末 20 世纪初的第二次工业革命，以及第二次世界大战结束后的第三次工业革命。第三次工业革命最好的例子是第二次世界大战结束后的美国，其私人和公共组织在新的创新领域中展开竞争与合作，这是一种仍在进行当中的创新模式。

1.1.1 第一次工业革命：经济进步的根基

1. 制度和创新

大量的“世界史”文献一直在试图解释18世纪后期西方的崛起，尤其是欧洲国家实现了生产率持续增长的突破。为什么某些国家能够突破马尔萨斯陷阱[①]，从依赖增加劳动力投入、扩大劳动分工的“粗放”型经济增长方式转向以创新为基础的集约型经济增长方式，并实现人均实际产出的持续增长？

对这一历史争论做出重大贡献的是波莫兰兹，他认为18世纪中叶之前日本、中国和印度基本处在经济发展的同一水平——这种相似性令人惊讶。但为什么只有西北欧实现了基于创新的发展转型？波莫兰兹认为有两个因素是关键性的：首先，欧洲列强将其占领的殖民地作为制造业市场和食物与原材料的来源；其次，欧洲将煤作为新的能源。

另一种对西北欧工业化的解释强调了制度的变化（Wallerstein，1974）。该观点指出，产权的出现是创新的重要推动力。琼斯（Jones，2003）提出了另一种对制度的分析观点，他指出人们对经济增长的理解比对阻止经济增长的理解要少得多。琼斯强调了政治制度对创新所起的抑制作用，这些政治制度建立在政治和军事集团强征暴敛的基础之上。只有当这些统治者的权力在危机中被削弱，创新的机会才会增多。由于西北欧国家政治集团的政治权力在14～17世纪被逐步削弱，因此在世界经济中基于创新的持续经济增长首先在这个区域出现。

现有文献在以下问题上存在分歧：发展时间上的差异；不同因素在推动制度形成中的相对重要性，如私有产权及军事集团力量的削弱等。但采用这一方法的所有学者都强调，“制度变化”是创新导向持续发展必不可少的前提条件。

2. 第一次工业革命中的创新

绝大多数经济史学家将1760年左右发生在英国和北欧的工业发展视作经济和技术发展的分水岭。英国工业化时期的创新是全面性的，包括技术、组织和制度的变革，涵盖了众多产业和产品群，与强调蒸汽动力和纺织技术这些划时代技术突破的经典历史解释形成鲜明对照（Mantoux，1961）。

3. 技术进步的产业（部门）模式：专利证据

关于工业革命中创新速率和部门分布的变化情况，一个重要证据是这一时期的专利统计数据。由于获取专利的成本很高（在英国大约为120英镑，同时期一

---

① 人口增长是按照几何级数增长的，而生存资料仅仅是按照算术级数增长的，多增加的人口总是要以某种方式被消灭掉，人口不能超出相应的农业发展水平。这个理论就被人称为“马尔萨斯陷阱”。

个熟练工人的年薪是 50 英镑），并且很多发明者难以找到专利代理人，因此专利数据是一种“有偏”的证据，但在工业革命时期没有与创新活动直接相关并较为完备的其他数据源。麦克罗德发现，专利申请在 1750 年后数量迅速增加，特别是关于资本品[①]的相关专利。这一时期获取专利增长最为迅速的两类技术是动力技术和纺织机械。其他资本品的专利申请增长趋势也非常明显，包括农用设备、酿造、造船、运河建设和冶金等，虽然资本品的专利数占总专利数的份额在 1750～1800 年是呈上升趋势的，但英国资本品的专利份额在这一时期始终没有超过 40%。

这一时期大量的发明活动集中在消费品上。伯格和伯格斯特伦（Berg and Bergström，1998）指出，消费品专利主要针对创新度较小的产品，如带扣、纽扣、橱柜、家具和双孔构架船等。事实上，纺织部门中的很多专利活动——大约有 1/3——包含新的产品。工业革命中纺织部门的众多发明活动还包括新型的丝线和织物，而这些发明主要针对消费者市场。专利证据表明，工业革命时期存在宽泛的技术变革。但是，由于用专利数据反映创新活动有局限性，笔者在以下论述中将主要从定性角度集中分析讨论“产业创新结构”。

4. 产业变化模式：技术史

1）蒸汽动力和纺织

在第一次工业革命中，英国纺织业的快速发展与三项创新——纺织机、水力纺纱机、自动化机械密切相关。从 18 世纪末到 19 世纪中叶，棉纺织业的产出、劳动生产率、企业规模、资金利用及其在国民经济收入中的份额都大幅度增加，棉纺织业的增加值从 18 世纪 60 年代的不到 50 万英镑上升至 19 世纪 20 年代中期的 2500 万英镑。正如这些显著变化所显示的，纺织业在发展巅峰期占据了制造业产出份额的 25%。在其他部门，创新和生产率也得到了较大幅度的提升。

这一时期的另一个关键创新是瓦特发明的蒸汽发动机，它于 1776 年被第一次引入，并经常被视作第一次工业革命时期的标志性技术。但冯塔泽曼（Tunzelmann，1978）关于蒸汽动力的研究表明，蒸汽机的扩散相对较慢，它相对于当时已有的动力技术来说只具有较小的经济优势（因此不能对经济增长产生显著影响）；同时蒸汽机对英国经济其他产业的前向关联与后向影响也非常有限，这进一步减弱了其“催化反应”的效果。综上所述，对英国经济增长和工业化进程具有重要影响的创新涵盖了众多的技术和产业。

2）其他部门中的创新

虽然工业化发展意味着农业在一国经济产出中份额的下降，但英国的农业却

① 资本品一般是指一切协助生产其他商品或服务的物品，如生产工具、机器设备、厂房建筑等。

在1750～1850年经历了快速发展，并表现出较高的创新性。这一时期，关键性创新主要集中在农业工具、耕作设备（犁、耙、锄头、磨刀石、扬场和脱粒设施等）的开发上。农业创新与19世纪30年代农用专业化设备产业的出现密切相关，而这反过来促使大量小型铸造厂和工程工厂数量的增加。与农业部门技术变革密切相关的各种创新发生在食品加工、销售和消费中，这主导了工业革命期间和工业革命之后英国制造业的发展。食物保鲜、冷藏、烘烤、酿造、谷物磨粉等行业中的技术创新推动了生产设施规模的扩张及企业和生产的组织创新。

与农业部门类似的一个典型创新部门是玻璃制造部门，该部门主要生产各种差异化产品——从窗户玻璃、瓶子，到灯具、容器和眼镜等，它们已在各部门中得到广泛应用。玻璃行业是早期工业革命中极少数具有大规模生产活动的部门，它的发展在一定程度上依靠试验和研究的进步。但在这一时期，科学在技术创新中扮演的重要角色尚未得到普遍认可。在玻璃生产过程中，知识密集度最高的部分是光学玻璃，其开发技术以光学理论为基础，这将科学与生产较好地整合在一起。虽然第一次工业革命总体上还远不是以科学为基础的，但某些关键部门的发展已经预示了创新具有的重要作用。

类似的例子还包括钢铁业、化工业、制陶业、机械和机床业、工具业、采矿业，以及纸包装和印刷业等。创新在这些产业和其他一些产业中具有的普遍性及其不同的创新程度再一次表明，第一次工业革命中的创新不只局限于经济中的"领先部门"，而是存在于所有部门之中。一方面，我们不应忽略纺织部门和蒸汽动力在推动工业化过程中发挥的重要作用；另一方面，我们应客观地从技术和经济角度对它们扮演的角色进行分析。

5. 早期工业化中创新活动的组织和学习

第一次工业革命中的创新活动是如何组织的？对专利数据的分析表明，18世纪末19世纪初的所有发明，事实上都来自发明者个人的努力。这些发明者要么在独立的工作间工作，要么在大型企业中工作。发明者的技能和知识基础源于已有行业，如手表制造、木工、锻造、金属加工等，特别是纺织机械主要在现有的纺织厂中制造和组装。真正专业化的资本品生产部门直到19世纪20年代才开始出现。

在工业革命中，发明和创新活动高峰期的出现并不完全依赖现在所理解的一般性"科学"概念的出现。虽然在18世纪末和19世纪初出现过诸如玻璃制造等科学与产业结合的典型个案，且这一时期的英国出现了各种正式和非正式的科学社团，科学概念也得到了广泛传播，但这些早期的"科学革命"几乎没有产生实践价值。虽然这一时期发明家的搜索和学习过程被描述为一种"试错"过程，但这一概念事实上将早期工业化所需知识的复杂度、深度和广度都进行了简化。莫克（Mokyr，2002）认为，工业革命中最核心的因素是“工业启蒙”（industrial enlightenment），即关于工业技术知识的不断改进和扩散，体现在出版的技术手册、课本当中有关工艺技术等产业实践活动的结构性描述和编码化的文字知识。工业革命中的学习和知识积累模式最初是隐性的和实践性的，但到了18世纪末和19世纪初，越来越多的这类学习被编码化，这也加速了不同部门间相关知识的扩散。

6. 第一次工业革命中的企业制度和组织

“制度变化”对早期工业化创新高峰期中企业生产过程的组织形态和模式具有重要影响。这是一个涵盖范围很广的主题，笔者仅聚焦于其中两种关键的制度变化——首先是新的公司法和支持企业发展的金融制度；其次是对生产的管理控制，这会改变生产车间的组织形式和规模。这些制度的创新使工厂的生产增长成为可能。

18世纪，大多数工业企业的规模都非常小，即使在19世纪早期大型企业也非常少见。在工业化早期的大多数阶段，小规模的作坊或生产单元是主要的组织形式。这些小型企业或为私人所有，或是合作经营，资金也主要来自本地，其债务通常由兼任经理的企业所有者承担。以下两种制度形式使企业规模的扩张成为可能：股份合资（有限责任）组织和金融网络增长。

“合资协会”这一金融组织形态曾在中世纪的英国出现过，但它必须通过国家授权才能获得许可。1825年后，伴随独立法人、有限责任和可交换股份公司的创立而出现了一系列改革。英国《合股公司法》在1844年获得通过，并在1856年和1862年进行修订。虽然许多行业的融资行为仍局限于本地的小规模融资，但法律制度的变革使得企业融资明显改善，企业规模显著增长。合资型组织及其可获得的金融支持是企业增长的必要而非充分条件。此外，管理系统和管理者控制的发展可能对企业成长具有更为显著的作用。

早期的工业企业管理者面临一系列严峻挑战，包括配置合适的劳动力与人员管理、工作流程的控制、新技术的采用，以及伴随劳动力结构调整的生产活动的组织结构变革。波拉德（Pollard，1965）强调“两类相互联系但仍具有明显差异的困难：工人进入新的大型企业但对规则和纪律不熟悉所带来的反感，以及缺乏熟练和可靠的劳动力”。事先设定好生产方法与规则，构建劳动力的监控系统，以及培养工人对有组织和受控制的工作日的习惯，这些管理措施虽然出现得较为缓慢，但却是早期工业化发展的核心。工业革命期间出现的新的管理技术使得更大规模的集中生产场所，以及机械化工厂的发展成为可能。反过来，地点集中的大规模生产也使得动力和新工业技术的采用，以及对组织和生产速度实行近距离的管理控制成为可能。

上述组织和管理创新是第一次工业革命的根本特征。例如，在制陶业中，最重要的管理创新是由乔舒亚·韦奇伍德提出的。除了开发大量产品创新外，韦奇伍德还引入了新的营销方法，但他最重要的创新是组织创新——包含整合劳动力的创造，围绕一组生产过程系列进行的有组织的工厂设计，尤其是一支具有严格纪律的可控制的劳动力大军的构建等。韦奇伍德的创新强调了针对劳动力的管理控制权，而这成了19世纪后期创新最重要的基础。

第一次工业革命中，经济和创新活动变革的一个必不可少的内容是新的经济组织和管理技术的开发，新一轮的制度变革和管理创新被证明是第二次工业革命的必要内容——产业研究实验室成为组织创新的核心。

1.1.2 第二次工业革命：科学技术的飞跃

1. 工业革命与组织创新

19世纪末工业技术开始变化，一系列新的技术和产业开始出现，第二次工业革命主要发生在欧洲和美洲大陆。欧洲的工业革命主要由法国和德国的一些新兴工业化区域所引领，如鲁尔区。工业革命的重点开始从英国发展较成熟的基础性产业（钢铁、煤炭、纺织和机械工程）向新工业部门（如化学、光学和电学）转移，技术领导地位也由英国向美国和德国转移。

组织创新是第二次工业革命的一个重要标志，它把产业与在20世纪发挥更重要作用的一般性的“科学”联系起来。这在三个重要方面改变了创新过程：①对发明者进行规范的训练变得相当重要，“工匠式”的发明创造数量大大减少[①]；②企业外部开展规范化培训和研究的各种机构的作用明显增加；③企业内部基于经验和编码的科学与技术知识成为企业扩张和多元化的强大推动力。

19世纪末的技术转变伴随企业结构的变化，大规模、垂直整合的企业开始在德国和美国出现，它整合了专业化的研发部门和实验室。在这类企业中，研究工作由一个研究团队完成，并非常依赖它与教育系统（特别是大学）间形成的科学交流网络。这些大规模的专业化管理企业成为20世纪中期熊彼特“创造性毁灭”观点的代表，产业创新成为企业战略的一个核心内容。

2. 第二次工业革命是“科学驱动型”的吗？

虽然重要的科学突破及其在产业中的应用在19世纪末已经出现，但二者之间

---

① 科学性解释已被证明是新工艺和产品开发的可靠指南与向导（Rosenberg and Birdzell，1986）。它不像神话或预言那样不受约束，企业不可能忽略科学理论和原则，除非它甘冒被竞争对手取代的风险。但为了理解和应用科学性解释，需要对相关的科学原则进行长期的理解和培训。这一要求使得整个行业的科学知识变得专业化，并弱化了工匠发明扮演的角色。

仍是一种松散联结的关系，并且比通常所认为的更为松散。在科学发现和技术创新之间搭建桥梁需要耗费大量时间。例如，在法拉第 1831 年证明电磁感应原理后并没有明显的技术应用跟进（电报除外）。但这一科学发现为第二次工业革命中电气设备产业的出现奠定了基础，即形成了电气设备和发电机产业。

正如电力产业的案例所表明的，建立在基础科学研究成果之上的技术探索经常需要耗费相当长的时间，因为需要通过应用研究将新技术转换为经济上可用的技术与知识。其他一些重要的案例表明了另一种情形的存在，如帕金斯在 1856 年对苯胺紫的一次偶然合成导致了第一种合成燃料的出现。化学科学对这一时期的产业发展非常重要，创新所需的大量时间是将科学突破转化为商品所耗费的时间，这还依赖制造技术的进步。在其他产业中，科学和技术创新间的关联也很弱，因为技术创新不需要高深的科学知识，如 19 世纪下半世纪的金属加工产业，美国在这一时期处于技术领先地位。这一机械技术的发展依赖高难度的机械技能，以及在概念和设计上的创造性，这不需要或只需要很少的科学知识。美国在这一产业和其他产业（如化学、食品包装和消费品）能获得成功，主要依赖它拥有很大的国内市场。

美国在创造一个真正的“国内”巨大市场时受到了通信和交通等国家基础设施建设所带来的一股强大力量推动。在这些基础设施的建设过程中发挥重要作用的是那些大型的美国企业，而由西联汇款（Western Union）和宾州铁路公司（Pennsylvania Railroad）实施的组织与金融创新，被其他产业所成立的新企业（这些新企业通常具有前所未有的规模）广泛地学习和仿效。值得注意的是，这些在经济活动中发挥关键作用的组织创新很少依赖科学。

3. 产业研究的来源

第二次工业革命中出现的新产业的一个基本特点是越来越依赖有组织的科学试验。德国的化工企业是这一组织创新的典型代表，它们在 19 世纪的后 25 年得到迅猛发展，其创新建立在染料研发的基础之上。到了 20 世纪前 10 年，很多大型的美国企业也建立了类似的内部研究实验室。在上述两个国家中，产业研究的增长与制造企业的结构重组关联在一起，这改变了企业的规模、管理结构、生产线及其全球化触角。但德国化工业和电气设备行业的产业研究发展仍有赖于德国在 1870 年统一后“创新系统”的制度性变化。

19 世纪下半叶，德国研究和技术型大学网络的快速扩张，特别是化学工业的研究对产业研究的发展起了相当重要的作用。德国大学“生产”了大量经过科学训练的研究人员，其中大学教授不仅为企业的研究服务，大学实验室还为企业内部研发实验室在创立初期的科学试验提供了地点。发展到 19 世纪 70 年代，德国在有机化学方面拥有近 30 所技术性大学，以及 7 所主要的有机化学研究和教学中心（Murmann，2000）。同时，受过良好训练的技术人员开始在德国企业中担任高级管理职位，进一步强化了企业战略和产业研究间的关联性，这与英国的状况形成了鲜明对比。英国大学接受的公共资金资助相对较少，对技术教育的支持也较少。

美国制造企业中产业研究的发展紧随德国化工业和电气机械业的发展。美国很多早期的企业 R&D[①]投资者，如美国通用电气公司和美国铝业公司都建立在当时的化学和物理进步所导致的产品或工艺创新的基础之上。企业 R&D 实验室将更多的开发和改善产业技术的过程引入到美国制造企业中，从而降低了独立发明人作为专利来源的重要性（Schmookler，1957）。但是美国大企业的内部研发机构并不仅仅关注创造和开发新的技术，还监测企业外部的技术发展，并建议企业管理者获取外部已开发的技术。美国企业的内部 R&D 与以合同研发为主的独立 R&D 实验室是共同发展的（Mowery，1983），但在 20 世纪合同研发在整个产业研究中所占的份额下降了。项目本身的复杂性和不确定性，使得它们并不适合由合同研发去完成。

正如德国案例所表明的,产业研究的发展及产业技术获取与销售市场的创造，都得益于美国 1890～1910 年专利政策的一系列改革,其中专利持有者的权益得到强化（Mowery，2007）。限制性专利许可政策的放宽进一步提升了企业研究战略中专利的价值。虽然对一项新专利进行搜寻对开展产业研究会起到激励作用，但这些专利期限的迫近也形成了另一个重要的激励因素，如美国电话电报公司与德国电信建立并扩大了内部实验室，以应对很多重要专利到期后产生的巨大压力。与此同时，改善和保护企业技术资产的努力与从其他企业和独立发明人手中获取相关技术的专利增长的趋势结合在了一起。

熊彼特在《资本主义、社会主义和民主》一书中讨论了产业内部研究对“发明家-企业家”的替代问题（这也是施莫克勒 1957 年的研究中所支持的一个假设内容），认为这种替代将加强而不是削弱主导企业的地位。美国 1921～1946 年的 200 家大型制造企业的数据表明，产业研究结果与熊彼特的理论预测一致，那些拥有内部 R&D 实验室的企业被特大型企业取代的可能性要小得多（Mowery，1983）。

4. 两次世界大战期间化工业的创新

如前所述，与第二次工业革命密切相关并以科学为基础的行业是化工业。美国和德国化工业创新绩效的比较，强调了与创新有关的新制度和新组织在这一时

---

① R&D（research and development），指在科学技术领域，为增加知识总量（包括人类文化和社会知识的总量），以及运用这些知识去创造新的应用进行的系统的创造性的活动，包括基础研究、应用研究、试验发展三类活动。可译为“研究与开发”“研究与发展”“研究与试验性发展”。

期发挥的重要作用。虽然美国和德国化工业依靠其内部R&D和“创新的规程化”而在发展创新的新结构方面取得领先，但在第一次世界大战期间，两国企业在R&D机构的创立方面遵循了不同的创新战略。上述差异是两国在市场结构和资源禀赋方面的跨国差异所导致的，但市场结构和资源禀赋等因素的重要性在1945年后下降了。

一个重要的对比点是，两国领先企业和大学在化工业中科学研究（与技术创新相对）质量的差异与比较。截至1939年，德国科学家得到了30次诺贝尔化学奖中的15次，美国科学家仅得到3次，法国和英国科学家各得到6次。1940～1994年，美国科学家得到了65次诺贝尔化学奖中的36次，德国科学家得到11次，英国科学家得到17次，法国科学家仅得到1次。虽然这种状况在20世纪30年代开始转变，并在1945年后发生了显著变化，但美国仍然在20世纪保持了科学上的领先地位。

美国化工业的技术变化受到以下几个因素的影响：①规模庞大、发展迅速的美国市场；②建立在大规模和持续过程生产基础上的、追求利益的大规模市场所提供的机会；③自然资源禀赋——石油和天然气——为有机化学产业资源基础的转变，以及为成本的节约提供了独特的机会，当然，其前提是相应的石油和天然气开采技术能被开发出来。

20世纪初，内燃机汽车的引入和随后的快速采用引发了对液体燃料的大量需求。该需求反过来激发了新的石油精炼产业的增长，该产业的发展用来满足20世纪最初20年汽车需求的增长。石油精炼有两个重要并相互关联的特性。第一，石油精炼是资本密集型产业；到了1930年，该行业已经成为美国所有产业中资本密集度最高的产业。第二，对高生产效率的追求要求废弃小批量生产，转而采用持续工艺技术的大规模生产。美国在第二次世界大战期间通过石油精炼获得领先地位，这为其参与战争提供了重要的知识和工程设计技能，同时为化工业从煤炭向石油供给原料的转变提供了支持。

美国市场的巨大需求在早期引发了企业大规模生产所需原料不足的问题，如氯气、烧碱、纯碱、硫酸、过磷酸盐等。美国在早期的大规模生产中积累的经验有助于其化工业向基于石油资源的产业转型。这一产业转型中的主要企业包括联合碳化物公司、标准石油公司（新泽西）、壳牌化学公司和道化学公司（全球化工产业中具有领先地位的化工企业）等。但是向基于石油资源的产业转型同样受益于美国石油企业对石油储量发现和开采技术的采纳，尤其是亨伯尔石油公司。低成本石油和天然气的可得性，加上美国企业大规模的流程创新，显著降低了制造业的成本。

相反，德国化工业开发了用以弥补国内供给原料不足的新技术。第二次世界大战期间，德国的坦克和飞机都是由合成汽油供给燃料，其轮胎也来自以煤炭原料为基础制造的合成塑料。第二次世界大战的结束与掌控国际贸易和金融的多边组织的创立，以及国际贸易的复苏和美国对国外石油资源的掌握，导致德国化工业向石油原料转变。第二次世界大战后国际贸易和投资流动的复苏，在某种程度上缓解了由于对国内自然资源的依赖而产生的技术创新的限制。正如阿伯拉莫维奇（Abramovitz，1994）和其他学者（Nelson and Winter，1982）所指出的，欧洲和全球其他地方的经济环境正逐渐变得与美国化工业的优越条件越来越相似。

1.1.3 第三次工业革命：新兴产业的发展

1. 第二次世界大战后变革

工业化国家的创新过程结构在 1945 年后发生了变化，全球的科学领导地位由原来的以欧洲为中心逐渐转移到以美国为中心。一系列新兴产业聚焦于快速增长的信息与通信技术（information and communications technology，ICT）和生物医药创新。全球的贸易和投资流动在 1914～1945 年的战争和大萧条期间重新活跃起来，国际技术转移也得到加强，到了 20 世纪 80 年代和 90 年代，诸如韩国、日本、中国台湾等国家和地区的经济体走在了产业创新发展的前列。美国的发展最为生动地描绘了这些趋势，并凸显出美国“国家创新系统”在其中的重要作用，这与 1900～1940 年的模式形成了鲜明对比。

1940 年前，美国 R&D 系统的结构（如果不谈规模的话）与在那个时代处于领先地位的工业化国家类似，如英国、德国和法国——在这些国家中，产业是 R&D 的主要投资者和实施者，中央政府在 R&D 资助中扮演的角色并不是那么突出。由于中央政府在 R&D 投资上的显著增加，美国 1945 年以后的创新和 R&D 发生了重大转变，这些 R&D 费用中的一大部分被分配到了产业和学术研究中。而第二次世界大战后美国 R&D 系统至少在三个方面与其他工业化国家存在差异：①在新技术的商业化过程中，小型的新创企业是重要实体；②与国防相关的 R&D 资助和采购对美国经济中高技术部门的发展产生广泛影响；③美国第二次世界大战后的反托拉斯政策异常严厉。

新创企业在第二次世界大战后美国新技术商业化中扮演的重要角色，与它们在战争期间扮演的不起眼的角色形成了鲜明对比。在 1940 年之前尚未出现的行业中，如计算机、半导体及生物制药业等，新创企业在之后的 R&D 和商业化过程中扮演了重要的角色，这与第二次世界大战后日本和绝大多数欧洲国家的经济也形成了鲜明对照。此外，在半导体和计算机行业中，新创企业已成长为具有相当规模和市场份额的企业。

有几个因素对新创企业在第二次世界大战后美国创新系统中扮演重要角色起到了决定性作用。大学、政府及大量私人企业中的大型基础研究实验基地成为创新发展的“孵化器”，许多学者走出去创办了私人企业并推动了技术的商业化发展。1945～1980 年相对较弱的知识产权保护反倒促进了新企业的早期发展与增长（这与一般逻辑相反）。由新创企业实施的微电子和计算机硬件与软件技术创新的商业化受到了宽松的知识产权范式的重要影响，这一知识产权范式促进了技术扩散，并减少了新进入企业遭受发明诉讼的压力，这些发明可能部分源于行业中的“老”企业。在微电子和计算机行业中，自由许可和交叉许可政策是反托拉斯诉讼的副产品，这说明在一系列的美国政府政策之间存在较强的关联性。另外，美国的军事采购政策也对微电子行业中的新创企业，以及这些企业间较高水平的技术外溢做出了贡献。

2. 电子产业和 ICT 产业

电子技术的发展推动了第二次世界大战后全球经济中三个新产业的出现——电子计算机、计算机软件和半导体元件产业。电子技术的革命可以追溯到两个关键性的创新——晶体管和计算机。而谈到这两个关键性的创新就不得不提起硅谷[①]旧事，硅谷的半导体公司拉开了美国新经济企业模式登上历史舞台的帷幕，而在这一硅谷传奇中扮演关键角色的则是仙童半导体公司。

1957 年 9 月，8 位科学家和工程师离开了位于加利福尼亚州帕洛阿尔托市的肖克利半导体实验室，在附近的山景城创建了仙童半导体公司，从事扩散型硅晶体管生产工作。才俊之士的跨企业流动，以创业或合伙的形式设立自己的公司得益于加利福尼亚州的一条奇特法律，它禁止雇主要求雇员签订就职后不得从事同业竞争的保证书。在此后的几十年间，肖克利半导体实验室和仙童半导体公司的这一无心插柳之举使这种流动性成为该地区充满活力之经济的一大特色。1959～1970 年共有 42 家（仅 1968 年和 1969 年就有 21 家）半导体公司创立于仙童半导体公司的邻近之地，即后来于 20 世纪 70 年代闻名于世的硅谷。1985 年，自仙童半导体公司创立以来硅谷新建的半导体企业已达 125 家。其中 32 家的创始人中至少有一名曾就职于仙童半导体公司，还有其他 35 家的创始人则出身于上述 32 家“仙童之子”（特别是美国国家半导体公司、英特尔公司、西格尼蒂克公司和辛纳泰克公司）。仙童半导体公司对于硅谷的崛起极具重要性，这不仅是由于它从美国通用电气公司、美国广播唱片公司（Radio Corporation of America，RCA）、西屋电气公司（Westinghouse Electric Corporation）和西凡尼亚等公司拥有的老牌电子管研发实验室汲取了知识和吸收了人才，而且自身也大力投资于研发，尤其是在大批量生产扩散型硅晶体管的生产工艺方面。

---

① 一般认为，“硅谷”一词首次在媒体上亮相是出自新闻记者唐赫夫勒于 1971 年为 *Electronic News* 所撰写的系列报道。

继仙童半导体公司创立之后，1959～1964 年第一批 10 家半导体企业在硅谷先后设立，它们的业务主要面向军品市场。美国军方从新创企业手中购买半导体元件的同时，附加了一个条件，即“购买行为”应推动美国半导体企业之间有效的技术转移和交换活动。为减少围绕特定 IC 芯片①而设计的系统因生产延迟或供应商退出而出现的风险，美国军方要求其供应商为产品开发出“第二来源”，即国内生产商能制造出相同的产品。为满足这一要求，企业之间会交换设计并共享大量工艺知识，以确保由第二来源生产的部件与原始产品相同。美国军方的上述要求激发了半导体产业内部不同企业间知识和技能的“溢出”之间的碰撞。

美国计算机产业的发展也受益于冷战期间的军费支出，但该产业的出现和早期发展在某些方面与半导体行业有所不同。在战争期间，美国的军事需求导致大批高速计算机开发项目的出现。埃尼阿克（即电子数字积分计算机，electronic numerical integrator and computer，ENIAC）——通常被称作美国第一台真正意义上的电子计算机——由美国军械署负责投资，用来解决炮兵射表的计算问题。从最早对计算机技术发展的支持开始，美国军方就很担忧这一创新的技术总会扩散到最为广泛的用户群当中去。由美国军方推动的存储程序计算机（the institute for advance study at Princeton，IAS）技术计划在美国政府和学术研究机构中得到了广泛传播，同时产生了大量克隆。

虽然针对计算机的商业需求在 20 世纪 50 年代早期开始逐渐增长，但政府的采购仍然具有关键作用。卖给联邦政府 50 台机器的项目（占据了当时预计可能销售的 250 台计算机总量的 1/5）影响了 IBM 开发第一台商用计算机的决策（Flamm，1988）。然而，新创企业在商用计算机产业发展早期阶段扮演了更为重要的角色，部分是由于已有企业（如 IBM）已经为电子机械商用设备的销售建立了强大的营销组织，尽管这些组织在将计算机销售给商业用户方面存在一定困难（Usselman，1993）。然而，20 世纪五六十年代源于科学计算机和小型机发展带来的新的计算机市场，以及七八十年代台式计算机市场的出现，为很多新企业的进入提供了机会，如数字设备公司、美国计算机研究所、苹果公司等。

20 世纪 50 年代以来的计算机技术发展受到了几种趋势交互作用的影响：①计算机元件的性价比明显下降，包括中央处理器和必要的外围部件（如数据存储设备）；②由于计算机元件性价比的下降，计算技术快速扩张到新的应用中去；③软件相对成本的增长。纵览电子计算机产业的发展历史可以发现，这些趋势成了影响技术变迁路径的重要因素。例如，IBM360 大型计算机巩固了 IBM 在 20 世纪 60 年代和 70 年代美国计算机产业中的统治地位，开创了使用通用操作系统和软件，并具有不同性能和不同价格类别的计算机“产品家族”。英特尔在 1971

① IC 芯片（integrated circuit chip），一种微型电子器件。

年集成电路微处理器的商业化应用改变了美国20世纪70年代以后25年间的计算机产业结构。相对于为每个客户的应用设计一个芯片，微处理器使得英特尔可以为各种不同的应用提供一种强大的通用解决方案，打破了技术进步和扩散的瓶颈。

微处理器是改变整个ICT产业的新的计算机技术基础。台式计算机在很多部门得到迅速扩散，它的大量安装所导致的规模激增在较大程度上改变了计算机硬件和软件产业经济形态。计算机软件以前由规模相对较小的独立卖主或计算机系统生产商的子公司所控制，如今它已成为一个拥有大型市场的产业，这一市场中包含大量的新创企业，其中一些企业可以从中获得一些好处。已有的计算机硬件生产商受到台式机系统规模增长的强烈影响，开始侵占大型机和小型机的市场。到了20世纪末，只有一小部分在70年代占据优势的计算机系统企业仍然保持着活跃。

计算机技术的最后一项显著变革是互联网，它依赖于台式计算机的出现。始于20世纪60年代的计算机网络和互联网发展受到美国、法国和英国政府的资助和支持。美国计算机网络的大规模分布完全依靠公共基金的支持和20世纪80年代台式计算机的快速扩散，到80年代后期美国已拥有巨大的国内网络。

对互联网赢利的商业性探索在20世纪90年代后的美国发展得最为迅速。与之前美国在ICT中的创新一样，互联网的发展吸引了公共和私人R&D投资，新创企业寻求将其实现应用商业化，同时形成积极活跃的大学研究创业型社团。此外，互联网的商业化发展，以及美国台式计算机系统与软件的发展，都得益于美国规模巨大的市场及其已有的大规模台式计算机数量。互联网的创新依赖成千上万用户的参与，他们可以开发或改进新的应用程序，这与20世纪80年代台式机软件程序的发展模式类似。换句话说，20世纪末21世纪初主要产业的发展都得益于美国巨大的国内市场，而这也是19世纪以来美国经济发展的最重要特征。

3. 制药和生物技术中的创新

第二次世界大战引发了美国制药业的转型，该产业不仅依赖于正式的企业内部研究，还依赖于产业与美国大学间建立的密切关联。第二次世界大战后美国制药业的发展始于人们对该产业具有的普遍的正向预期，即存在新药品的巨大潜在市场，虽然满足这一巨大市场的成本相对较高，但最终必将获得高额回报。第二次世界大战后联邦政府对制药业的资金支持也有所增加，这主要通过美国国家卫生研究院（National Institutes of Health，NIH）增加对生物医药研究的大规模预算而得以实现的。1950～1965年，NIH针对生物医药研究的实际预算增长速度至少为每年18%。到了1965年，联邦政府的投入占了整个生物医药研究费用的2/3。在NIH资金投入持续快速增长的同时，私人投资自1960年以来也开始快速增长[①]。

① 数据见美国药品研究与制造商协会2003年统计。

沃森和克里克于1953年发现的DNA双螺旋结构使得新的制药业技术变革时代最终出现。生物技术为新药的发现提供了一种新的技术，也为已有药物的生产提供了新的技术，如胰岛素。生物技术企业在R&D活动中受到联邦基金的大力支持，包括20世纪70年代早期的尼克松政府“向癌症宣战”项目等。正如Hunlcy和Schaller（2009）对大学的讨论一样，生物技术是自20世纪70年代以来“大学-产业合作”的一个核心领域，包括大学专利获取和许可授权。

4. 新的创新“资源基础”

美国第二次世界大战后新产业的出现显示出企业的资源禀赋与技术创新的关系从本质上发生了根本性变化。美国在1900～1945年的创新主要是对本国丰富的自然资源进行开发的结果，这遵循了资源密集型的创新轨道。然而，1945年后，一系列因素使得美国的创新开始从自然资源密集型路径向更为注重科学家和工程师禀赋的路径转变。这一时期美国的国内市场仍然是一种重要的国家竞争优势来源，但这种优势在ICT部门之外的其他部门中已不再明显。

第二次世界大战后美国电子和生物技术产业的迅速发展并不依赖国内的自然资源禀赋，而是非常依赖战后美国丰富的科学和工程专业人力资本，以及公共部门和个人对电子技术的大量需求。20世纪40年代美国制度性基础设施建设的初步完成，使得该国有能力培养大量电子工程师、物理学家、冶金学家、化学家、生物学家和医生，以及其他能使用相关技术并开展相关研发的专家。这表明，战后的美国专业化人力资本禀赋在一开始就较其他工业化国家更为丰富。

从自然资源禀赋向“创造性”资源禀赋的转变并将其作为提升国际竞争力的关键，这种模式并不只局限于美国国内。事实上，纳尔逊和怀特（White and Limerick，1994），以及其他一些学者（如Abramovitz，1994）认为，第二次世界大战后早期美国拥有的经济优势已被侵蚀和削弱，这主要是由于政府在教育和国内R&D基础设施建设中的大力投入。第二次世界大战后以知识为基础的电子行业中的资源基础，以知识为基础的化学、制药和汽车等行业，都已发生了变化。

从根本上来说，自然资源在目前创新中扮演角色的重要性有所下降，特别是与国内人力资本的存量相比较，而这一存量可以通过在教育和培训中的公共投资得到扩张。此外，美国制造业企业曾拥有的规模优势在1945年后由于国际贸易和资本的流动而有所削弱，因为规模较小的国家会通过出口产品而形成规模经济。贸易和资本流动的增长也激发了国家间的技术和技能流动的增长。这一转变使得韩国和中国台湾等国家和地区在1945年只具备较低的工业化发展水平和相对匮乏的国家（或地区）自然资源禀赋的基础上，实现了对工业化国家的“追赶”。而日本有所不同，它在1930年就建立了相对复杂的、军事化管理的工业基础。

1.2 互联网助推转型升级

目前，世界正处于进入第四次工业革命开始阶段，前三次工业革命分别建立在蒸汽动力、大规模生产和计算机等突破式技术成果的基础上，而第四次工业革命则以互联网为核心，通过互联网来推动全球经济和社会的深刻转型。作为计算机技术与通信技术相结合的产物，互联网是指“全球性的信息系统”，是一个由无数局域网络联结起来的世界性信息传输电子网络。互联网打破了传统的地缘政治、地缘经济、地缘文化的概念，形成了跨国界、跨文化的全新空间。网络传播具有信息丰富、速度快捷、全球视野、传播主体个人化、表现形态多媒体化、传播方式自由交互等特点。其中，信息传播的个人化、交互性是网络传播最有吸引力的地方，电子商务及无线增值业务的飞速发展不断为网络传播开创出新的赢利模式。

互联网主要经历了三个阶段：①门户时代（Web 1.0），此阶段最典型的是门户网站，网络是信息提供者，单向性的提供和单一性理解；②搜索/社交时代（Web 2.0），“关系为王”逐渐取代了Web 1.0“内容为王”的特点，更强调内容的生产，内容生产的主体已经由专业网站扩展为个体，从专业组织的制度化的、组织把关式的生产，扩展为更多“自媒体”的随机的、自我把关式的生产；③大互联网时代（Web 3.0），以主动性、数字最大化、多维化为特征[①]，以服务为内容的第三代互联网系统，如图1-1所示。每一个时代都给互联网历史留下了深深的足迹，推动着互联网技术不断创新和发展。

与以往历次工业革命不同，第四次工业革命是以指数级而非线性速度增长，如海啸般扑面而来。第四次工业革命是全方位、多层次的，是在互联网推动下各种技术的融合，它将对整个系统进行变革，最终实现物理世界、数字世界和生物世界的相互融合。因此，以互联网创新发展为杠杆，利用社交媒体、移动互联网、数据分析和云计算等数字技术从互联网产业不断向传统产业的延伸、渗透，驱动新产品、新模式、新业态不断涌现，进而引发传统产业发展理念、用户角色、业务形态、生产要素、组织模式和管理模式的深刻变革，并推动传统产业的技术进步、效率提升与组织变革，正成为传统产业转型发展的新方向和经济发展的新动力。

① 主动性即强调网站对用户的主动提取，并加以分析处理，然后给用户所需要的信息。通过数字最大化可以将商品或者服务以数据的方式进行统计，帮助决策者做出更准确的分析，同时可以解决不同业务场景上在时空方面的矛盾问题。多维化是指更丰富的多元化媒体技术或者播放形式，如在线视频、虚拟现实、网络直播、网络教育等。

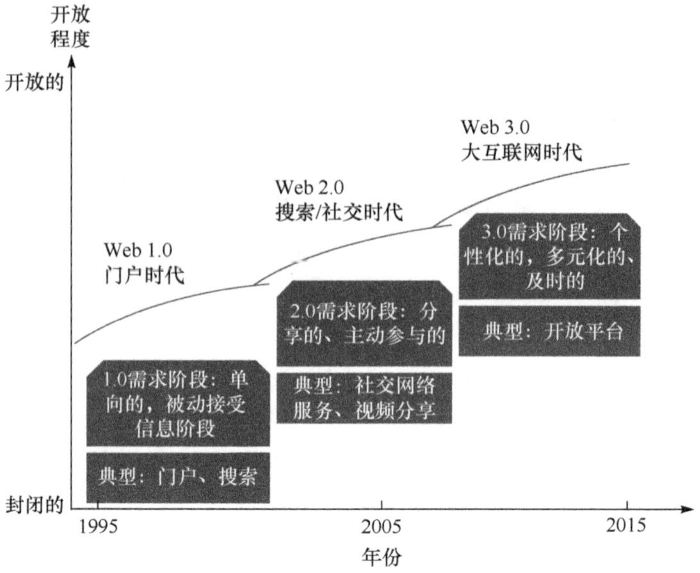

图 1-1 互联网经历的三个阶段

1.2.1 技术范式的转移

随着智能手机和平板计算机等移动终端的普及、云计算及大数据的应用，互联网行业的技术范式面临从个人计算机（personal computer，PC）互联网向移动互联网转变的变革。也就是说，从刻画企业创新外部环境的四个维度，即技术机会、收益性、累积性和知识基础来考察，PC 互联网的技术范式与移动互联网的技术范式已经在发生转变。技术范式变革作为技术和市场双重因素的结果，是组织竞争环境变化的直接诱因和表现。面对技术范式快速变革引致的外部环境日益不确定，组织不得不提高自身能力，频繁应对新的战略困境，不断对理论研究提出挑战（罗仲伟和卢彬彬，2011）。

关注能力理论的一些学者指出，当面临重大的技术范式转变时，企业精心培育的核心能力可能在瞬间被市场淘汰，从而成为制约企业发展与成长的核心刚性（Leonard-Barton，1992）。但基于环境变化适应性的动态能力却可以有效保持企业的竞争优势（Teece et al.，1997）。然而，技术系统演化中的组织学习或动态能力研究大多还停留于一个技术范式周期内，对于技术范式转变这一具有混沌、非线性动力学特征的特殊时期的动态能力研究甚少（吴晓波等，2006）。其中，一些具体的问题没有得到有效的回答，如在技术范式转变时期，支撑企业创新战略成功实施的动态能力具有什么特质，其内涵和外延是什么？新技术范式下，特别是在当前互联网技术范式转变时期，企业的创新战略和创新行为发生了怎样的演变？互联网企业微创新战略成功并实现价值创造的内在机制和支撑要件是什么？这一系列问题表明，在技术范式转变时期，企业的动态能力如何支撑企业的创新战略存在明显的理论缺口，亟待构建一个全新的理论框架来对这些问题进行分析、解释。

当技术范式转变时，现有的技术被新的技术所逐渐代替，技术的进步和更新换代主要表现为突变的、跃迁的、非连续性的过程，强调的是动态性、非秩序性、非线性和难以预测性。在这样的情境中，产业间的边界模糊，潜在进入者、替代品厂商、购买者、供应商和竞争者是不确定的，外界环境充满着很多的机会和威胁。基于此，技术范式的转变为众多企业打开了一个“学习窗口”（Christensen and Menzel，1998），如图 1-2 所示，动态能力可以帮助企业在应对或利用转变的过程中摆脱路径依赖和结构惯性，革命性地摧毁黏滞在旧范式下的领先者优势，使新生力量脱颖而出。

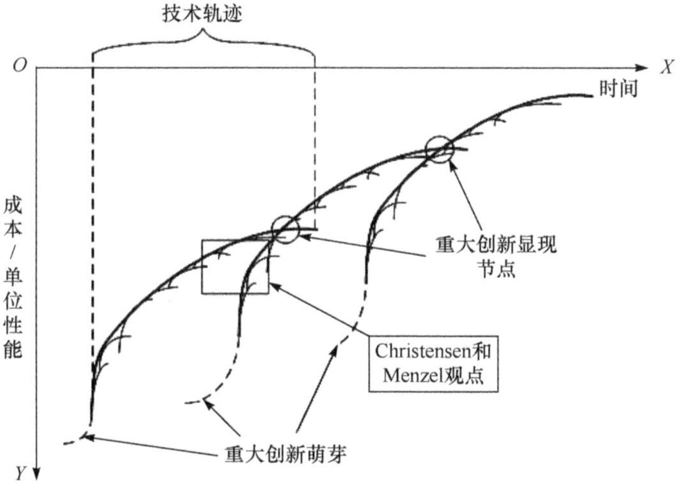

图 1-2　技术轨迹、机会窗口与颠覆性创新

资料来源：Olofsson（2003）

Borch 和 Madsen（2007）也提出有利于中小企业占据优势竞争位置的四种动态能力，即内外部配置与整合能力、资源获取能力、网络能力与战略性路径结盟能力。实证研究发现这些动态能力与企业创新战略具有显著的正向影响关系，会促进其内部的创新与企业的持续成长。由于外界技术环境的急剧变化，适应原有技术范式的资源和战略很难适应新技术范式即将来临的转换期。在技术范式转变的过程中，企业现有的资源不再满足新技术的需要。企业必须力图寻找新的资源，特别是新的技术资源来适应新的技术范式。这些新的技术资源和资产与企业过去拥有的技术资源和资产有巨大差异，与企业过去拥有的技术资源和资产不存在必然的互补关系，甚至可能与之存在一定的冲突，因为适应新技术范式的技术资源和资产可能与原有旧的技术范式背景下的技术资源和资产存在很大的差异，在很

大程度上有可能导致新的技术资源和资产利用效率的暂时降低。在这种情况下，企业动态能力可以实现企业战略路径的非线性跃迁，偏离过去的战略路径，选择适应新的技术范式的创新战略与实施路径，如图 1-3 所示。

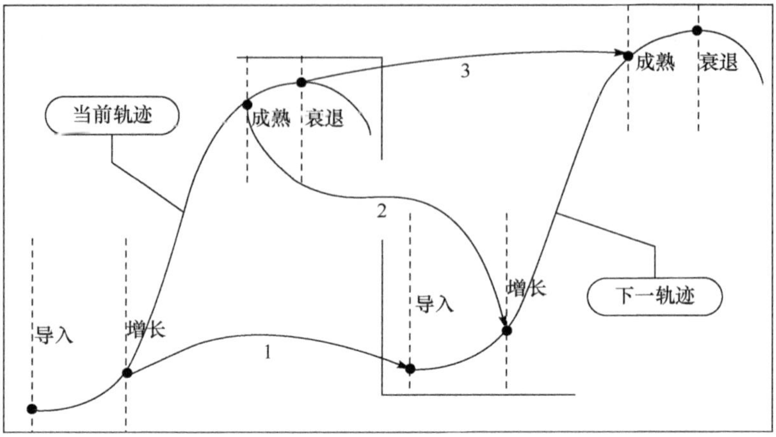

图 1-3 企业跨越式发展轨迹图

资料来源：Sharif（1999）

总而言之，技术范式的转变不同于原有技术的渐进性改变，而是一系列解决技术问题的思维方式和方法体系的根本改变，这种转变不仅牵涉到技术问题，还需要企业从组织的市场、管理、服务等各个方面做出全方位的调整，这一全方位调整的动力源泉、生成机制和运作机制就是企业的动态能力。虽然国内外不少学者研究了企业动态能力在适应动态变化的环境中所发挥的作用（Teece et al., 1997；焦豪等，2008），但是以技术范式转变作为研究背景，研究在技术变化特别是技术范式转变时期，企业动态能力对其战略的支撑和影响的文献却不多。

1.2.2 商业模式的创新

我国未来新一代信息技术产业的重点发展方向将包括移动互联网和社会网络服务、云计算、大数据、物联网、下一代互联网、高端集成电路、新型平板显示、新兴软件等产业方向。“十三五”期间，战略性新兴产业的重要特征之一是信息网络技术在新兴产业发展中持续保持领先地位。“互联网+”时代战略性新兴产业商业模式创新，需要考虑新一代信息技术产业发展为其带来的特殊商业环境的变化。总体上来说，未来战略性新兴产业商业模式创新需要立足三个端口——两信息端口（人和物）、两信息转换平台（价值和信息）和一个分布式价值创造端口，以及两个转换。

移动互联网是移动通信和互联网融合的产物，人们通过使用无线智能终端（手机、平板计算机、车载全球定位系统、智能手表等），可以实现任何时间、任何地点、以任何方式获取并处理信息需求，这是人的信息输入的重要端口。物联网是指通过智能感知技术、网络通信技术、数据融合技术，按约定的协议，将某一单位（区域内或行业内）的物品进行信息编码并输入全域互联网系统，从而实现各相关物品的信息链接和融通，是物的信息的重要输入端口，与云计算平台相互链接。云计算是一种基于互联网的IT服务模式，指利用分布式计算和虚拟资源管理等技术，通过网络将分散的资源（包括计算与存储、应用运行平台、软件等）集中起来形成共享的资源池，并以动态按需和可度量的方式向用户提供服务，是信息转换的重要方式，可以与信息及分布式价值创造等输入端口有效融合。虚拟货币也称为数字化货币，是指能够流通于网络与现实社会之间的、具有现实兑换能力、社区协同性、去中心化等特点的货币，是“互联网+”时代线上或者线上与线下价值交换的重要媒介。

分享经济是伴随物联网、云计算、大数据、移动互联网等ICT的创新应用而兴起的，以生产资料和生活资源的使用而非拥有为产权基础，通过以租代买等模式创新，实现互通有无、人人参与、协同消费，充分利用知识资产与闲置资源的新型经济形态。全球产出增长在2008年全球金融危机期间大幅下滑，自金融危机以来，许多经济体一直面临生产力增速放缓局面。国际货币基金组织于2015年发布的《世界经济展望报告》认为，2015～2020年，发达经济体的潜在经济增长率将从金融危机后六年的1.3%回弹至1.6%，但仍远低于危机前2001～2007年的2.25%的平均值。相比之下，新兴经济体的状况更加严峻。2015～2020年，新兴经济体的平均潜在增长率将从2008～2014年的6.5%进一步下滑到5.2%，比危机前水平下降近2个百分点（张天宇，2015）。

正当全球经济低迷之时，分享经济却一枝独秀。当前分享经济的领头羊优步、空中民宿等公司，无一例外是互联网高科技公司。这些公司均搭建了互联网第三方平台，能精确地动态匹配闲置资源的供需双方，实现闲置资源使用权交易。通过互联网平台，一方面，消费者可以便捷地约车、搭车，价格明确，支付方便；可以租住私人住宅，更好地获得本地化的旅行体验。另一方面，资源提供者可以用私家车或家中闲置房间获取收益。这样的商业模式为住宿、出行等传统行业存在已久的供求难题提出解决方案，打破了传统规则，创造出全新的用户体验，同时减少了浪费，提高了社会资源使用率，有助于节能减排、保护环境。近些年，电子商务均出现了爆发式增长，并带动了快递等行业的蓬勃发展，引发了分享经济模式在房屋租赁、交通出行、家政、酒店、餐饮等多个领域的创业潮。

1.2.3 组织中人性的解放

“互联网+”改变了企业的思维模式，大众创业激发了市场的创新活力，瞪羚和独角兽企业爆发式增长，社交化与生态圈促进企业的跨界融合等新经济现象不断涌现。归其本质，新经济的核心是创新，本质是人本经济。可以说，技术创新和人的价值是推动新经济发展的重要驱动力。组织作为企业运营的载体，在新经济环境中也已经表现出一些新的发展趋势。未来组织将向“合伙化、小微化、自组织、平台化、生态化”发展。

1. 合伙化

互联网时代个人与组织的关系发生巨大变化，个人作用更强，人作为一种特殊资产价值凸显，传统的晋升和加薪制度不足以体现其价值，人力资本合伙制应运而生，并成为创业企业的主流模式。人力资本合伙制与法律意义上的合伙制不同，人力资本合伙制更具有开放性，不受出资比例的束缚，能够为优秀人才提供一个有归属感的平台。目前常见的合伙制主要有三种类型：商业合伙、事业合伙和价值合伙。以后可能会出现更多类型的合伙人制度，合伙化将是未来组织演变最大的趋势。

2. 小微化

新经济要求企业不断创新，适应快节奏。而大中型企业由于规模大、组织易僵化，不利于对市场做出快速应对。企业要生存发展，就要保持小型公司创业的活力。因此，大型企业向小微化发展，将经营实体划分为一个个相对独立运行的小团队，从而达到提高应对能力、提升竞争能力的目的。小微化的典型代表是阿米巴经营模式，这是稻盛和夫所创造的管理模式。在企业经营过程中，将“阿米巴”作为一个核算单位，引申为企业中最小的基层组织，即最小的经营单元，可以是一个部门、一条生产线、一个班组甚至可以是一名员工，如韩都衣舍的产品小组制，即三人为一组，每个小组都是一个小的经营体，独立完成设计、生产和销售等环节。

3. 自组织

自组织意味着企业对权力的一种“放活”，既是一个组织过程，也是一种治理模式。自组织尤其适用于创业企业，主要依靠成员间的合作运行，其内部成员身份是志愿性的，权力是自下而上组织起来的。其中关系和信任是自组织的重要因素，是人的解放的最大的标志。其中合弄制是自组织的一种管理模式，由企业目标出发，根据功能，将组织划分为若干圈子，圈子里可以嵌套子圈。合弄制的组织通过运营会议和管理会议来进行运作，重大决策都由所有角色通过民主讨论决定。每个人根据自己的角色有相当大的自主权，没有任何人可以命令成员干什么，都是根据自己的角色的职责和权力自己决定干什么。

4. 平台化

平台型组织源于平台型企业，平台型企业连接两边或多边（人才、资源、市场机会）资源并创造价值。组织本身是一个平台，提供资源与必要系统，并帮助设定规则，引导参与者的投入并遵守规则。在平台型组织中，各组织之间是“一对多”的关系，内部无边界、管理无领导，平台的价值更加明确、组织更加简单，使人的价值在平台上得以延展。维基百科可以说是世界上最大的平台型组织，组织架构非常扁平化，在这个组织架构的最顶层，是36个监管员，他们代表着维基媒体最核心的精髓。他们分别来自5个大洲的22个国家，基本都是通过线上进行联系沟通。

5. 生态化

任何企业都处于开放创新生态圈中，或自身构建，或找准定位融入。创新生态圈的发展促进组织向生态型转变，形成多组织联系、多商业链交互的结构。生态型组织同时具备外部生态性和内部生态性。所谓外部生态性是指企业与企业之间的关系，它更注重价值链各环节的协同和聚合效应、注重与外部合作伙伴建立共赢关系；而内部生态性是指内部部门与部门之间的关系，从管理层次上向扁平化发展，自上而下的管理层级减少，部门或者团队之间的横向主动链接增多，出现基于兴趣、靠任务结合起来的项目组和自组织，注重为内部微型组织提供生长的环境和机制，具备极强的动态平衡能力。例如，阿里巴巴创建的多样化业务生态圈和多中心生态组织，将25个事业部分为三类：垂直业务事业部、基础平台事业部和共享业务平台事业部。其中共享业务平台事业部与基础平台事业部打通，支持垂直业务事业部快速发展，形成协同的内部生态系统。

组织变革的过程其实就是技术带动人的解放的过程。平台化和生态化体现的是互联网技术的突破，合伙化、小微化、自组织体现的是人性的解放。第一，合伙化，尊重人的价值，认同每个人创造的价值，是组织变革的最大趋势。第二，小微化，通过挖掘人的价值，让组织更加人性、更容易进行组织内部人与人之间的沟通。第三，自组织，自动、自觉地组织起来，通过释放人的价值，使每个人都能自主、自由地创新。自组织是人的解放的最大的标志。第四，平台化，意味着信息技术尤其是互联网技术发展下，人的价值在平台上得以延展，超越个体局限性。第五，生态化，组织和组织之间形成了创新生态圈，在开放生态环境中，进一步发挥人的价值，更加突出人的社会属性与企业发展的生态性。没有人的解放就不能尊重、挖掘和释放人的价值，而没有互联网技术的突破，就不能有效发挥人的价值。因而，信息化促进了人的全面解放，有利于人的潜能的充分利用（图1-4）。

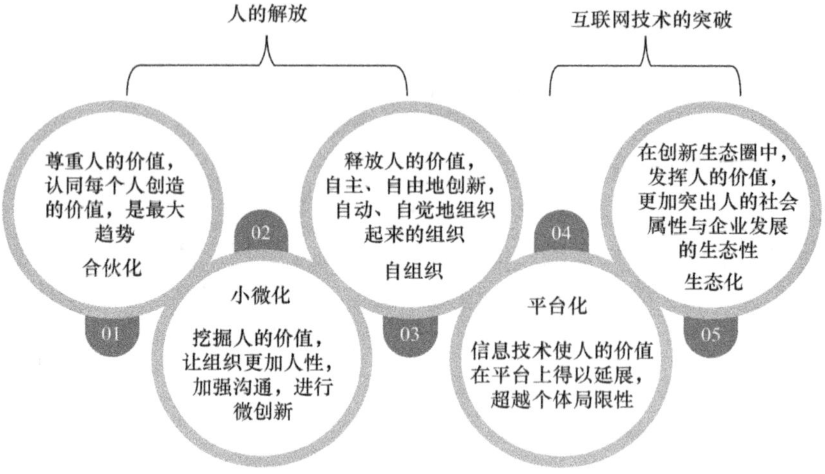

图 1-4　组织新的发展趋势

1.3　管理领域内的悖论研究

悖论表示相互依赖的元素之间存在持续的矛盾，批判着我们既定的确定性，同时又激励着我们不断开发创造力。虽然这些元素表面上看来截然不同且相互对立，但实际上这些元素相互联系且彼此定义，并形成了永恒的相互联系。管理科学中对立共存的悖论情境比比皆是，已经渗透到管理科学的各个层面。宏观研究展现了各领域组织层面的悖论，如变化与稳定、合作与竞争或探索与开发等；微观研究则聚焦在团体和个体层面的悖论，如新颖性与有用性、学习与绩效或自我聚焦与聚焦他人等。

悖论的早期见解可以追溯到亚里士多德、黑格尔、弗洛伊德、荣格和老子、孔子的著作（Hampden-Turner and Trompenaars，1997），悖论的发展具有深厚的哲学和心理学理论根源。如今，组织与环境变得越来越复杂，全球化速度节奏不断加快，悖论演化也是愈演愈烈。全球性竞争要求组织以低价销售高质量产品，并满足不同地方需求的同时提供全球一致的服务。快速变化的商业环境似乎产生了对短期利润和长期定位两者不可协调的要求（Slawinski and Bansal，2015）。环境复杂性涉及广泛的利益相关者和利益团体，他们之间同时存在有效竞争需求，这就导致了令人困惑的选择。由于组织中嵌入了不同的制度逻辑（Besharov and Smith，2014）或多重组织身份（Besharov，2014），因而悖论的紧张状态便逐渐显现出来。高层领导者经历着战略悖论所引发的持续竞争冲突，同时中层管理者和员工在日常工作实践、社会情感关系（Putnam et al.，2016）和个体身份（Kreiner et al.，2015）等方面都感觉到这样的战略复杂性。

随着当代组织中悖论的动态性变得越来越突出，越来越多的学者开始探索其性质、方法和影响。学者将一系列的关键结构和原则应用于跨情境、背景和理论中（Pierce and Aguinis，2013），元理论得以演化为悖论。作为元理论的悖论为管理科学提供了一个强大透镜，能够为组织紧张状态的结构、关系和动态性提供更深入的理解，同时也丰富了现有理论和理论化过程。

1.3.1 悖论的基础

悖论概念久经考验，根源于东西方哲学。东方哲学将悖论作为探索生存情境的透镜。道家阴阳论最能说明悖论，这些学者强调对立（光暗、男女、生死）是相互依赖、流动且自然的（Peng and Nisbett，1999）。佛教和道教认为，虽然个体之间可能会经历对立元素之间的紧张状态,但这样做却掩盖了其潜在的整体性。而这些传统明确强调对立元素之间的相互依赖关系，意味着悖论不需要被解决，而应该被支持和超越。

西方哲学的悖论基础源于古代希腊，可在para（相反）和doxa（意见）这两个术语中反映出来。与东方学者类似，这些哲学家将悖论视为相互矛盾但又是相互依赖的。然而，这个传统用对立面来表达统一原则和潜在真理，以此来强调矛盾的存在。古代哲学家非常重视修辞悖论，虽然看起来“挑逗”思想是荒谬且不合理的，但最终能促进理性和逻辑分析。一个众所周知的例子就是说谎者悖论，这个悖论蕴含在“我在说谎”的陈述中。运用真实或者虚假思维会激发一个“奇怪循环”，如果他说的话是真的，那么整句话就是假的；但如果他说的话是假的，那么整句话就是真的。这种修辞悖论是自相矛盾的，但却是自我参照的。然而哲学家却试图“解决”悖论。苏格拉底的对话方法中提到这么一句话，即最终的真相来自裁决竞争的需求。柏拉图进一步发展这一传统，为现代科学探究提供了核心原则，并且亚里士多德的形式逻辑强调在矛盾中寻找真理。

更现代化的哲学尤其是辩证法和存在主义治疗法融合了东西方对矛盾是相互依赖的理解，如辩证哲学家黑格尔假定对立元素（正题和反题）之间具有自然冲突。这种方法运用逻辑设想了一个渐进过程，从而使冲突能够得到解决（综合）。这种解决方案是一种新的主张（正题），它催生了一种新的对立解决方案（综合），并为永无止境的真理不断前进。相比之下，存在主义之父克尔恺郭尔（Kierkegaard，1944）把存在主义悖论清楚地描述为对立力量尤指有限（个体层面和社会层面的规范或限制）与无限（探索与不确定性）之间持续的紧张状态。理性能够突出有限，是因为形式逻辑能使秩序和结构保护良知免于无限带来的恐惧，但这样却阻碍了更大意义程度上的发现，最终加剧了对无限认识的恐惧（Schneider，1990）。因此，有限和无限的经验仍然锁定在一个持续的相互定义的互动中。

心理分析中心理学最为显著，它通过探索个体认知和情感方法来解决相互依赖的矛盾，从而提供了互补基础。例如，荣格（Jung，1965）将自我双重（有意识和无意识）概念化。心理健康源于对立元素（信任与不信任、独立与依赖、爱与恨）间的相互交织，用荣格的话说，就是光照使阴影成为可能，同时阴影突出了光照（Schneider，1990）。罗滕伯格等（Rothenberg et al.，1979）发现这些倾向在创造性天才的研究中得到了许多关注，许多创造性天才会刻意寻找自然界中相互依赖的矛盾并将其作为灵感，如爱因斯坦观察物体在运动和静止时的同时性状态；莫扎特强调音乐的一致性和不一致性；毕加索寻求能传达光明与黑暗的视觉图像；等等。然而，人类对悖论的反应也可能会适得其反甚至是病态的。弗洛伊德（Freud，1938）认为，紧张状态通常会引起焦虑和防御，如回避、分裂和投射。然而，这种回应所带来的任何安慰都是短暂的，随着一方或另一方的拉扯，最终会加剧双重束缚的紧张状态。实际上，阿德勒和弗兰克尔在维也纳的心理分析工作中提出了一种悖论方法，并开发了一种疗法，鼓励人们勇敢面对焦虑而不是远离焦虑；而帕洛阿尔托心理研究所的弗兰克尔和瓦兹拉威克则强调在恶性循环或良性循环中很有可能引发悖论动态性。

1.3.2 悖论的定义

笔者认为悖论是相互依赖的元素之间的持续矛盾，这与它的起源相一致，同时也力求简约性。此定义确定了悖论的两个核心特征，即矛盾和相互依赖，两者共同揭示了悖论的边界从而使得所传达的思想更加尖锐，同时将这些研究与其他相关文献联系起来，拓宽了研究范围。

矛盾是悖论紧张状态的核心。正如早期的哲学家和心理学家所解释的那样，由于对立元素促进了激烈竞争，矛盾便出现了。根据卡梅伦和奎因（Cameron and Quinn，1988）所说："悖论中的关键特征是指相互矛盾甚至相互排斥的元素是同时存在的。"正如罗宾斯等（Robbins et al.，2000）所解释的那样，组织行动者由于需求相互冲突而经历了紧张状态，"孤立来看，逻辑上是合乎常理的，但同时出现的时候却是荒谬且不合理的"。同样，范德文和普尔（van de Ven and Poole，1995）将悖论描述为"产生概念性困难的理论之间的有趣紧张状态、对立和矛盾"，如阴阳两极的黑白对比正描述这种矛盾关系。

相互依赖强调对立元素之间不可分割的联系。学者描述了对立力量之间不同程度上的相互依赖关系。早期的管理学者认为对立力量是互相交织却截然不同的，如卡梅伦（Cameron，1986）认为在悖论中，相互矛盾且相互排斥的元素是同时存在和运作的。因此根据这些学者所说，将元素分离是有可能的，但是它们的同时性却产生了更强的整体感，并提高了效率和创造性。阴阳论中的黑白之间的契合体现了这种协同关系，是形成统一整体的独特要素。其他学者将对立元素描述为共同构成的或本体上不分离的。在连续统一体中，要素之间彼此定义，这样它们永远不可能完全分离。这些元素正如“同一枚硬币的两面”（Lewis，2003）。史密斯和伯格（Smith and Berg，1987）探讨了满足个体差异和集体凝聚力的交织需求的群体悖论，他们解释说：“矛盾紧密地联系在一起，个体越想将它们分离，他们就越陷入自相矛盾的束缚之中。”阴阳两极对立面中存在的黑白点则强调了这种相互构成。

悖论的核心特征仍在持续地受到关注。Goodwin 等（2011）将悖论定义为“同时存在并持续存在的相互矛盾且相互关联的元素”。即使悖论涉及对立两极之间不断变化的动态性关系，但核心要素依然存在且不受解决方案的影响。相互依赖的矛盾激发了对立力量之间的周期性的变动，这种动态性关系表明了一个用于理解元素之间如何不断地互补和定义的过程透镜。因此，对管理的要求应从强调控制、决策和解决方案转变为动态性持续地“应对”或“解决”悖论的过程（Handy，1995）。

1.3.3 作为元理论的悖论

随着悖论的标准变得越来越明确，模式越来越详尽且一致，悖论逐渐成为组织紧张状态及其管理中的元理论。元理论代表了“一个总体的理论透镜”（Ritzer，1990）。悖论元理论的价值是双重的。其一，它旨在定义一般性原则，有助于对广泛变化的情境深入研究及理论化（Pierce and Aguinis，2013）。作为元理论的悖论能够应对多重背景、理论、方法论和变量下的管理。笔者阐明了这样的元理论原则，以扩展悖论理论和丰富其他理论。其二，元理论提供了补充，并可能在更具体的、先进应用的理论之间架起桥梁（Lewis and Grimes，1999）。因此，它成为跨多个管理理论的“元理论化”（Kolmann，2002）工具。笔者通过描述悖论观点在三个不同管理研究领域（治理、领导和变革）中的应用，证明了这一潜在性。

企业的治理研究考察了不同职责，以及组织系统、实践和成员之间的相互作用。治理文献确定了许多不同关系持续的紧张状态，最常见的是董事会与企业高管之间的关系（Demb and Neubauer，1992）。Sundaramurthy 和 Lewis（2003）利用悖论透镜以探索共存但相互竞争的治理需求从而实现控制和合作。他们利用代理理论来解释控制，指出董事会在监督管理层和控制机制方面具有重要作用，有助于抑制机会主义行为的发生，而管理理论有助于详细描述合作，强调董事会与管理层之间合作的潜力，以加强领导者的内在动机，并培养更多的创造性解决方案。虽然以前的企业治理研究通常把控制和合作描述为相互冲突的需求，但是悖论透镜却有助于研究它们的相互依赖性和持久性。

领导力研究考察了不同风格影响的有效性（van Knippenberg and Sitkin，2013），然而领导者角色和相互作用的多样性和变化性产生了许多悖论需求

（Denison et al.，1995）。史密斯（Smith，2014）发现动态性决策及开发探索和整合之间的迭代，有助于缓解领导者管理创新的紧张状态。Sotiriou 和 Wittmer（2001）从医疗保健提供者的多个案例研究中得出结论，即领导在力量型领导和认同导向型领导之间转换，以便处理组织变革中稳定性和适应性之间的紧张状态。此外，Akinci 和 Sadler-Smith（2012）提出了一个悖论式的领导模式，旨在使社会企业家能够解决相互矛盾且相互依赖的社会与商业需求。

组织理论强调过去和未来之间变革的紧张状态。往往围绕双面性而展开。有研究表明，组织能够同时探索和开发，从而实现长期的卓越企业绩效（O'Reilly and Tushman，2008；Raisch and Birkinshaw，2008）。由于越来越多的学者使用悖论观点，因而这一领域的学术辩论已从依赖分离（结构分化或顺序关注）的方法转向更综合的方法，从而在探索和开发之间实现协同作用（Andriopoulos and Lewis，2009；Raisch et al.，2009）。此外，还有研究表明，当组织能够对紧张状态的生存、繁荣和发展进行创新时，悖论将促进良性循环。

这些例子充分体现了悖论作为元理论的普适性，以及它在跨管理组织情境和理论争论中的潜在应用。这些例子还论证了作为研究透镜的悖论具备很大的潜力，有助于推动理论争论的发展，并能为已有的研究领域提供新的见解。

第 2 章
动态能力、管理认知和转型升级研究综述

2.1　动态能力研究综述

2.1.1　有关能力层级的研究

20 世纪 90 年代以来，企业如何适应快速变化的环境以保持长期的竞争优势成为学者和企业管理人员都十分关心的问题。在战略管理研究领域，传统的资源基础观不足以解释特定企业如何在变化多端的市场中获得竞争优势。鉴于此，该研究领域的学者提出了动态能力这个概念来表示企业更新、整合、重构资源的能力（Teece and Pisano，1994；Teece et al.，1997；Eisenhardt and Martin，2000），以解释在动态的环境中企业如何获取并保持竞争优势。随后，动态能力的概念也引起了管理实践者的广泛关注。动态能力对于创新型企业和多国经营的企业尤为重要（Teece，2012）。动态能力有助于创新型企业进入新市场或开发新产品，帮助多国经营企业的整合及重构资源，以应对机会和威胁并存的多元环境（Teece，2007）。深化企业动态能力研究对丰富战略管理理论和指导管理实践都具有重要意义。在战略管理领域，动态能力的研究尚处于初期。尽管动态能力引起了学者的广泛关注，但却未对这个概念的内涵和构成达成一致的见解。大多数发表在顶级期刊的文献都在探讨、争论动态能力的概念和基础。同时，研究者对动态能力内涵的不同认识使得对其测量标准也不一致。为了对动态能力这个概念有清晰的认识，应将其构念本身与它的前因变量、结果变量清晰地分开（Zahra et al.，2006；Schilke，2014）。因此，在深入研读国外动态能力研究文献的基础上，笔者试图通过系统回顾和评述已有的相关研究，进一步明确动态能力的内涵界定、维度划分、测量方法、影响因素、结果变量及一些权变因素，基于已有的研究成果，挖掘异同点，整合目前的研究。根据普赖斯指数，衡量引用文献的时效性可以用近 5 年的文献与总引用文献的总数之比。因此，笔者将近 5 年的研究与先前的研究进行了对比，以期对动态能力领域研究的发展和走向有更好的理解。最后，还对未来研究进行了简要展望。

1. 整合学派和演化学派

整合学派的动态能力理论以资源基础观为基础，以 Teece 为代表性研究人物。根据 Teece 等（1997）的观点，未来管理学界可以在资源基础观的基础之上，用一种更为动态性的崭新视角去进行能力研究，而这种动态性不仅应包含外部环境因素，也应包含来自组织内部的自身因素。在放松了资源基础观的相关假设后，强调通过整合内部资源与能力使企业能力的变化能够与环境变化及自身组织调整的要求相适应，突出持续优势的逻辑目标，这是其同资源基础观的主要区别。外部的环境动态性被引入企业内在能力体系，以应对异质性资源如何提供企业可持续竞争优势这一静态的资源基础观难以回答的问题（Wang and Ahmed，2007）。

Teece 等（1997）对动态能力的内涵进行阐释的同时，也提出了动态能力的过程（process）、位势（position）和路径（path）的 3P 基本研究框架。这一框架融合了企业行为理论和资源基础观，它强调企业能够不断适应自身发展与环境变化的重要基础和原因在于其整合、学习及重构能力，并且受到发展路径和资产位势的影响。然而，Teece 随后也意识到，其定义与框架更多地关注“做事”，而忽略了“为什么”如此做事，且“动态性”表现仍显不足。因此，他于 2007 年进一步提出了更为具体和清晰的动态能力分析框架：动态能力是“及时准确地感知、把握机会，并且进行一定的资源整合和重构的能力”，它包括感知能力、把握能力和重构能力等三种维度（Teece，2007）。Teece 关于动态能力理论框架的更新与完善过程，如图 2-1 所示。

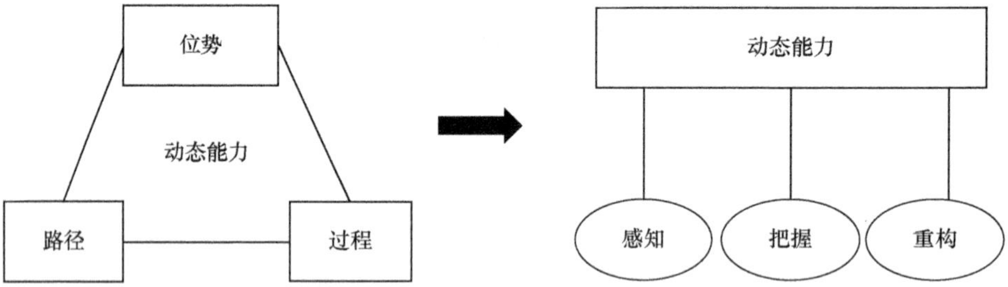

图 2-1 整合学派代表 Teece 关于动态能力分析框架的更新过程

演化学派学者认为动态能力是一种惯例、流程或学习模式等，其构建或形成需要基于知识、资源等的集体学习、选择、认知等演化或变革的过程。企业沿着一定的路径成长发展，被看作流程或惯例的集合，并且在变化并不激烈的环境中，企业同样可以对惯例进行一定的整合、构建和重组。在演化学派的主导逻辑中，动态能力的构建与演化可能受到多种不同因素的影响驱动，如学习模式、知识管理方式、高管异质性、组织文化等组织特征因素，以及技术变革、消费者需求、市场竞争等环境因素等。因此，演化学派强调动态能力包含一些模式要素并且其演化具有路径依赖的特征。

演化学派以 Eisenhardt 和 Martin 为代表性研究人物，依托 Nelson 和 Winter 的演化经济学思想，认为“组织是一系列相互依赖的运营和管理惯例，这些惯例在绩效反馈的基础上缓慢演化”（Dosi and Nelson，1994）。Eisenhardt 和 Martin（2000）的观点认为动态能力存在于具体、可识别的过程中，如并购、联盟、新产品开发、战略变革等，他们提出动态能力是企业整合、重构和获取释放资源以匹配或创造外部变化的惯例；通过这些惯例，企业随着市场涌现、冲突、分裂、演化与死亡而进行新的资源配置。张军等（2012）认为动态能力是对变异的连续“选择”机制，是各要素交互作用的结果，组织通过不断选择实现适应。Pandza 和 Thorpe（2009）认为演化经济学与体验式学习并不足以解释动态能力的存在，特别是源自管理者的知识间断与“创造性搜索”“路径创造”“战略性感知”相关的能力。

董俊武等（2004）以知识为核心要素，提出了一个基于组织知识的动态能力演化模型，如图 2-2 所示。文章提出动态能力是通过变异、内部选择、传播与维持四个过程循环演化。经营性的惯例和学习性的惯例都在这一过程里扮演重要角色。文章最后得出以下三点结论：①知识循环是一个从探索阶段到利用阶段的递归的循环，而组织知识循环的过程决定了动态能力演化的渐进性；②从组织知识的角度看，动态能力其实是一个知识学习的过程，知识的吸收和创造受其现有的知识水平的制约；③在内外环境中的信息的刺激下，组织经过认知性行为的努力产生一些新的想法，并通过进一步内部的选择而进行确立。

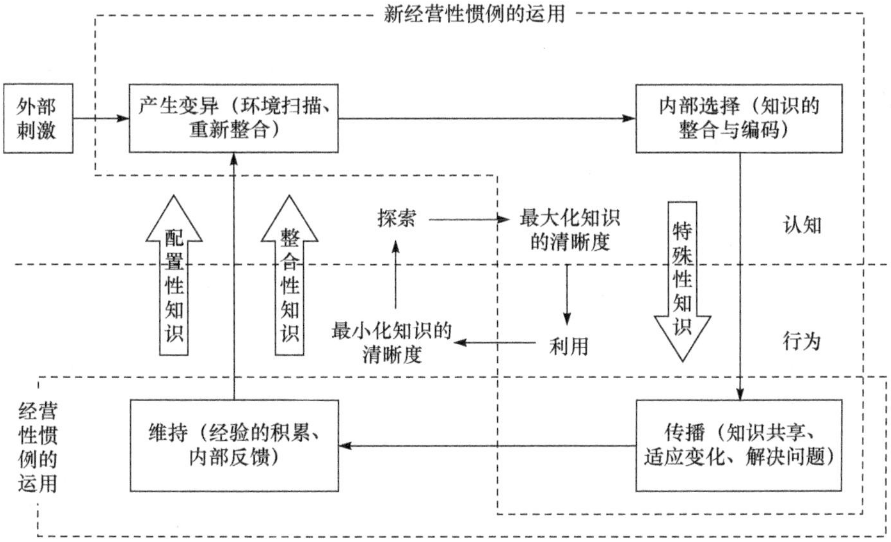

图 2-2　动态能力与组织知识的演化

资料来源：董俊武等（2004）

2. 动态能力概念界定、构成维度与测量

1）动态能力的起源

动态能力这个概念是在管理学界的研究中逐步呈现和发展起来的。Teece 和 Pisano（1994）首次明确提出动态能力的概念，并将其定义为整合、重构资源的能力。随后，Teece 等（1997）进一步详细指出动态能力是企业整合、构建、重构内部和外部能力以应对快速变化的环境的能力，将动态能力视为对企业资源观的拓展。企业资源观主要用以解释企业如何利用资源和能力获得竞争优势（Penrose，1963；Wernerfelt，1984；Barney，1991）。其中，资源是指企业拥有的可利用的要素，能力是指企业配置、整合资源的能力（Amit and Schoemaker，1993）。资源基础观的假设前提是企业间的资源和能力是异质的，且这种异质是可持续的。因此，异质的资源和能力就成为企业竞争优势的来源（Penrose，1963；Wernerfelt，1984；Barney，1991）。然而，资源基础观对企业竞争优势来源的解释有限。它只能解释在静态的环境中企业如何依靠异质资源获得竞争优势，却不能解释企业如何在不可预见的快速变化环境中持续保持优势（Eisenhardt and Martin，2000）。环境的变化使得曾为企业带来竞争优势的资源不一定适用于新的环境。Teece 等（1997）提出的动态能力的概念弥补了资源基础观理论上的空白，阐释了企业如何在变化的环境中持续保持竞争优势（Katkalo et al.，2010）。之后，Eisenhardt 和 Martin（2000）进一步拓展了动态能力的应用范围，指出动态能力不仅在变化环境中发挥重要作用，在静态环境中也能对企业竞争优势产生影响。

2）动态能力的概念

尽管多数研究者将动态能力视为对资源基础观的拓展，但是已有研究并没有就动态能力的内涵界定达成一致。目前，对动态能力的内涵界定主要有两种视角。其一，基于能力的视角。以 Teece 等为首的一些研究者从修改、整合、重构资源能力的角度定义动态能力。Teece 等（1997）将动态能力定义为企业整合、构建、重构内部和外部能力以应对快速变化的环境的能力。这一定义得到了 Winter（2003）的认同，他进一步将动态能力定义为用来拓展、修改、创造常规能力（低阶能力）的高阶能力。它可以创造、更新、保护独特的资源。动态能力决定了常规能力改变的速度（Winter，2003；Teece，2012），可以帮助企业的常规能力更好地进化（Helfat and Peteraf，2003）。其他研究者则进一步指出动态能力是在企业管理者的领导下带有目的性地改变基础资源（Zahra et al.，2006；Ethiraj et al.，2017）。Zahra 等（2006）将动态能力定义为企业的主要决策者能够依据预期的方式适当地重新配置企业的资源和惯例。与 Teece 等（1997）和 Winter（2003）的定义相比，他们都进一步强调了企业是主动地、带有目的地改变、修改或重构资源。在此基础上，Teece（2007）拓展了动态能力的定义，将动态能力分解为三个维度：①感知并辨认机会和威胁；②抓住机会；③通过强化、结合、保护，必要时重置企业有形和无形资产来保持竞争优势，第一次明确提出感知是动态能力的一部分。其二，基于过程的视角。另外一些研究者则将动态能力视为一种惯例、过程、模式。例如，Eisenhardt 和 Martin（2000）指出将动态能力定义为一种能力过于抽象和赘述。鉴于此，他们将动态能力定义为一个具体的、可辨认的战略或组织过程，如产品发展、战略联盟、战略决策、收购等。具体来说，动态能力就是企业利用资源的过程，尤其是整合、重构、获取、释放资源的过程来匹配甚至创造市场变化，是企业获取新的资源配置如市场诞生、碰撞、分裂、进化和消亡的组织或战略惯例（Eisenhardt and Martin，2000）。类似地，Zollo 和 Winter（2002）将动态能力定义为一种经学习后稳定的集体模式，组织可以通过这种模式系统地形成或修改自身的运营惯例来达到更高的效率。

从现有的研究成果不难看出，对于动态能力在内涵界定方面，学界还存在一定的分歧和争议。研究的主要分歧在于从能力角度还是过程和惯例的角度定义动态能力。笔者认为，这两种视角并不矛盾，动态能力本身不是过程和惯例，但它嵌在企业的过程或惯例中，在企业的过程或惯例中发挥作用。动态能力在企业运营过程中发挥的主要作用是改变企业内部的基础资源和常规能力配置。它是一种高阶的能力，是改变低阶能力的能力（Winter，2003）。这种高阶能力在企业的许多业务过程中产生影响，如收购和组织结构重构。企业通过收购可以重构、改造基础资源，从而挖掘新机会（Karim and Mitchell，2000）。同样地，通过重构企业的业务单元，企业得以重新组合资源来适应环境的变化（Karim and Mitchell，2004）。动态能力有不同的表现形式和作用，但在不同表现形式背后共同的是企业更新、整合和重构资源的高阶能力。与先前的研究相比，近 5 年的研究逐步显示出从能力的角度出发去定义某一具体商业过程动态能力的趋势，对两种视角进行了一定程度的结合。

3）动态能力的维度划分

Teece 等（1997）首次提出动态能力的分析框架，指出动态能力包括流程、位势及路径三个维度，为学界对动态能力维度的测量打开了一个入口。组织流程包括整合、学习和对企业资源的结构再造；位势指的是异质性资产（技术资产、辅助资产、财务资产、声誉资产、结构性资产、市场资产等）决定了企业战略情况；路径包括路径依赖和技术机会（李兴旺等，2011）。在 Teece 等构建的三维度构成模型的基础上，学者分别提出了基于三维度、四维度及五维度等的多维度假设（表 2-1）。

表 2-1 不同维度的动态能力分析

三维度 代表学者和维度分类	四维度 代表学者和维度分类	五维度 代表学者和维度分类
Teece（2007，2012）； 李大元等（2009）： 1. 市场感知能力 2. 把握能力 3. 重构能力	Eisenhardt and Martin（2000）： 1. 整合能力 2. 重构能力 3. 获取能力 4. 释放能力	贺小刚等（2006）： 1. 市场潜力 2. 组织柔性 3. 战略隔绝 4. 组织学习 5. 组织变革
Caloghirou 等（2004）； Wu（2010）： 1. 学习能力 2. 整合能力 3. 重构能力	罗珉和刘永俊（2009）： 1. 感知能力 2. 吸收能力 3. 关系能力 4. 整合能力	曹红军等（2009）： 1. 利用能力 2. 资源获取能力 3. 内部整合能力 4. 外部协调能力 5. 资源释放能力
Teece（2012）： 1. 搜寻能力 2. 选择能力 3. 配置能力	焦豪（2011）： 1. 环境洞察能力 2. 变革更新能力 3. 技术柔性能力 4. 组织柔性能力	林萍（2009）： 1. 市场导向 2. 组织学习 3. 整合能力 4. 组织柔性 5. 风险防范能力
胡钢（2013）： 1. 知识吸收能力 2. 知识创造能力 3. 知识整合能力	刘刚和刘静（2013）： 1. 感知能力 2. 学习能力 3. 协调整合能力 4. 创新变革能力	董保宝等（2011）： 1. 环境适应能力 2. 组织变革能力 3. 资源整合能力 4. 学习能力 5. 战略隔绝机制

4）动态能力的测量

目前，战略管理领域的研究者主要采用案例研究法、问卷测量法和其他方法（如仿真法）对动态能力进行测量。

（1）案例研究法。研究者往往结合多种手段，如访谈法、观察法、文本分析法和档案记录法来分析一个或多个案例。由于动态能力的构念尚在完善的过程中，内涵有一定的不确定性，因此案例研究法对于挖掘出动态能力的特征、产生、发展、作用机制有着重要的意义。例如，Danneels（2016）采用文本分析法和访谈法分析了科罗娜公司在杠杆利用现有资源、创造新资源、获取外部资源、释放已有资源四个方面的表现，具化了动态能力发挥作用的过程。还有一些研究者探究了新产品开发、市场营销等具体商业过程的案例，在其中发现了动态能力的作用（Danneels，2011；Zahra and Newey，2010；Bruni and Verona，2009）。

（2）问卷测量法。虽然动态能力的概念较为抽象，难以用量表测量，但近年来，也有许多研究者采用了问卷测量法来研究动态能力。大多数研究者都基于定义将动态能力划分为若干维度，自行开发量表对其进行测量（Wilden and Gudergan，2017）。然而 Schilke（2014）指出，直接从动态能力的定义入手测量存在过于抽象的问题，而测量存在动态能力发挥作用的不同过程更具实践意义。迄今，研究者已采用问卷测量法分别探究了新产品研发、营销、进入新市场、战略联盟、知识管理等商业过程中的动态能力（King and Tucci，2002；Schilke，2014）。

（3）其他方法。除了主流的案例研究法和问卷测量法，还有少数研究者采用其他方法对动态能力进行测量。例如，宋砚秋和杨岚（2017）用仿真法探究了复杂产品系统项目组织动态能力演化的系统动力学模型，揭示了关键管理要素影响动态能力发展的过程。与先前的研究相比，近 5 年对于动态能力的测量研究日益丰富。以往研究更多采用从具体商业过程入手对动态能力进行测量的方法，而近 5 年出现许多直接从定义入手对动态能力进行测量的研究。这可以归功于研究者对动态能力的定义达成了一定程度的共识。

总的来看，案例研究法和问卷测量法是目前战略管理领域对动态能力的主流测量方法。案例研究法，特别是长期过程导向的案例研究特别适用于捕捉动态能力的特点。同时，动态能力的概念较为抽象，案例研究法使得从定义入手研究动态能力更为具象。但是案例研究法的研究结果其普适性相对较差。问卷测量法则弥补了案例研究法的缺点。大量的样本和较易量化的数据增加了动态能力研究结论的普适性。动态能力领域的研究者应给予这两种研究方法同样的重视。此外，未来研究还可以考虑采用仿真、面板数据追踪等方法丰富动态能力的研究。

5）个人层面的动态能力

虽然目前针对动态能力的研究多集中于企业层面，但是也有少数研究者提出个人层面，特别是高管的动态能力需要引起重视（Eriksson et al.，2014）。动态管理能力通过影响管理决策对企业绩效产生影响，有三种因素影响着动态管理能力：管理人力资本、管理社会资本和管理认知。管理人力资本源于累积的经验和技能，管理社会资本包括外部信息获取、内部信息传递，而管理认知影响了信息选择。这三方面的因素共同影响动态管理能力（Kor and Mesko，2013）。Helfat 和 Peteraf（2015）指出，与动态能力类似，动态管理能力也可划分为感知机会、把握机会、重构资源三个维度。笔者认为，动态管理能力构念的建立可以帮助解决动态能力是否应包含认知维度的问题。迄今为止，研究者尚未明确区分动态能力和动态管理能力这两个构念。动态管理能力究竟包含哪些维度、这些维度与动态能力有何关系等问题，依然值得未来研究深入探讨。

3. 影响动态能力的因素

鉴于动态能力的研究仍处于发轫之期，战略管理领域的研究者对影响动态能力的因素仍处于不断探索和丰富阶段。从现存的少数研究成果来看，学习和认知因素对于动态能力的形成和发展发挥着极其重要的作用。

1）学习视角

学习是培养和发展动态能力的主要机制（Eisenhardt and Martin，2000；Zollo and Winter，2002）。Eisenhardt 和 Martin（2000）提出，动态能力通过重复的实践、记录、错误不断地学习并积累经验来获得提高。重复的实践能深化企业对过程的认识，进而开发更有效的惯例；通过记录重复实践中获得的经验能让企业加速构建动态能力；小错误能引起管理者的重视，促进其主动学习，帮助动态能力进化。在学习过程中，变异和选择是动态能力进化中的两个关键因素，企业在不断的变异和选择中积累了经验（Eisenhardt and Martin，2000）。基于前人研究结果，Zahra 等（2006）指出，试错、即兴创作、模仿等学习机制也是动态能力的发展机制。但是，过往经验也会由于僵化的问题抑制企业适应新变化（King and Tucci，2002）。因此，Wang（2016）指出，探索性学习可以促进企业动态能力，而只关注开发性学习则会对动态能力产生负向影响。例如，那些陷入成功的陷阱的企业就是由于过多重视开发性学习、忽视探索性学习，从而抑制了企业动态能力的发展。

2）认知视角

高层管理者在企业动态能力发展中扮演着至关重要的角色（Zahra et al.，2006；Helfat et al.，2007）。首先，高管对于机会和威胁的感知和把握对于维持动态能力至关重要（Teece，2012）。虽然 Teece（2007）对动态能力进行界定时将感知、识别机会和威胁视为动态能力的一个维度，但 Ambrosini 等（2009）指出，搜索、感知是动态能力的微观基础，而不是动态能力本身。其次，管理者的认知图式会对动态能力的发展产生影响，尤其是他们对企业演化的看法对发展动态能力至关重要（Rindova and Kotha，2001）。管理者如何解读环境中的变化因素，将会影响他们的决策行为，进而影响企业的动态能力（Aragón-Correa and Sharma，2003）。基于这些研究者的思想，Helfat 和 Peteraf（2015）提出管理认知能力的构念，将其定义为管理者从事心智活动的能力（如感知、注意力、逻辑推理能力、语言与沟通）。管理者的各种认知能力都会对动态能力产生影响（Hodgkinson and Healey，2011）。这一因素在案例研究中也得到了一定支持。Tripsas 和 Gavetti（2000）通过案例研究发现宝丽来的管理者在面对数码影像技术的冲击时，认知过于简化，依赖过去的经验来解读加工信息，导致他们不能很好地适应变化，失去了竞争优势。Danneels（2016）在对科罗那公司的案例研究中发现高管错误的资源认知导致该公司没能发展动态能力。

4. 动态能力的影响

尽管 Teece 等（1997）提出动态能力的初衷是将其作为对资源基础观的补充，以说明在变化的环境中动态能力成为使企业保持竞争优势的新利器。但关于动态能力对绩效是否能产生正面影响,同时这种影响是不是直接的问题一直存在争议。笔者针对动态能力与绩效之间的关系归纳了一些主要的理论观点及相关的实证研究结果。

1）动态能力对企业竞争优势的间接影响

一些研究者认为动态能力并不能直接对绩效产生影响，只能通过间接的方式影响绩效（Eisenhardt and Martin，2000；Zahra et al.，2006）。动态能力只是获得竞争优势的必要条件而非充分条件。动态能力并不直接创造竞争优势，而是通过修改企业的资源组合或者惯例（Zott，2003），改变一些基础能力来间接地影响竞争优势（Zahra et al.，2006）。此外，动态能力在不同的企业间会呈现出共性，这也决定了它不能成为企业持续竞争优势的来源（Eisenhardt and Martin，2000）。实证研究中，只有少部分研究关注动态能力如何通过改变基础资源或能力来影响企业绩效。Wilhelm 等（2015）发现动态能力可以从效用和效率两方面提升基础能力。Wilden 和 Gudergan（2015）对 228 家澳大利亚大型企业进行问卷调查，发现动态能力对企业的营销能力和技术能力有显著的正向作用，进而正向影响企业绩效。

2）动态能力对企业绩效的直接影响

也有一些研究者认为，动态能力与企业的绩效、竞争优势之间有直接的联系（Teece et al.，1997），特别是在快速变化的环境中，动态能力是获取竞争优势的基石。现有研究主要从财务绩效和创新绩效两方面探索了动态能力对企业绩效的直接影响。

（1）财务绩效。动态能力能够创造出新的难以被模仿的资源组合（Griffith et al.，2006），因此被视为获得超额经济租的来源（Makadok，2001），可以为企业带来超优绩效（Zollo and Winter，2002）。但是，也有研究者指出，动态能力并不总是对绩效产生正向影响。在实践中，动态能力是否对企业绩效产生正面影响取决于运用该能力改变资源的组合是否适应当下的状况（Zahra et al.，2006）。若在不必要的时候运用动态能力，或者根据错误的因果假设运用动态能力，反而会对企业绩效产生负面作用（Zahra et al.，2006）。此外，动态能力还会因为其所需的高额维持成本而对绩效产生负面影响（Zollo and Winter，2002；Teece，2012）。

（2）创新绩效。动态能力使企业得以创造、拓展、修改、整合并重构企业资源，进而让企业能够及时改变和创新以应对市场、顾客和技术的变化，如进入新市场、开发新产品等。现有研究发现，动态能力有助于提升企业的创新绩效。例如，Jantunen 等（2012）通过对比分析同处于出版业的四家企业，发现不同企业的动态能力虽然有一定共性，但也存在许多细节上的差异，这些差异使得同一行业中的企业创新绩效不同。杜俊义等（2017）通过问卷调查研究发现，中小企业动态能力对创新绩效具有显著的正向作用。简兆权和刘念（2019）通过对佛朗斯的服务平台转型的案例分析，发现完全自发式的组织认知更新（环境感知）是动态能力构建的逻辑起点。

先前研究对于动态能力与绩效之间关系的探讨主要集中于理论层面，而近 5 年的研究在实证研究中取得了一定进展，对理论观点进行了检验。现有研究普遍认为，动态能力能对企业绩效和竞争优势产生正向影响。目前，研究者主要关注动态能力对绩效的直接影响，而关注动态能力对企业绩效作用机理的研究相对较少。今后，应该深入开展有关动态能力对企业绩效作用机理的系统研究，并系统构建针对动态能力的绩效测量指标体系。

5. 权变因素

动态能力概念诞生的背景使其与生俱来就与环境动态性有着千丝万缕的联系。但是动态能力中的“动态”并不是指环境的动态，而是指企业能够动态地改变和更新基础资源（Teece et al.，1997）。强大的动态能力可以使企业在任何时候都获得强有力的竞争力（Teece，2012）。迄今为止，只有少数学者发现，环境动态性是动态能力的驱动因素，大多数学者认为环境动态性对动态能力与企业竞争优势之间的关系起调节作用。目前，对于环境动态性的调节作用主要有以下两种观点。

（1）正向调节。虽然变化的环境并不是动态能力的必要组成部分（Helfat et al.，2007；Schilke，2014），但是动态能力在快速变化的环境中更能发挥价值（Rindova and Kotha，2001；Zollo and Winter，2002）。拥有动态能力的主要优势在于当环境变化要求企业做出相应改变时，企业能迅速、准确地配置和修改自身的资源来应对变化。而当环境没有明显变化时，动态能力的存在就不一定能给绩效带来明显的提升。相反地，甚至还会因为维持动态能力的高额成本对企业绩效产生负向影响（Teece，2012）。因此，许多研究者认为环境动态性对动态能力与企业竞争优势之间的关系起正向调节作用。岳金桂和于叶（2019）基于我国 16 个地级市目标企业的实证研究发现，环境动态性对技术创新动态能力与技术商业化绩效关系具有部分正向调节作用。还有研究者将环境动荡性分为市场动荡、技术动荡、竞争动荡三个维度，来研究环境动荡性的调节作用（Wilden and Gudergan，2017），结果发现这三个维度都有显著的调节效应，且竞争动荡的调节效应最强。

（2）倒 U 形调节。Eisenhardt 和 Martin（2000）依据环境的动态程度将其划分为两类：一类是中等动态环境，另一类是高速动态环境。他们认为动态能力在中等动态环境中会对竞争优势产生可估、稳定的结果，在高速动态环境中对竞争优势产生的影响是不可估、不稳定的。因而，动态能力在中等动态环境中对企业竞争优势的影响最强。这一观点得到了实证研究结果的支持。Schilke（2014）从波动性和不可预见性两方面定义环境动态性，通过实证研究发现环境动态性对动态能力与竞争优势之间的关系起调节作用，且调节效应呈倒 U 形。在环境动态性较低时，由于需要改变的机会较少，相对地，维持动态能力的成本过高，进而损害企业的竞争优势；而在高速动态环境中，由于动态能力有着路径依赖的本质，匹配问题和惯性问题使得动态能力难以发挥作用。

总体而言，环境动态性对动态能力与企业竞争优势之间关系的调节作用引起了研究者的广泛关注。先前研究主要在理论层面对环境动态性的调节作用进行探讨，而近 5 年出现许多对环境动态性的调节作用进行实证检验的研究。目前的分歧主要在于环境动态性究竟是起正向调节作用还是起倒 U 形调节作用。未来研究需要进一步深化探索，如分行业进行研究。此外，组织环境和工作情境也是影响动态能力与其发展基础、作用结果关系的重要权变因素，具体涉及组织结构、组织文化及任务特征等诸多因素。但迄今这些权变因素还缺乏系统的研究，今后有必要加大研究探索的力度。

6. 交互记忆系统

1）交互记忆系统概述

交互记忆系统是在外援记忆的基础上提出的（Wegner，1987）。以往的心理学研究往往都关注个体记忆的形成过程，而忽视了通过外部媒介完成的个体记忆行为。但可以发现，这些个体记忆的行为外援记忆都是单向流动的。于是，Wegner 发现在群体中的每个独立个体会互相依赖记忆部分信息，通过不同的方式进行交互、共享，从而扩充了每个独立个体的知识存储量，交互记忆的概念也因此产生。交互记忆这个概念解释了在亲密的关系基础下进行的不同知识领域的信息交互，信息交互指的是信息的编码、存储和提取（检索和共享）的一种认识劳动分工。因此，在一个工作团队中，当一个团队成员在某一个领域有相对的专长能力时，这个团队成员就会获取、编码这个专长领域的信息从各方面来与团队成员分享，于是就产生了交互记忆（Hollingshead，1998；Moreland and Myaskovsky，2000）。

交互记忆系统是团队中每个团队成员的知识存量总和（包括集体意识）。第一种交互记忆方式：团队成员之间通过交流的形式来共享自身的知识从而来扩大自己的知识存量。第二种交互记忆方式：当团队中有成员记不得某些信息时，可以通过寻求帮助的形式，与团队成员沟通以获得这部分缺失遗忘的信息。研究者从观察高绩效团队的工作过程提出了：交互记忆系统也是团队处理知识和信息的一种机制。同时，研究发现团队成员间互相信任度越高、专长业务熟悉度越好的团队其效能越大（Hollingshead，1998；Wegner，1987；Liang et al.，1995）。团队成员个体之间专长业务熟悉度好和团队成员之间互相信任度高的团队能够更加有效率地进行信息沟通、交互记忆，更容易扩大自己的知识存量，提高团队的工作效率。

2）交互记忆系统的界定

交互记忆系统的形成和维护分三个阶段组成，分别为目录更新、信息分配和检索协调（Wegner，1995）。

（1）目录更新。即认知其他成员专长领域并接收和储存其信息的一个过程。目录更新发生的基础在于团队成员互相了解成员间的专长领域，这被称为共同基础。共同基础的形成始于团队成立之初持续地沟通和交流，并通过日常实践而积累。

（2）信息分配。信息分配指的是团队中的成员将非个人专长领域的信息通过各种途径转交给具有该领域专长的团队成员来存储的过程。Wegner（1995）发现，倘若团队成员记忆某一任务的全部信息，经过一段时间后该信息记忆慢慢缺失消散，那么该成员的信息目录则会处于一种无组织的状态。因此，在团队协作中，团队更愿意也更倾向于让具有专长的团队成员加工储存该领域的信息。另外，具有专长的团队成员在接收到该领域的知识信息后会以更专业、更科学的思维角度对信息进行加工处理并加以存储。

（3）检索协调。当团队成员不能通过个人的知识来完成某项任务时，需要向具备该领域专长的团队其他成员来进行求助，以便检索其需要的知识和信息。在少数小部分简单的任务情境下，团队成员通过“一次”目录检索便可向该领域专长者获取所需要的信息。但在大部分复杂的任务情境下，团队成员则需要通过“二次”“三次”甚至“多次”来调用目录获取信息。

3）交互记忆系统的测量

查阅资料发现，以往对交互记忆系统的实证研究基本都是在一个临时组成的二人团队中完成的，他们通过回忆测量法、行为观察法和自我报告法来对交互记忆系统进行测量。

（1）回忆测量法。通过测量被测的两人团队能够合作回忆起的信息的框架结构、内容概况和条目数量来判断交互记忆系统的实际存在及其运作机制。大多数研究人员通过回忆测量法来对比不同亲密度的团队组合在不同环境下学习单词的回忆情况（Hollingshead，1998；Wegner，1987；Liang et al.，1995）。Moreland（1999）也通过相似的试验方法来做该方面的相关研究，他通过分析对比单个成员个体所记忆的相关知识信息和多个成员群体所能够记忆的知识信息来直接证明在团队中记忆外援的真实存在。

（2）行为观察法。该方法指的是对被测试的团队进行行为观察、评估。Liang 等（1995）将记录下实验团队的“收音机实验”全过程，通过观察及问卷辅助的方法来分析判断团队成员间是否存在交互记忆系统。Moreland 和 Myaskovsky（2000）通过观察记录不同小组的完成情况，用利克特七分量表来展示团队的以下三个资质：记忆专业化（专长性）、任务协调性（协调性）和任务可靠性（可靠性）。

（3）自我报告法。被测在经历实验后，通过问卷、谈话和量表等方式来回忆、分享实验中的相关信息，从而验证交互记忆系统的真实存在性。研究人员通常会考察团队成员的知识信息储备和协作情况（如团队成员个体的知识信息框架、团队成员间的信任度、团队成员间的依赖度、成员间的团队协作度）来间接反映交互记忆系统（Wegner，1995；Moreland and Myaskovsky，2000）。

7. 小结

笔者系统梳理了迄今学界对动态能力的研究，整理了动态能力的构念和维度、测量方法、发展基础、影响及权变因素，对迄今的研究做了一个总结。与先前的研究相比，近 5 年对动态能力的研究有了进一步的发展。先前的研究主要在理论层面对动态能力的内涵界定、发展基础及影响等进行探讨，近 5 年来则在先前研究的基础上利用实证研究进行检验，并取得了一定的研究成果。根据目前理论和实证的研究进展，笔者提出未来研究需要着重关注以下几个方面。

（1）动态能力相关理论需要进一步拓展。动态能力的理论根植于资源基础观与演化经济学，还与组织学习理论、创新理论存在千丝万缕的联系。笔者认为，未来动态能力理论可以进一步向认知理论和社会资本理论拓展。虽然目前已有研究者对动态能力与认知和社会资本的关系进行了初步探索，但尚未形成系统的研究，有待进一步的探索和深化。例如，已有研究多聚焦于高管的认知。然而，高管的认知与企业认知的关系，以及它们对企业动态能力的影响值得继续深入研究。同时，已有研究指出企业内部和外部的社会资本有利于信息共享和创新，进而促进资源的获取与整合，提升动态能力。而企业内部和外部社会资本具体如何作用于发展动态能力，以及拥有何种特征的社会资本有助于提升动态能力仍需要未来研究进一步探索。

（2）清晰界定动态能力的内涵和构成维度，以及不同维度之间的关系。从目前颇为丰富的研究成果来看，研究者对动态能力内涵达成了部分共识，认为整合和重构能力是动态能力的组成部分。但同时对于动态能力的内涵界定也存在一定争议。未来研究需要进一步对于动态能力的内涵和维度构成形成更为清晰的一致认识。同时，笔者认为，将动态能力和动态管理能力的构念加以比较和区分，有助于更清晰地聚焦定义动态能力。未来研究可以试图系统揭示两者之间的关系，划清概念间的界线。此外，今后研究还须检验动态能力不同维度之间的关系。已有研究主要集中于探讨动态能力的构成维度及其对绩效的影响，但忽略了动态能力不同维度之间的交互作用及其与环境的匹配问题。未来研究可以在已有维度划分的基础上，检验动态能力不同维度之间的交互作用，以及不同维度与环境的匹配问题。

（3）深化动态能力的形成机制研究。目前的理论研究已经从若干视角揭示了影响动态能力形成与发展的因素，但是相关的实证研究相对不足。在实证研究中探索产生、发展和维持动态能力的因素对于管理实践具有重大意义。同时，已有研究聚焦于学习机制和认知机制，未来研究应在已有研究的基础上探索其他影响动态能力的机制，进而建立系统的动态能力形成机制架构，全方位地揭示动态能力是如何形成与发展的。

（4）深入研究动态能力对企业绩效的作用机理。虽然已有研究表明动态能力对企业绩效和竞争优势有积极影响，但都没有深入探讨这种影响是如何发生的。少数研究者指出动态能力通过改变基础资源和常规能力间接对绩效产生影响，但目前探究动态能力对绩效产生影响的中介作用机理的研究仍较为匮乏。未来的研究应对该问题进行深入探索。

（5）加强中国情境下的本土化实证研究。未来国内对动态能力的研究在测量方法和样本选择上应更多地考虑中国情境。首先，针对采用问卷对动态能力进行测量的研究应当开发更适用于中国情境的量表。其次，在研究样本的时间选择上，应当充分考虑中国宏观经济周期和行业变化时点，以更好地捕捉处于快速变化环境中的动态能力特征，特别是中国目前面临产业转型升级的考验，研究在这种情境下企业如何借动态能力来面对随之而来的挑战具有很强的现实意义。因此，未来应开展更多符合中国情境的本土化研究，以提高动态能力理论在中国的适应性。

2.1.2 有关组织惯例的研究

在近代社会理论中，惯例是一个重要的概念。Nelson 和 Winter（1982）在 *An Evolutionary Theory of Economic Change* 中指出惯例是演化经济学理论的核心概念，是组织的“基因”，它构成了演化理论的遗传因素，成为研究组织和经济变迁的分析单元（Pentland et al.，2016）。这一观点在经济研究中引起了经济学者对惯例的关注。惯例能强有力地解释组织能力和组织演化的观点已经被广泛接受，通过遗传原理它也成为解释企业实践和行为多样性的新方法，构成演化经济学理论和管理学的重要组成部分。笔者旨在评介组织惯例研究起源、概念内涵演变、特征及惯例对组织的影响等最新有关惯例研究成果和动态，为从生态、遗传和基因角度研究组织与人力资源管理拓展思路、提供方法、奠定基础。

1. 惯例概念

作为人类组织的重要特征，惯例概念于 1940 年由 Stene 提出，此后惯例被认为是组织完成工作的主要途径。March 和 Simon（1958）指出，“多数行为，尤其是组织中的多数行为是由执行程序（performance programs）决定”。此后很多学者都认为组织惯例只是行为的一种相对无意识的复制，这种复制的行为是通过演变或者是某个特定的人而非惯例中的参与者有意设计而建立起来的。

Nelson 和 Winter（1982）界定惯例为企业所有的规则和可预见的行为模式的总称。他们强调了惯例的两个主要维度：认知（cognitive）维度和动机（motivational）维度。惯例的认知维度包含组织基础知识，构成组织记忆（organizational memory）；动机维度控制了组织内的冲突，凸显惯例是一种“休战”（truce）协定。他们认为“惯例是组织的技能”“惯例是目标”；惯例在组织内外都发挥着协调的作用，“当惯例平稳运行时，它承担着标准和目标的作用，管理者在处理实际的、紧急的情况时就会试图按照惯例行事”。因此，惯例可以被认为是为什么要这样做（动力驱使）和怎样做（认知和协调）这两大问题的浓缩。Cohen 等在 1994 年提出的惯例定义与 Nelson 和 Winter 的“惯例是目标”有相似之处，他们认为惯例是可执行的能力，它在某种情况下是组织为应对选择压力而学会的重复的行为。Feldman 和 Orlikowski（2011）认为惯例由两部分构成，在事实例证方面，惯例是抽象观念：由什么组成和用来做什么；在表述行为方面，惯例指特定的人在特定的时间和特定的地点的真实惯例行为。越来越多的研究认为将惯例作为一种启蒙是必要的，因此这种解释正变得越来越重要。

2. 惯例特征

1）特定的行为模式

从惯例概念的演变看，很早以前就有了模式观念。哲学家 Koestler（1967）认为惯例是提供多种可选择机会的柔性模式。行动、活动、行为和交互作用这四个术语通常被用来表示惯例模式的内容，行为和交互作用是行动的子集，行动一般是由多人参与的，因此能区别个体和集体层次。惯例明显地涉及循环的交互模式，即集体循环活动模式。

2）集体特征

惯例是一种集体现象，有很多人参与。多人参与意味着执行同一个惯例可能包括不同场所的人，因此组织惯例是分散的。惯例能够跨空间、组织分布，很多参与者在不同地方不同的组织单元执行惯例，他们通过交互作用相互联系。很多实证研究也证实了惯例是一种集体现象（Cohen and Bacdayan，1994；Edmondson et al.，2001）。因此为了保持组织的一致性，个体习惯和组织惯例之间的平衡必须保持。

3）过程性特征

惯例是为了解释组织和经济的变化，变化本身就是一个过程。惯例可以被看作为什么做（激励）及如何做（认知和合作）的一种思想凝结（Cohendet and Llerena，2003）。很多实证研究证明了惯例是一个过程。案例研究、实验研究、模拟研究等认为惯例有以下几个过程性特征：发生时间、衰退、反应时间、延期、获得的必要时间、重复频率等。国内一些学者对组织惯例的演化过程进行了探讨（林海芬和王涛，2017；马鸿佳等，2020）。

4）无意识与有意识执行

无意识的支持者认为个体在执行惯例时并没有注意到它，他们没有利用意识领域中的真实认知资源，而是在潜意识下执行惯例的（Lazaric and Marengo，2000）。有意识的支持者则认为组织惯例并不是无意识的，而是非常努力地执行（Costello and Keane，2000；Feldman and Pentland，2003）。

5）情境依赖性

惯例存在于组织及其结构之内，是情境性的（Becker，2004），情境关系源于惯例与其情境的互补。情境不同导致一般规则应用到具体情境中经常会有不够详细和遗失的部分（Reynaud，2005）。完善一般规则需要解释和判断技能，如知道什么时候执行什么惯例。另外，情境关系导致惯例在复制能力、惯性程度和搜寻潜力方面有很大的不同（Cohendet and Llerena，2003）。

6）路径依赖性

路径依赖性是指"很久以前的事件，包括偶然而不是系统因素主导的事件，会对事件结果产生重要的影响"。惯例是建立在过去的基础上的，惯例变化是以路径依赖的方式进行的，是随着历史形成的。惯例的路径依赖发展意味着惯例会陷入一条路径，且沿着这条路径随时间而发展，因此与初始点有很大关系。在一个移动网络建立的案例中，Narduzzo 等（2000）指出路径依赖发展的一个例证：一旦惯例的地方异质性被构建，同样的实践活动将很难产生。

7）稳定性与变革性

大部分的惯例理论都认为惯例是稳定不变的（Cyert and March，1963；Nelson and Winter，1982），这些理论都是建立在把惯例比为个人习惯、计算机程序或者基因的概念基础上的。传统的对组织惯例稳定的解释认为组织参与者并不思考他们在干什么，而只是重复那些过去的行为。尽管惯例被认为是与稳定和标准联系在一起的，但一些学者也指出它与组织适应、突变、演变、创新、弹性和学习之间的关系。Narduzzo 等（2000）认为在组织早期建立阶段的紧要关头或不确定区域，组织惯例的改变会表现得尤其明显。大量研究认为，组织惯例变化是环境压力所致，或者是尝试提高效率和增加适应性的管理所致，这种观点意味着变化是由外部因素引起的（Bresnen et al.，2005）。近年来，一些学者从演化的角度来解释稳定和变革，认为稳定的发生是因为现行的惯例被保持及复制，变革则被理解为突变、不完全的复制或者变异的导入。

3. 惯例对组织的影响

1）协调与休战

协调作用自惯例概念产生时就受到重视，Stene（1940）认为当组织中基本的、重复的功能成为组织惯例一部分的程度越高，惯例的协调作用就越直接。惯例能够使组织常规行为具有规则性、一致性和系统性；使每一个人都能了解其他人的行为，并据此做出决定；以程序的形式提供指令并且建立一种休战机制；Langlois 和 Robertson 称惯例作为一种协调手段，要比契约更加有效，甚至可以代替契约并随着组织关系的成熟稳定使契约变得越来越不重要（Langlois and Robertson，2018）。

惯例之所以能够平稳地运行是因为发出命令和执行命令的人之间建立了一种隐含的休战协定。日常工作（惯例）做好了，批评与表扬就以平常的频率传递着，在人际关系方面就没有变化冲突的必要，于是就存在一致性（Nelson and Winter，1982）。这种境况不仅出现在管理者与工人之间，在工人之间、管理者之间或者管理者与股东之间也是常见的。可见，惯例的"休战"可以起到保持组织稳定的作用。

2）有效利用认知资源

认知资源是有限的，这意味着并不是所有的选择，以及选择后的结果都能够被认知（March and Simon，1958）。组织也不能在有限的认知资源下同时达到它所有的目标，注意力总是被有选择地分配。惯例可以有效利用组织成员的信息处理能力和决策能力，而且惯例可以通过经验指导组织成员有选择地分配有限的认知资源，比如程序性事件总是被半意识地（semi-consciously）处理，而注意力通常被分配在非程序性事件上；这个过程可以提高非程序性事件处理的效率与合理性。一项对美国医院的调查研究进一步说明了惯例是如何允许个体行为者节约脑力，并因此保留了有限的信息处理和决策能力（Edmondson et al.，2001）。

3）减少不确定性

在决策中不确定性会引发许多问题，一系列可能发生的结果中的任何一个，其发生的可能性都是先前未知的。处理这些不确定性的普遍策略就是增加信息量，进而改进评估可能性及其准确性的基础。然而在增加信息的情况下，结果所发生的可能性仍然是不可知的，而且这些信息有时可能会加大不确定性，且无助于可能性的评估。

许多学者都认为惯例将在减少不确定性中发挥重要的作用（Becker and Knudsen，2005）。惯例减少不确定性有两种途径：第一，通过确定相应参数，企业可以提高预见力；第二，释放有限的认知资源（North，2005）。前者的参数多指法律法规规范或标准操作程序等。一项对丹麦 6 个行业的企业调查研究验证了关于惯例在减少不确定性中的作用的一系列假设，研究者特别强调了惯例才是减少不确定性的方法，而不会增加信息流（Becker and Knudsen，2005）。

4）保持稳定性

在某个范围内，如果没有太多变化，惯例将重复发生，它们使事物保持稳定性。目前关于为什么惯例能保持事物稳定性有两种不同的说法：卡内基学派认为只要存在惯例，惯例行为就会产生令人满意的结果，因此人们不会有意识地寻求解决问题的其他方法；成本理论认为一旦完成一项任务的模式发生改变，必将伴随成本的产生。稳定性在组织中发挥着重要作用，它为组织评估、比较和分析变化提供了基准。

如今，越来越多的经验证明惯例并不是不变的。Feldman 对住宅机构所做的研究强调了惯例有很大的潜在求变性，这是由内部动力机制——参与者对之前惯例的重复所产生的结果会做出反应导致的（Feldman and Pentland，2003）。因此，组织惯例既有助于稳定也有助于变化，它对组织弹性起到了重要作用。如前文所描述，变化是惯例的基本特征，并不是异常或例外现象。惯例能够保持组织稳定性只是一种相对解释，惯例也会发生渐进变化，进而适应新环境。

5）储存知识

惯例是组织中知识的重要储存处，它能广泛地储存那些心照不宣的知识，这使其成为除数据库和文档以外的另一种知识储存处。惯例在执行中获得了应用在组织中的个人所拥有的知识，同时也获得了组织共同拥有的知识。Nelson 和 Winter 认为惯例是组织记忆，构成了组织储存特有的可操作知识的主要形式（Nelson and Winter，1982）。各种实证研究也证明了惯例能够储存知识，包括隐性知识，如对高科技公司的案例研究（Costello and Keane，2000）、对美国自行车产业历史的分析（Dowell and Swaminathan，2000）。

4. 组织惯例的跨层级演化机制分析

1）演化偏好：互动机制

演化的前提在于实体之间存在互动机制。传统研究在设计这一层面的分析时，通常以“理性选择”作为分析的手段而把这一问题模糊带过。诚然，理性选择是组织理论中对于“人”的基本假设，但是应该看到，人并不是孤立地、抽象地栖息在世界之外的，而是存在于各种关系和互动之中，尤其是在“演化”过程中，离不开“语言”“偏好”“信念”等主体概念，因此，所谓的理性选择实际上是互为理性的“主体间理性”或“交互理性”。由此，笔者认为在组织惯例的跨层级演化过程中表现出了互动偏好（图 2-3）。

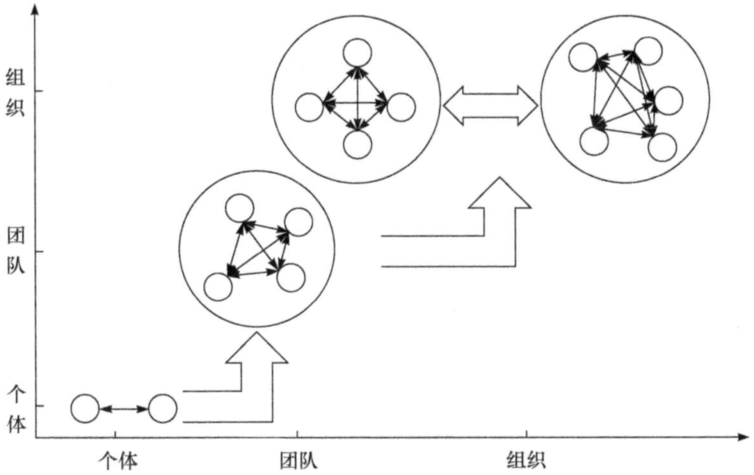

图中细箭头表示成员个体之间的人际互动，粗箭头表示团队与团队之间的群体互动

图 2-3　跨层级演化的互动机制

如上所述，惯例嵌入在组织的层级结构中，认知、个体行为及情感等因素越来越能够阐述惯例的本质内涵，但随之而来的一个问题是，惯例是如何在跨层级的组织结构中传播的，或者说如何才能将上述认知、行为、情感等要素汇集到群体层面（团队）。早期的行为理论虽然关注到了这一问题，但并未给出答案。而最近的理论与实证研究已经表明人际互动对于惯例的生成具有重要的意义（Hesterly et al.，2013）。另外，知识理论的研究早就证明了互动对于组织层面结构概念演化的意义。

个体特性和人力资本常常被看作人际互动的逻辑基础。因为具有广泛异质性的个体在最基本的层面上保持了自己的完整性和独立性，比如性别、自我概念、态度、信仰及知识和经验等，个体的人力资本具有显著的差异，当多个异质性个体因外力（被强制设定的目标）或者内力（主观认同）而创造、开发、修改和制定一些具有群体性质的惯例时，互动似乎是唯一的选择，与其他参与人进行整合和互动是惯例由低级别向高级别过渡的唯一途径。近年来一些跨学科的理论研究也对此提出了支持，比如 Feldman（2000）借鉴人种学的理论，利用参与观察来捕捉微观惯例的变化，临床心理学则根据追溯自我报告（self-report）来捕捉个体之间心理和生理相互作用。

在组织惯例的跨层级分析中还有一类转化机制是不能忽视的，即由团队层次向组织层次的跨层演化。现有研究关于互动机制与组织惯例演化关系大都关注的是个体层次与组织层次，而常常忽略团队层次与组织层次之间的互动。和个体—组织互动相比，这一层次的互动具有其独特性，其更多地体现为群体—群体的互动，如和个体一样，每个团队都有自己的独特的目标，而且多个团队都有一个终极目标——组织目标，但是在具体的互动过程中，团队之间可能会更多地涉及正式沟通、正式协调等，而非正式沟通、非正式协调所发挥的效用则大大降低，互动机制更多地呈现程序化和文档化的趋势，而在个体—组织的跨层级转化中的人际互动显著减少，近年来出现的多团队系统（multi-team system，MTS）理论支持了这一观点。

2）惯例的反馈：组织激励

Felin 和 Foss（2011）强调经验和重复作为组织惯例的基础，按照他们的理论，各层级的组织惯例的独立的“黑箱”，尤其是对于那些较低级别的惯例而言，它们一体化的唯一源泉来自成员内部之间的互动，而且企业内部的多层次的组织目标和管理层级使得组织内部的成员，以及各层级之间都具有自己独立的目标和行为动机，由此组织受制于个人行为和组织原则而变成“非透明的”，这使得组织内的反馈更加困难，其根本原因就在于组织层级为各低层级设置了各种各样的目标，但并未直接参与低层级惯例的修改，这一方面是因为个体行为和认知本身就是层级惯例的一部分（如上所述），因此个体行为与决策并不是紧密联系在一起；另一方面，“目标”通常被置于一个更高的层级之上，而非特定惯例，因此“目标”和“惯例”也没有紧密联系在一起。

在这种情境下，当各层级都为此而困惑时，组织激励可能会为此提供一个分析途径。Witt（2011）声称应该更加仔细地看待各种动机的来源，不管是内在的还是外在的。事实上，激励理论已经证明了其在组织研究中的重要意义。而 Postrel 和 Rumelt（1992）则认为，执行新的组织惯例需要新的价值观和新的学习习惯，因此对于改变惯例来说，成员的自我激励是远远不够的，因为这通常与员工自身的内在动机发生冲突（对于自己沦为工具的恐惧及丧失自主权）。因此，依靠个体成员的内在动力来建立个体成员的内生性激励是困难的。此处所指的激励更多的是一种组织层面的激励，是高级别的惯例对于低级别惯例的一种外部反馈。为了避免引起误会，本书此处所指的组织激励与上文中所述的“互动”是不同的，它更强调的是组织作为一个外部整体的刺激，而并非“互动”中所指的组织“内部”层级结构之间的激励，特别是高层结构对低层结构的刺激。

3）组织惯例的跨层级演化路径

作为个体层面的基层惯例，个体行为、个体认知和个体情感被视为组织惯例的基础性“颗粒”，是回答惯例本质与起源的基本构件。演化理论认为，技能和习惯使个人有能力可靠地执行复杂的活动，如骑自行车或者将一个设计师的“素描”转化为详细的技术渲染图解（Shippmann et al.，2000）。相关的研究主题集中在个体行为是如何诠释组织惯例的？个体技能是如何被组织所共享的？不同的个人理性和认知水平在组织成员之间是如何传递和演化的？个体感情与情绪是如何在惯例塑造和演化方面发挥作用的？与这些基础性“颗粒”的具体内涵相比，笔者更关注的是其演化机制，即这些基层惯例是如何演变为群体层面的。在个体层面上，负绩效反馈和错误可能会导致变化，但现有文献并没有直接探讨惯例是如何改变的（Grodal et al.，2015）。因此，尽管对于个体和集体实体了解得很多，但是却不太了解它们是如何建立彼此之间关系的。

能力为我们提供了一个分析的起点，可以帮助我们弥补个体和群体层面联系的分析。行为心理学和组织行为能力强调惯例在个人层面的行为，是指一个人的知识能力边缘、技能和执行特定作业的能力（Shippmann et al.，2000）。有关个体层面和群体层面两部分之间内在关系的分析为构建从微观到宏观的惯例演化分析提供了纽带。借助人际互动，可以探析惯例由低级别向高级别过渡的过程，尽管现有研究没有系统地对此进行考察，但相关研究已经出现。Salvato（2009）以角色理论为视角，分析了组织成员在组织惯例和能力演化过程中的角色演进。他认为现有能力是全体组织成员共同创造的，而且，伴随管理者干预，这一能力将向更高级的层次演进。这一研究结论成为惯例层级演化的重要证据。

笔者对于组织惯例是如何由低级别向高级别的实体（如公司愿景、战略和组织识别等）演化的所知甚少，通过将组织惯例诠释为事实例证和表述行为，并随着时间的推移进行交互跟踪，研究可以展示如何采取行动去完成惯例对于更高层级惯例实体的影响，这有助于了解惯例与高层惯例之间的相互关系（图 2-4）。

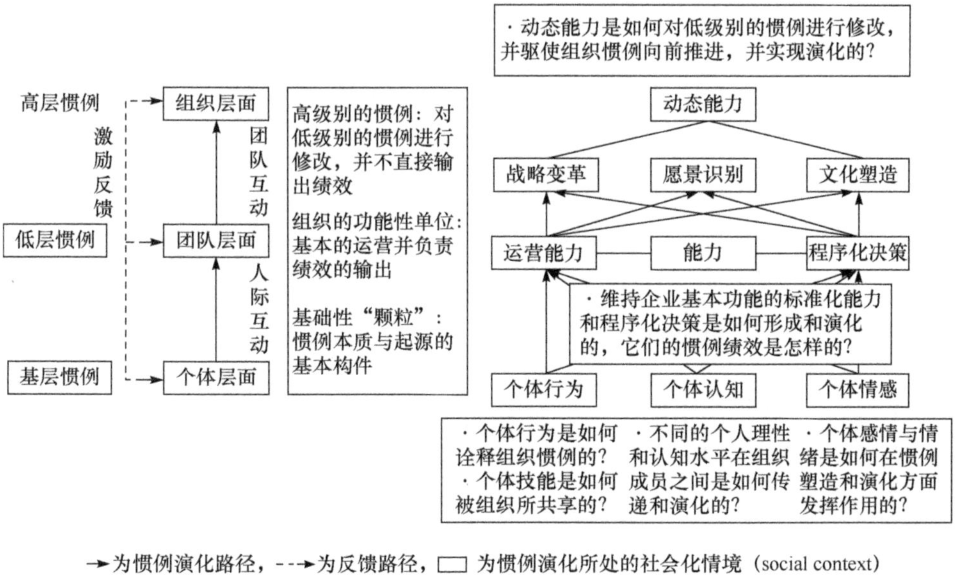

图 2-4　组织惯例的跨层级演化路径

5. 小结

组织惯例是人类组织的核心特征，惯例的研究一直分散于社会科学领域的各个分支，并构成了若干理论的解释基础。由于不同学科的研究视角及研究方法的差异，目前尚没有形成惯例研究的统一框架，在惯例的内涵上面也没有达成共识。从 1940 年惯例概念提出一直到 1982 年，惯例主要被理解为组织中行为的无意识复制，Nelson 和 Winter 于 1982 年从演化的角度给惯例赋予了更深层次的内涵，使惯例成为组织行为与企业演化的重要组成部分。从基因角度来识别组织惯例特征时，惯例被视为名词为宜，而在研究惯例对组织、文化及个体行为影响时，惯例被视为形容词用于描述特征有其独到之处。

惯例的特征对惯例的准确把握和应用十分重要，笔者在综述提炼现行研究成果时，感觉到惯例特征分析略显散乱、不够明晰，对惯例的路径依赖、情境依赖特征研究尚需深化，以利于惯例在组织行为分析中的具体应用。惯例各项特征分析的实证研究支持力度不足，有待加强。

惯例对组织的影响和作用研究是惯例应用研究的重点。惯例是组织内可识别的、重复的、多个行为人之间相互依赖的行为模式，它的特征描述了某项活动的基本程序，并表明了行为人在实际操作中所具有的选择性与主动性。因此，惯例是组织内活动实施的方式，其作用研究对组织的发展、战略等具有重要的指导意义，目前这方面的研究主要以理论分析为主，研究成果颇丰，但尚处于不成熟阶段。预计在未来几年中，惯例的作用研究将更为突出。

综上所述，惯例研究从概念、特征及其对组织的影响已全面展开，有关研究成果已开始应用到组织演化与发展等领域。笔者认为惯例对于研究组织的发展机制、组织文化及组织成员的行为机制有着重要的意义，尤其是立足于生态、遗传、基因视角来研究人类行为及竞争、合作和激励等人力资源管理问题，引入惯例研究成果可能带来方法上的重要突破。希望本书的研究能引起国内学者的进一步关注，起到抛砖引玉的作用。

组织惯例在管理领域广泛地存在，特别是在竞争力和异质性方面已经成为管理研究的核心要素，相关的研究虽然已取得了很大进展，但更多的研究趋向于一致性的组织层面，自 Argote 和 Ingram（2000）关于搭建惯例从微观到宏观的“桥”（bridge）的研究以来，关于惯例的多角度研究就此展开。笔者尝试从组织内的个人到群体之间的相互作用来观察惯例是如何出现的。这些基于过程的惯例起源与演化的证据强烈地体现在现存的和新兴的实证的工作中（Salvato，2009）。笔者的研究有助于揭示组织惯例是如何在组织内部进行层级演化的，这有利于更进一步地打开惯例演化这一“黑箱”过程。本书所涉及的一些概念和分析视角为更进一步地展开研究提供了基础，但仍然存在一些不足之处。第一，关于组织惯例的层级划分是从个体、团队和组织层面进行诠释的，从出发点及管理的实践来看固然有其合理之处，但由于对于惯例的层级性质学者并未形成统一的意见，因此这一划分层次仍需要进一步推敲，寻求更合理的逻辑基础。第二，互动机制被认为是探究结构实体之间相互关系的关键要素，本书所涉及的人际互动、团队互动作为社会互动理论下的核心机制在阐述相关问题时具有一定的合理性，但是在分析这一相互关系时，仍然存在其他的一些理论和机制，后续的研究可以尝试探寻这些机制。第三，本书关注了惯例的情境依赖特性，在分析惯例的层级演化时提及了“组织情境”，但并未进行具体的分析，特别是针对不同的组织情境惯例演化的差异性的分析对于探究中国情境下的管理研究可能具有重要意义。第四，本书主要采用的是定性分析方法，缺乏一些大样本统计数据的检验，后续的研究可以基于此进行，如探讨个体认知或者个体情感的要素与团队的程序化决策水平，以及组织战略变革、文化塑造等的相互关系。

2.2　管理认知研究综述

2.2.1　认知与认知能力

认知是一个广义的概念。从本质上说，认知涉及个人感知、筛选和概念化信息的方式(Weick, 1979),据此形成决策与行动的基础。美国心理学会(the American Psychological Association，APA)《心理词汇》中认知的定义为：“认识的过程，如观察、记忆和推理等，以及该过程所涉及的内容，如概念或记忆等。”类似地，《牛津心理学词典》将认知定义为：“获取和处理信息的心智活动”及“知识或信念的集合”（ Colman，2006 ）。这两者的定义都表明，认知包含两层含义：①心智活动（亦称“心智过程”）。②心智结构。管理学的研究重点集中于“认知”的第二个含义，也被称为知识结构。在管理学研究中更多样化的术语被用来表征知识结构，即认知表征。认知表征与心智活动的关系是复杂的。当个体进行心智活动时，他们可以恢复、生成，或修改认知表征。由于管理者个体仅具有“有限理性”，其难以对复杂的信息环境进行全面、完整的理解，因此，基于认知的限制而形成简化的认知表征对于管理者进行有效决策至关重要。

在战略管理中，术语“能力”是指以某种普遍认可的方式从事某种职能或活动的能力(Amit and Schoemaker，1993；Helfat and Winter，2011)。Zollo 和 Winter (2002) 指出，能力的预期职能的实现是一个“程度问题”。能力在一定程度上通过实践而发展，个体或组织通过从事某一活动而积累经验时，其在未来进行这种活动的能力也随之提高，尤其是在能力发展的初始阶段。这种从事某一活动的能力的解释符合标准词典中对“能力”一词的定义。

能力在词典及战略管理学中的定义表明，个体进行心智活动也是一种能力。因此，Helfat 和 Peteraf (2015) 认为认知也是一种能力，即认知能力。认知能力可通过实践而得到提高,类似的情况也体现在战略管理中关于能力发展的研究中。

例如，Ericsson 和 Lehmann（1996）指出有关观察和实验研究表明记忆能力可通过实践和训练而提高。Posner 和 Rothbart（2007）发现“实践可能改变那些对注意力有要求的与认知技能的发挥有关的大脑区域的尺寸或数量”。这些研究表明，如果某些个体实践中有着比他人更频繁的特定心智活动（如服务员频繁地使用短时记忆），那么他们这些方面的认知能力可能会发展得更好，且进一步的实践可能会巩固这些能力。以此方式，认知能力发展中的路径依赖可能导致潜在和实际的心智活动的异质性。

2.2.2 管理认知的内涵

尽管认知心理学、战略管理学等领域目前对于认知、管理认知都有相关研究，但由于在采用的视角、承继的基础理论与方法及研究重点等方面存在很大差异，因此目前学界对管理认知并未形成权威统一的定义。笔者通过回顾分析国内外有关研究文献，发现有关管理认知的内涵的观点，可以总结为以下四点。

1. 知识结构观

静态观认为管理认知是管理者的一种知识结构或认知模式（“认知”有名词性）。长久以来管理学研究学者继承了 Walsh（1995）的思想观点，将管理认知看作战略决策者在进行战略决策时运用的某些知识结构。尚航标等（2013）指出战略决策者的知识结构依赖其过去对特定事物的一些相对稳定的理解和认识，是在长期的实践经验活动中所形成，因此管理认知所代表的知识结构是战略决策者的，而不是其他管理者的。

Adner 和 Helfat（2003）指出管理认知指的是构成管理者决策根基的某些信念或心智模式，实质上是一种认知表征或知识结构。Gavetti（2005）认为管理认知是组织战略决策者对特定事物的已基本成型并对其行为产生影响的心理特征，它是长期积累而形成的。武亚军（2013）在研究中没有直接定义管理认知，而是从“认知内容”“认知风格”“认知结构”“认知模式”等方面来理解其内涵。笔者认为，上述这些管理者的认知模式、认知风格等本质上就是管理者所具有的一种知识结构，它有利于管理者进行相关信息的捕获、保持及解释与运用等活动。

2. 变革过程观

尚航标等（2014）通过理论分析及对两大国有森工集团的案例研究，认为管理认知变革是一个过程的概念。管理认知的变革经历解除、变化与固化三个阶段，解除是指战略决策者对初始管理认知中主要逻辑关系的主动性遗忘或否定，变化是基于问题的试错和管理认知中不断对概念间逻辑的设定过程，固化是这种设定后管理认知的理论化和新行为惯例的形成。设定是管理认知、环境和企业行为间的不断互动的结果，其进行受到试错学习的驱动。

3. 心智过程观

近年国内也逐渐有战略管理研究学者试图结合认知心理学的观点来理解管理认知，将管理认知视为一种动态的认知过程（“认知”具有动词性），指管理者获取、保留及处理特定信息的过程。邓少军（2015）将管理者认知定义为具有特定信念和心智模式的管理者个体或群体基于决策的需要对特定信息的心智处理过程。

4. 能力观

能力观的管理认知被视为一种能力。能力在战略管理学中的定义表明，个体进行心智活动也是一种能力。为了明确表达管理能力与心智活动之间的联系，Helfat 和 Peteraf（2015）首先提出“管理认知能力”这一概念，强调能力的内涵不仅包括行为层面的活动也包括心理层面的活动。并将“管理认知能力”定义为管理者个体进行某种或某些包括认知在内的心智活动的能力。可以看出，能力观的管理认知本质上也是一种心智活动过程。如前文关于“认知”的定义所述，管理学研究侧重于“认知”的心智结构（即知识结构）的内涵，而心理学则侧重于“认知”的心智活动的内涵。

笔者旨在研究动态能力的微观认知基础，需要通过研究管理者的心智活动与行为，探究与动态能力有关的管理者个体的认知要素。基于此，笔者认为可以将管理认知理解为“管理者个体的认知”，并结合心智活动观及能力观的有关解释，借鉴 Walsh（1995）、尚航标等（2013）、Adner 和 Helfat（2003）及邓少军（2015）等前期研究，将管理认知定义为：具有一定知识结构和认知模式的高层管理者个体进行某种或某些包括认知在内的心智活动过程。

2.2.3　研究述评与展望

1. 内涵与构成的明确及认知主体的区分

笔者将学界关于管理认知内涵的研究观点总结为知识结构观、变革过程观、心智过程观、能力观四种。可以看出，目前学界对管理认知的内涵、构成等都尚未形成明确统一的认识。一方面是由于各学者秉持的研究视角或出发点的差异；另一方面也是由于目前管理学界关于认知和管理认知的研究仍旧不足。另外，管理学界比较缺乏通过认知心理学的视角来直接探究管理认知的构成，尤其是国内管理学界，主要还是以邓少军（2015）、尚航标等（2014，2013）等学者的研究为代表，数量十分有限，研究视角不够丰富。另外，组织整体的认知与组织成员的认知尽管有着重要的内在联系，但属于不同的层面。如果在研究中不对管理认知的主体在组织层面和个体层面进行区分是不太恰当的。因此，将管理认知主体在组织层面和个体层面进行区分，并探讨管理认知在个体层面和组织层面的传导机制，将是未来研究的一个重要方向。

2. 同动态能力、组织调整间作用机制的探索

越来越多的学者意识到认知对于高层管理者和组织整体的能力构建及组织调整发挥着重要的支撑作用，并逐渐开始从认知的视角研究动态能力的微观基础问题。目前学界有关管理认知与动态能力和组织调整间作用机制的研究还比较零散，研究视角和侧重点也有很大差异。未来关于管理认知的研究，将不再是简单地讨论认知特征、知识结构等问题，而是会从认知心理学、认知神经学等多个学科领域广泛吸收新的研究成果与方法，来丰富对相关认知机制的认识。

2.3 转型升级研究综述

2.3.1 转型升级

1. 转型升级的内涵

最早明确提出企业升级概念是在 20 世纪 90 年代末，Gereffi（1999）将其引入全球价值链（global value chain，GVC）分析模式，认为企业升级是一个企业或经济体提高迈向更具获利能力的资本和技术密集型经济领域的能力的过程。Poon（2004）也指出企业升级就是制造商成功地从生产劳动密集型低价值产品向生产更高价值的资本或技术密集型产品这样一种经济角色转移过程。

关于企业转型升级的概念目前尚未有明确的定义。随着中国经济进入工业化中期的转型期，国内出现大量文献从不同层面研究讨论经济的转型升级，但涉及企业转型升级概念的文献相对较少。企业转型大致有两方面内容，一是企业跨行业领域转型，如生产经营转向不同行业或者企业跨出原有核心技术或经验进入新的领域，主要指企业在不同行业或不同领域的转变（吴家曦和李华燊，2009）；二是组织管理层面转型，指企业为适应外部环境的变化或为降低企业管理成本提高内部运作效率，在企业组织结构管理模式或公司治理结构等方面的优化转型（滕修攀等，2020）。而企业升级指企业通过获得技术能力或市场能力改善自身的竞争能力，使企业进入获利更高的资本密集型和技术密集型经济领域的过程，也就是企业从事低附加值产品的生产转向高附加值产品生产的过程，同时伴随企业在产业链或产品价值链位置上的提升（何小钢，2019）。总之，企业转型升级是一个涉及技术、体制、利益、观念等各个方面深刻系统性变革的过程，而此转变过

程与企业自主创新能力的提升是密不可分的，企业自主创新能力的形成是工业转型升级最关键的因素（金碚，2016）。因此，企业创新能力在企业决策转型升级行为中起到最为关键的作用。

目前国内外文献关于企业转型升级研究主要基于以下几个方面：一是侧重研究企业转型升级的类型和模式，如 Bibeault（1982）将企业转型分为企业管理模式转型、企业商业运作模式转型、企业适应外部环境转型、产品创新转型及与政府政策相关联的转型五种；二是侧重企业转型升级的路径研究，如杨桂菊等（2017）通过对 3 家代工企业转型升级的多元路径进行探索性案例研究，对比分析案例企业的升级阶段、升级模式、客户需求和核心能力的证据资料，重新构建转型升级新路径；三是对企业转型升级影响因素的研究，这类文献相对较少。由于企业创新能力对转型升级具有关键的影响作用，因而多数学者在相关研究中将企业技术创新的影响因素同时也作为间接影响企业转型升级的因素。但是至今还没有对企业转型升级与其影响因素之间关系进行直接研究的文献。其中的原因：一方面由于企业转型升级概念的外延涉及产品、技术、管理、产权和制度等多个方面且难以个别指标进行反映；另一方面到目前为止也没有提出一套可供量化的评价标准，因此也就无法对企业转型升级及其主要影响因素之间进行直接的研究。

在社会学中，人们为了发展的需求，运用已有的知识在常规的活动中发现新的事物或者产生某种独特的新思想叫作创新，它的本质是打破常规的惯例或者原有的规定。创新最根本的核心即在于"新"字，它的范畴包括产品结构或性能的革新、产品外观设计的改变等。在经济学中，经济学家熊彼特在《经济发展概论》一书中将其定义为一种为了获得更高额利益的生产函数的改变，通过引入新产品、新的生产方式、新市场等方法将生产要素和生产条件结合所产生的新体系。

2. 创新绩效的内涵及测量

创新的概念随着经济的发展和社会的变化而不断完善。Scott 和 Bruce（1994）认为在解决问题时，将不同于以往的解决方案实施的过程叫作创新，范畴包括产生新的产品、新的过程、新的服务和新的思想。Janssen（2000）从另一个角度进行剖析，认为创新是员工在组织内为了提高绩效而进行的有目的的新思想创造。他还指出，创新绩效是员工在组织或者团队里进行的有目的的创造、在本职的工作中实现新的想法的过程，这个过程分创新思维的产生、促进和实现三步完成（Janssen and van Yperen，2004）。Wing（2005）认为创新是组织内的成员通过一系列的流程和创造，形成并实现新事物这个过程的能力。学界目前对于创新绩效的界定没有统一的标准。Hagedoorn 和 Cloodt（2003）认为创新绩效应从广义和狭义两个方面来定义：广义的创新绩效指通过发明或新产品的开发和引进等方式产生的发明、技术和创新绩效；而狭义的创新绩效指企业将新的产品和服务引入市场的引入率（Gunawan et al.，2016）。

学界对于创新绩效主要分创新行为和创新结果两方面来测量。从创新行为来测量的主要有 Scott 和 Bruce（1994）提出的创新行为三个阶段模型（创新构想的产生、创新个体寻求支持、创新构想“产品化”）；Jansen 等（2006）在研究中开发了创新思维的萌发、创新思维的进程、创新思维的应用三个维度的量表；韩翼等（2007）的量表则包括创新意愿、创新行为和创新结果三个维度；侯二秀等（2016）则在研究中结合了多人的量表开发了一个五个题项量表来进行测量。从创新结果来测量的主要有 Farmer 等（2003）的量表主要从员工自身和组织两个方面去测量；Falasca 等（2017）从创新产品利润、创新产品市场份额和创新产品的需求及同比其他产品优势来测量。综上所述，由于研究对象各不相同，研究者都会采用不同的量表、维度和题项来进行创新绩效的测量，所以没有一个统一的标准，但在研究中开发和使用的量表都需要进行信效度的检测。

另外，国内外的学者对于创新绩效的前因变量有很多研究，主要包括个体层面和组织层面两个层面。个体层面的研究因素包括创造性人格（Zhou and Oldham，2001）、创造性技能（Amabile et al.，1996）、个体创新倾向（Bunce and West，1995）、个体创新能力（Egan，2005；刘惠琴和张德，2007）、内在动机（Grant and Berry，2011；侯二秀等，2016）、知识（柳卸林等，2020）和创新自我效能感（Tierney and Farmer，2002；张志强和吕爽，2019）等。组织层面的研究因素包括组织资源（Ferraris et al.，2020）、组织学习（蒋天颖和王俊江，2009；谢洪明等，2014）、组织氛围（王金凤等，2017）、组织目标（Stephan et al.，2019）、组织支持（黄海艳，2014）、企业网络（李奉书和黄婧涵，2018；俞兆渊等，2020）和组织激励（李伟铭等，2008；张婕等，2015）等。

2.3.2 转型升级的影响因素

对于企业转型升级的影响因素，一些学者从宏观经济环境与企业未来发展趋势进行分析，其中，国际金融危机、中国经济结构的调整和经济周期的驱动使得我国企业进入全面转型时期；后工业时代的经济运行规律和政策导向是企业转型升级必须考虑的因素；而顺应绿色企业的发展趋势，将环保纳入企业转型升级过程中也是企业发展的必然选择。另外，还有一些学者从资源、创新、管理、文化、能力等企业内部原因，以及政府因素来挖掘企业转型升级的动因，如毛蕴诗等（2016）认为企业家精神与品牌意识、资本和人才两个关键资源、自主创新和营销服务两种能力、政府的支持与推动是中小企业转型升级的推动因素。

国内外学者多从企业内外部两方面考察企业升级的影响因素。影响企业升级的内部决定因素主要是由资源基础理论来判断的，而外部决定因素主要是由权变理论来判断的。

资源基础理论关注企业竞争优势的来源，企业可以通过将它有价值的、稀缺的、不可模仿的资源进行配置来获取竞争优势（Barney，1991）。关键资源的拥有和关键能力的获取为企业升级奠定了基础（Makadok，2001）。关键资源包括资本积累和人力资源（Carayannis et al.，2012）。成功升级的企业具备良好的资金资源，凭借充裕的资本积累，得以在研发设计、宣传推广等方面进行大力投入，从而提高技术创新水平、推广企业产品品牌形象，最终建立自主品牌。此外，人力资源也是企业转型升级的关键因素。成功升级的企业采取成立企业内部培训中心，与外部高校、培训机构进行合作等方法，创建了人才输送渠道，为企业培养高层次的技术人才和管理人才。企业的关键能力包括自主创新能力和营销服务能力（Gereffi，1999；刘志彪和张杰，2007）。自主创新能力体现在自主创新成果、创新管理能力、研发机构和人员状况、产学研开展情况等多个方面。企业成功升级需有较强的自主创新能力，不断在研发、设计方面进行创新，不断提升产品的技术含量和品牌形象，才可摆脱残酷的成本和价格竞争，逐步实现企业升级。营销服务能力体现在销售、服务网络建设、销售队伍规模、宣传推广活动开展等方面。在营销推广上的强力投入，才可使自有品牌生产（own branding and manufacturing，OBM）业务获得较为快速的发展。

权变理论对企业升级的影响主要在于外部的环境变化和内部的企业家理念。一方面，市场前景广阔、消费心理日渐成熟、市场竞争秩序日益规范，为企业升级提供了广阔的外部空间，政府大力营造良好技术创新外环境，有利于推动企业快速实现升级（Gans and Stern，2003）。另一方面，企业家精神与品牌意识能加速企业建立自主品牌的进程，企业的抱负是影响企业转型升级的重要因素，而企业抱负则是企业家精神和企业文化的外在表现形式（Cyert and March，1963），此外还包括勇于创新、积极进取、富于激情、坚持不懈的企业家精神，对民族和员工强烈的责任感，强烈的自主知识产权和品牌意识（Winter，2000；Leonard-Barton，1992；胡钰，2014），对企业选择不同升级路径有不同的影响。此外，与合作企业的良好关系有利于低端制造的企业“干中学”和“用中学”的开展（Carayannis，1999；毛蕴诗和汪建成，2006），为企业实现升级提供了不同模板和不同路径选择。

2.3.3 转型升级的路径选择

从目前学者的研究视角来看，对企业转型升级的研究主要集中于运用产业集群、价值链、能力、可持续发展和创新理论分析企业转型升级过程中的一些问题并提出对策，但尚未形成统一的体系，而对于企业转型升级能力的构成与评价的研究尚未得到充分的发掘，对于企业转型升级效果的评价至今还未确定统一的评价标准，尚未形成一套完整的评价体系。

以某类特定的企业为研究对象进行系统分析。例如，于倩（2008）从 GVC 的视角、国际和国内两个角度、历史和现在两个维度分析加工贸易在 GVC 中的地位及影响地位提升的因素，并运用价值链的变化和演绎模型分析促进我国加工贸易转型升级的思路和方向，进而提出促进加工贸易企业转型升级的对策建议。毛蕴诗等（2010）及毛蕴诗和郑奇志（2016）通过理论分析与案例分析，指出企业升级主要有以下六种路径：替代跨国公司产品，提升企业技术实力；通过技术跨越，直接进入先进技术领域；通过多重技术领域嫁接，实现产品功能技术的交叉；从原始设备制造商（original equipment manufacturer，OEM）到原始设计制造商（original design manufacturer，ODM）再到 OBM 的多种方式组合；以产业集群、园区为载体，促进企业升级；通过技术积累，带动企业升级。杨瑾和解若琳（2020）以中国 6 家代表性装备制造企业为研究对象，对颠覆式创新驱动装备制造业转型升级的作用路径进行探究，归纳出市场型和创新策略型两条转型升级路径。

程虹等（2016）指出，新常态下企业的转型升级既面临劳动力成本上升、退出风险加剧等重大的挑战，同时也面临人力资本红利释放、质量效应不断显现等重要机遇。改变原有发展模式，积极适应新常态的宏观环境变化，是企业转型升级的总体路径选择。据此，笔者进一步地提出企业转型升级的四种主要路径。

（1）企业家精神要从“制度企业家”向“创新企业家”转型，消除对于制度寻租的依赖，更多地形成面向市场竞争的核心能力，这是企业成功实现转型升级最为重要的前提。调查数据从各个方面表明，我国的企业家群体整体上陷入了创新能力的低谷，其根本原因是对于“制度型企业家”精神的路径依赖。因而，形成新常态下的企业家精神是企业转型升级的首要任务，即要实现从“制度型企业家”向“创新型企业家”的根本转变。

（2）盈利模式要从速度型盈利模式向质量型盈利模式转变，走质量竞争型道路，着力提升企业的质量品牌能力。具有质量优势的企业在盈利能力方面要显著地高于其他企业，因而依靠低成本的要素投入和大规模投资驱动的增长模式已经不再具有优势。因而，企业转型升级的另一路径，就是要加快从速度型盈利模式向质量型盈利模式的转变。

（3）要素投入要从劳动力数量向人力资本升级，要加快形成企业的人力资本红利，尤其是要注重对于技能型劳动力的使用和培养，以支撑质量盈利型增长模式。劳动力成本上升对于企业的现实压力在于劳动力工资水平上涨的速度领先于劳动生产率的增长速度，面对不可逆转的劳动力成本上升趋势，企业须通过提高劳动生产率的方式来对冲。提升劳动生产率最为重要的方面是提升劳动者的人力资本水平，尤其是要提升劳动者的技能水平。

（4）增长模式要从要素投入型向创新驱动型转轨，要持续加大技术创新投入，形成原创技术为主的核心竞争力。虽然我国企业的技术创新能力与发达国家相比仍有较大差距，但是面对转型升级的压力，大多数企业采取了提高研发支出的行为，以提升企业的核心竞争力。企业的技术创新，对于企业的产出和利润水平均具有显著的正效应。

第 3 章
企业能力演化机制研究

3.1 企业能力的演化分析与信息技术的能力界定

3.1.1 企业能力理论

1. 企业能力理论基石

企业能力理论是 20 世纪 90 年代开始发展并逐步成为学界和企业界不断探究的热门理论，其思想萌芽最早可以追溯至亚当·斯密（Smith，1776）提出的企业分工理论。而马歇尔（Marshall，1920）提出企业内在成长论，指出企业各部门之间、企业之间、产业之间所存在的“差异分工”，本质上就是企业的能力差异（姜忠辉和赵德志，2007），由此企业能力理论的雏形开始出现。艾迪斯·潘罗斯（Penrose，1959）指出，企业是一个具有多种用途，且随时间推移由管理决策决定的生产性资源的集合体，其资源和能力构成了企业经济效益的稳固基础。

企业能力理论选取企业内部特征作为研究视角，认为企业从本质上讲是能力的集合体，与外部条件相比，企业内在能力对于持续竞争优势的获取更发挥着关键作用。企业能力的内涵发展经历了一个由生产效率能力，到内部协调能力，再到特殊资源的整合能力，最后到动态能力的复杂曲折过程（刘晔，2012）。企业能力理论依据研究重心可以分为资源学派和能力学派两大理论派别，它们既相互独立又互为补充。资源学派认为，内在资源的发挥与企业能力、竞争优势密切相关，却将竞争优势的源泉定义在具体的物质资源上，忽视了资源配置者的作用。能力学派的主要观点则认为能力是企业拥有的关键技能和隐性知识，决定了企业经营战略的广度和深度、经营绩效水平及竞争优势的持久性。而核心能力来自组织学习（谢洪明等，2007），来自经验规范和价值观的传递，来自组织成员的相互交流和共同参与。

能力理论揭示了影响及决定企业竞争优势的关键因素，为指导竞争优势的建立和维持提供了一个新的视角。企业能力理论超脱了企业所在行业的局限，将注意力从关注外部机会转向自身资源与能力，强调企业内因差异性，明确了对企业能力的分析在企业战略制定过程中的重要性。尽管企业能力理论实现了战略管理理论的重要进展，但它依旧存在许多缺点，如研究观点众多，尚未形成完整严密的理论体系，尚无统一的理论分析范式；强调企业立足内部能力积累和运用的同时，对企业在外部环境适应上的分析有些单一；应用性不强，对企业核心能力如何识别、评价、保持、积累和更新等方面都没有给出有效的可操作性方法（谷奇峰和丁慧平，2009）。

2. 能力生命周期理论

能力生命周期（capacity life cycle，CLC）概念源于 Wernerfelt（1984）认为产品和资源是同一事物的两个方面。这一概念阐述了随着时间的推移，组织能力演进的一般模式和路径。正如人们所熟知的产品有其发展路径，这些路径遵循可识别的模式，能力也具有这样的特性。企业能力不是一成不变的，随着内外因素的影响出现正反两个方向的变化，并在变化中形成周期。CLC 描述了几个可识别的阶段，如成长期、成熟期和衰退期（郭斌，2001）。产品是能力和资源的组合体，因此，某种类型能力的生命周期可能会超过某种产品，甚至超过企业及其所在的行业。换言之，产品的停产甚至企业的衰亡都不代表能力的流失。例如，英特尔公司每几年就会推出新一代的微处理器，前一代芯片的需求就会趋于枯竭。然而，英特尔并没有仅仅因为老一代芯片需求的骤减就放弃这种制造能力，而是将制造能力进行重新部署以生产新一代的微处理器。

CLC 框架囊括了在任何组织环境下，从小型初创企业到大型多元化企业，各种能力的萌芽、发展和进步过程（Helfat and Peteraf，2003）。在新创组织里，新能力的生命周期从创始阶段开始，这为能力的后续发展提供了基础。接着是发展阶段，这一阶段的主要特征是能力的逐步构建。最后，构建停止，能力进入成熟阶段。一旦能力进入成熟阶段，或者在此之前，各种事件都会影响到能力未来的演进。然后，能力会进入 CLC 的 6 个另外的阶段（消亡、衰退、复制、重新部署、重组和更新）之一，如图 3-1 所示。随着时间的推移，这 6 个阶段可能会在各种可能的模式中接踵发生，其中的几个阶段也可能会同时发生。更重要的是，在 CLC 的每一个阶段，能力演进形式的历史先例要比分支较早地影响能力的后续演进。

CLC 的贡献之一，在于它有助于解释企业异质性的根本来源。竞争优势和劣势产生一段时间以后，能力会随着时间的推移而改变。因此，为了解释竞争优势，资源基础观必须勾画出资源和能力随着时间的推移是如何形成企业竞争优势的演化过程（董俊武等，2004）。CLC 通过提供解释能力随时间演进的框架，有助于使资源基础理论动态化。CLC 提出了一些有前途的方向，为今后的研究提供了一定的基础。同时，能力不是产品，也不是企业，能力的演化必须要视为一项独立的实证研究进行。

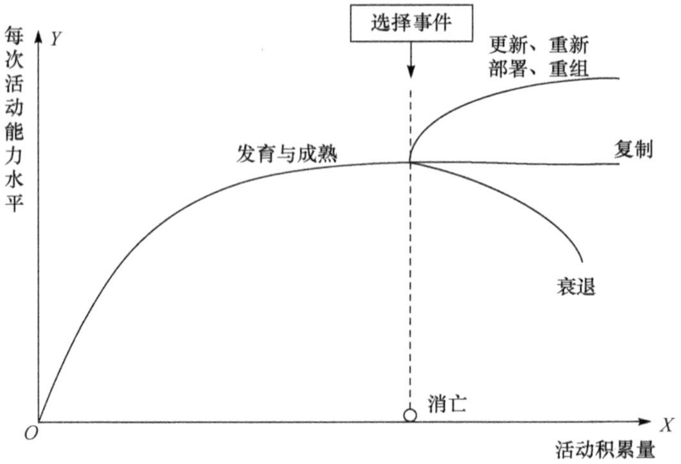

图 3-1　CLC 分支曲线图

资料来源：Helfat and Peteraf（2003）

3.1.2　企业能力界定

根据企业能力理论，企业的竞争力源于企业的组织能力，而组织能力只能源于企业在市场竞争中的学习，积累相关知识和能力并将其嵌入到企业组织中，体现在企业的运作程序上。组织能力被定义为“一组复杂技巧和累积性知识的集合，这种能力可以使企业有效地协调各种活动和资产”（Day，1990）。就本质而言，企业是一个能力体系或能力的集合。而能力源于企业有形资源、无形资源和组织资源的整合。企业组织能力细分起来非常多，但主要分为以下三种：技术能力、功能性能力（产品开发能力、生产能力、营销能力）和管理能力。而基于平衡记分卡的原理，企业能力又可以被分成四个层次，分别是财务能力、关系及客户资源能力、经营能力、人员与基础设施能力，而且企业能力之间在相当程度上可以互相转化。

学者一般按需选取其中一二作为切入点进行研究，如国外就有研究基于瑞典小型技术企业的调查数据分析企业网络能力（使用外部关系的能力）、ICT 能力、财务冗余（闲置财务资产）这三者交互对创新绩效的影响（Parida and Örtqvist，2015）；国内学者将组织能力划分为营销能力、信息技术能力、吸收能力及转换能力，并构建这四种能力与突破性创新绩效的理论模型（秦剑和王迎军，2008）；之后也有许多学者从实证角度出发指出，产品研发能力、生产与采购能力、战略结盟能力、市场营销能力等多种“实质性能力”对竞争优势产生了间接影响（杜小民等，2015）。因此，笔者结合案例企业的实际情况将企业能力划分为信息技术能力、资本运作能力、管理决策能力这三个基本能力模块。

1. 信息技术能力

在信息经济的浪潮下，信息技术已经是企业赖以生存和发展的基本条件，在许多企业里有相当多的信息技术投资项目并没有带来预期收益。于是，一些学者开始考虑从企业能力的角度来解释这一现象。根据资源基础理论，企业所拥有的具有价值性、稀缺性、难以模仿性和难以替代性的能力是企业竞争优势的来源，但企业的信息技术基础设施资源并不具备上述属性。一般来说，信息技术基础设施资源很容易被竞争对手模仿，故而不能为企业带来持续竞争优势。企业只有通过运用和配置信息技术相关资源来整合组织其他资源的能力，即信息技术能力才能为企业带来竞争优势（Bharadwaj，2000）。

本书以 Bharadwaj 的定义为基础，从惯例的视角将信息技术能力定义为：企业调动、配置和应用其所拥有的信息技术资源和其他相关资源以促进其相匹配的组织自身业务重组，并且强调通过信息技术资源与其他资源的有效整合，长期积累和发展而形成的一种高效信息技术惯例，是能为企业带来可持续竞争优势的一种动态适应能力。其中，信息技术惯例主要包括信息技术系统架构、信息技术运作规划、信息技术业务流程、信息技术绩效管理、信息技术风险控制、信息技术治理框架、信息技术相关的学习与知识开发等（白冰等，2015）。企业信息技术惯例的建立是企业不断进行适应性学习的过程，惯例的有效执行会促进信息技术系统从概念化、设计、开发到发布的整个过程高效顺畅。

2. 资本运作能力

资本运作能力即指资本经营之能力，是中国企业在本国内创造的概念，是企业为应对市场变化，对现有的可支配的全部资源和生产要素进行重新优化配置及动态组合的能力（金昕和陈松，2015）。它指利用市场法则和金融规则，对资本结构、融资和投资进行合理的科学调度，在风险与盈利能力之间谋求一种特定平衡，通过资本本身在资金链条内的技巧性运作或资本的科学运动，在风险可控的前提下最大限度地实现收益增长的一种经营方式（徐宏智，2015）。简单来说，其内涵主要包括：①具有资本的社会化控制；②具有资本的横向发展；③具有资本的内部积累。

资本运作主要有两大功能：一是努力以尽可能少的付出成本，通过各种合法的融资渠道从金融市场上取得能够保障企业正常生产经营活动得以顺利开展的所需资金；二是通过正确使用多种金融工具，盘活资金存量或将剩余资本投入金融市场，使资本不断得到运用，发挥财务冗余在组织运行中的作用。企业在发展过程中会根据环境、资源及能力的变化，不断地调整战略。因此，企业必须根据现有的资本结构选择和自身能力最为匹配的资本运营模式，同时出于对企业长远发展的考虑，需要不断优化资本结构来分散投资经营风险，从而实现资本运作能力对企业的支持作用。我国互联网行业目前处于快速发展阶段，良好的资金运作能够给企业注入活力。

本书从企业生命周期理论出发，研究分析案例企业的资本运作行为、企业的资本运作与企业生命周期之间的关系，以及不同阶段企业资本运作的特点，从而揭示资本运作能力在整个企业实际经营过程中的发展过程。

3. 管理决策能力

管理决策是对企业内部管理流程进行计划、协调和控制，使企业的生产经济活动得以正常开展的一种战略决策，通常是非日常的、非结构化的、非程序化的，具有较高的不明确性，需要大量借助人的判断。及时制定正确的决策也是企业能力的重要组成部分，涉及公司战略、组织结构、经营范围、投资项目等多方面内容（Barreto，2010）。而决策的质量包含以下两个维度：①决策速度，能够以尽可能少的时间领先竞争对手完成；②决策内容，重点是企业如何决策可以高效地为客户提供更高价值。由上述两个维度可以发现，企业中高层管理人员的决策与改变资源基础密不可分，如资源配置能力较高的企业可能表现出较高的及时决策能力。

企业的管理决策一般包括战略决策及其执行过程中的具体决策，其中包括组织机构调整、人事关系任命、资金使用分配、设备更新等方面的决策（周瑾和闫晓军，2010）。这些决策为了保证总体战略目标的实现，着眼预测组织的未来和组织环境，以及实现组织内人力、物力、财力资源的合理配置与利用，贯穿于整个管理过程，影响企业经济效益和长期成长。实践中，企业完全可以打破固有的内部工作流程，使企业战略转变及适应环境变化的速度能快于竞争对手。管理决策旨在提高企业的管理效能，关系到企业的生存和发展，是决定企业成败的关键因素，往往“一步走错，全盘皆输”。而且在当代社会经济生活中，企业的生存和发展在更大程度上取决于决策的正确性，因而企业应当重视每一项决策，尤其是有深远影响的重大问题决策，在管理决策时要增强科学性，尽量减少失误。

3.1.3 企业能力的演化分析

1. 企业演化的单位——惯例

企业的演化实质上是企业惯例的不断改进和修正，因此，只有持续学习才能实现企业的进化。企业演化与生物进化的内在差异在于，企业演化具有外部特征，即企业可以通过外部学习行为来获取相应所学的知识、经验和技能等，以维持先进的企业惯例，保障竞争优势得以持久。

作为传统能力概念中的核心内容，惯例的知识本质与能力相同，二者是密不可分的。能力可以概括为高水平组织惯例的集合体（Szulanski and Jensen，2004），各种能力都由其特定的惯例所主导（Zahra and George，2002）。而演化经济学家一般研究的对象是企业，企业的运营能力、生产能力、营销能力、研发能力和管理能力等一系列能力均取决于嵌入其中的惯例。也就是说，一家企业具有的组织惯例决定了该企业的能力基础，而不同企业之间的惯例差异则导致了各企业能力之间的差距，从而最终企业间绩效出现迥异。

惯例是组织成员在企业日常生产活动过程中的试错性学习，凭借从错误中学习到的经验积累逐步形成了过去行为选择习惯模式，它蕴藏在各种组织现象之中，在组织架构、规章制度、流程技术、战略决策等方面均有所表现（夏炜和蔡建峰，2008）。执行惯例无须深思熟虑，而是自动程序化地指导组织处理类似事务。不过，只有当企业认为遵循现有惯例，结果基本令人满意时，它才会遵循这些惯例并在发展中对它们进行复制。然而，由于惯例中有许多潜在的默示知识和能力，在复制过程中难以避免地会有所变动，很难将其完全照搬过来，这种隐性知识也是各组织之间形成惯例差异的本质（王核成等，2018）。

2. 资源、惯例和能力的关系

企业的资源、惯例和能力是相互依存、不可分割的，其各自的定义整理成表 3-1。

表 3-1　资源、惯例和能力的定义

概念	定义
资源	企业所拥有的各种要素，包括有形资源（如设备、厂房、人员、土地、资金等）和无形资源（如商标、公司形象、技术、专利等）
惯例	企业把投入的资源（人员工作、设备、技术、产品设计、品牌、信息、能源和资金）转移到具有更高价值的产品和服务中去进行的互动、协调、交流和决策的模式
能力	企业适应、协调、驾驭内外环境，成功地从事经营活动的能力，也就是有效使用资源，使其相互作用，从而产生新的能力与资源的能力

能力由一组相互联系的惯例组成，根据演化理论，在任意给定的时点，一个组织的惯例决定了它的独有能力，这种能力使其与其他企业相区别。其中，惯例是连接能力和资源的中介，如图 3-2 所示。作为能力基石，惯例对能力的构建起着支撑作用（Gavetti and Levinthal，2000；Eggers and Kaplan，2013）。同时，惯例又是能力演化的产物，是企业竞争力演化的结果，其有效性要不断经受实践的检验。无论资源是直接转化还是间接转化为具有竞争优势的产品或服务都必须经过实践，而资源配置等实际操作又无法脱离惯例，因而惯例在资源转化的过程中起到了指引和规范作用。资源的整合和运用加上组织惯例而产生企业能力，企业

能力加上惯例又反作用于资源，使企业活动并产生绩效。能力离开资源无栖身之所，资源离开能力便失去存在意义。

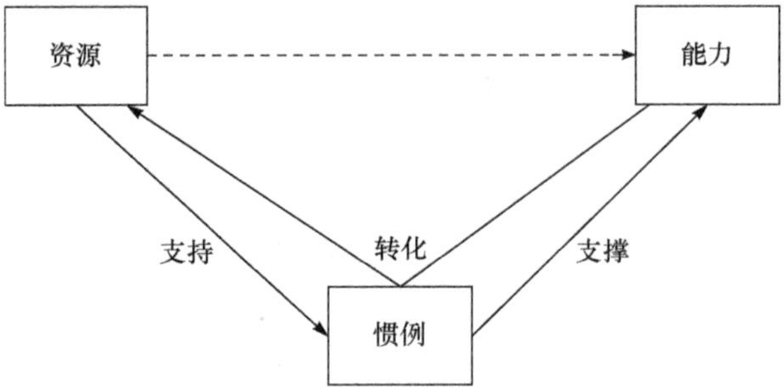

图 3-2 资源、能力和惯例的关系
资料来源：王核成（2005）
虚线表示直接，实线表示间接

分析表明，惯例是企业形成过去经验和学习行为主体的能力，是在企业总体知识体系指导下形成的稳定的行为模式，它是企业能力作用于资源的载体，是企业经营运作的基础。一系列相互补充、互相依赖的惯例组成了企业能力的外部内容，企业的专门能力通过多种不同惯例的分工合作发挥其特定功效。能力的演化特点就是惯例在企业各发展阶段的变化。因此，能力在组织上呈现出各异的行为模式。

3. 企业能力的积累与衰退

同行业市场竞争中，各企业生产力水平和绩效表现不尽相同，这一直以来都是学者所关注的一个焦点，而如何解释这一问题已经促进了战略和经济领域的一些最新研究。大样本研究表明，除行业和年限影响之外，很大一部分企业绩效变化源于内部实践和能力的差异（Bloom and van Reenen，2007）。因此，能力建立、发展、成熟机制已经引起了学界的广泛关注。一些理论家提出新观念，能力源于特定行为的重复执行和经验学习（Parmigiani and Howard-Grenville，2011）。一些文献引用“能力”概念——给定一组目标输入使企业产生特定输出的惯例集合（如开发新产品），认为同行业中企业之间的绩效差异可以通过它们潜在能力的不同来解释（Nelson and Winter，1982；Hoopes and Madsen，2008；Leiblein，2011）。模仿和适应这一现象的过程可以导致即使在竞争环境中，不同的企业所配置的能力结构各异（Rivkin，2001；Rivkin and Siggelkow，2003），因此存在异质性。早期研究强调惯例驱动，之后还有一些研究集中在能修改操作能力与其他组织资源的动态能力方面（Teece，2007）。

能力的最早表达（Dierickx and Cool，1989）认为，能力倾向于类似“存量”或“水平”变量，这意味着它们需要时间来积累和衰退。然而，随后的研究几乎完全集中在能力的积累过程：一旦实现一个特定配置，那么该企业便可以继续受益于相关的绩效状况，直到环境变化出现一个或多个能力退化及相应配置低下的情况。虽然调整和遗忘可能会导致一些技能的损失和轻微惯例中断，但局部适应使企业能够重建能力。假定有两个情况：①一家暂时无法取得高性能配置的企业，但以后有机会发生改变；②一家企业目前拥有高性能配置，但以后有可能会失去。这两种情况观察到的性能和能力的显著异质性，以及能力的获取速率差异将成为其中一个关键机制，而另一个关键机制将取决于能力的衰退速率差异。总体而言，现有的能力都是容易过时的，但基础惯例一旦建立起来就是牢固且持久的。

软件行业发展的几十年来，基本惯例形成有效的软件开发能力是众所周知且稳定的（Cusumano and Selby，1997）。然而在这个市场中，无法找到能够均匀控制这种能力的企业，而且许多项目越来越富有挑战性。美国斯坦迪集团（Standish Group）在《克欧斯报告》（*The CHAOS Report*）中给出了信息技术项目相关调查数据结果，如图 3-3 所示。从中可以发现一条有用的信息：随着时间的推移，绩效模式逐渐趋同。假设企业不需要几十年时间来发展能力，那么性能的异质性可能会更好地解释为何企业无法维持这种能力，即能力衰退。

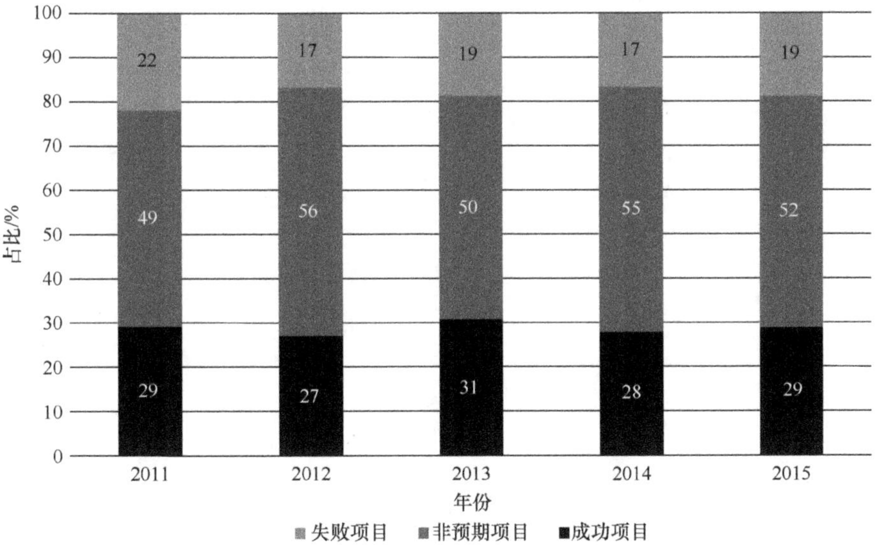

图 3-3　斯坦迪集团调查的部分信息技术项目成果图（2011～2015 年）

资料来源：http://www.standishgroup.com

Standish Group 针对信息技术项目成果的评判依据包括是否符合交付时间、是否符合预算、结果是否令人满意

3.1.4　信息技术能力界定

1. 信息技术能力的维度研究

较早提出信息技术能力概念的 Ross 等（1996）认为，信息技术能力是通过控

制信息技术成本，以及通过实施信息技术来达到组织目标方面的能力，并从资源基础理论出发进一步将信息技术能力划分为人力资源、技术资源和关系资源。而Bharadwaj（2000）则将信息技术划分为信息技术基础设施、信息技术人力资源及由信息技术激活的无形资产。中国学者吴晓波等（2006）认为，信息技术能力的构成要素可概括为人力资源、技术资源、文档资源及管理体系四个方面。综合众多学者的观点，本书将信息技术能力按以下三个维度进行分析，分别是信息技术技术资源、信息技术人力资源、信息技术体系惯例。

信息技术技术资源主要由计算机和通信技术，以及共享的技术平台、数据库、基础设施等组成，内含了技术知识和信息，是企业信息技术能力的物质载体和物质构成要素；信息技术人力资源指企业信息技术人员的技术知识、业务知识、战略知识、关系知识和管理技能在很大程度上主导了企业信息技术能力的水平；信息技术体系惯例主要指企业中管理层对信息技术的重视程度、信息技术政策的一致性程度，以及信息技术规划与战略规划的结合程度。

2. 信息技术能力的形成机理

信息技术能力作为企业能力的一种，其构建工作必然是一个复杂而长期的过程，涉及相应的信息技术资源、信息技术惯例及其他内外部环境因素的影响（况志军，2006）。信息技术能力一直贯穿于企业学习和实践的整个过程中，企业在这个动态过程中持续整合、重构和更新信息技术能力要素，不断在实践中总结经验，在发展中改进和完善，其形成过程如图 3-4 所示。

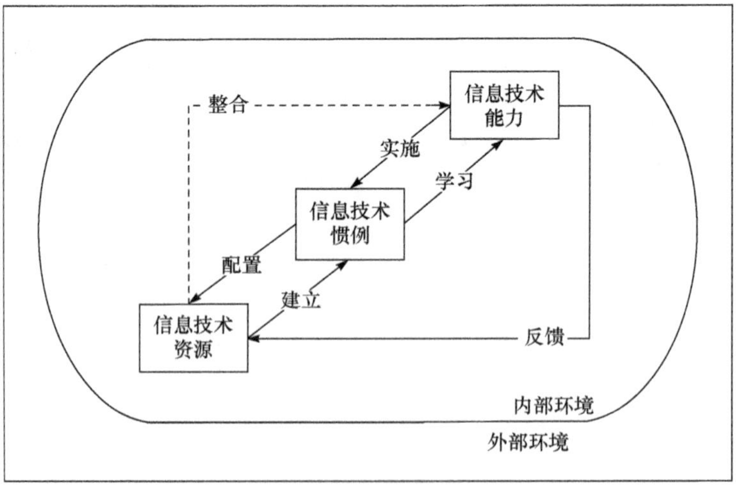

图 3-4　信息技术能力的形成路径

虚线表示直接，实线表示间接

利用信息技术主要指的是企业在信息系统的使用过程中有效整合各方资源，

通过匹配信息技术资源与自身业务流程和组织结构，将其应用于实践中的隐性知识和默示经验的过程记录到组织记忆中，并固定成行之有效的信息技术实践。这些做法是在长期使用信息技术的过程中沉淀而成的，也是持续性地适应学习的结果。在实践过程中形成的信息技术能力会发挥关键作用，承担信息技术相关的资源和能力的整合工作。另外，信息技术能力还可以将信息技术惯例在企业中进行循环复制扩展，主要依靠的是组织内或组织间的相互学习。

3. 信息技术能力的层级划分

企业信息能力的形成不仅是一个复杂的动态过程，还具有一定的层次性，信息技术能力的形成是一个由低层次向高层次逐渐发展和完善的持续过程。

企业的信息技术能力可以分为三个层次，即静态信息技术能力、动态信息技术能力和创造性信息技术能力。如图 3-5 所示，信息技术能力形成的初级阶段——静态信息技术能力，主要是指服务于企业基本职能活动（包括人力资源管理、技术开发、采购、内部后勤、生产经营、外部后勤、营销和服务）的基础设施能力；信息技术能力形成的中级阶段——动态信息技术能力，在信息技术基础设施能力的基础上，还需要企业信息技术能够根据外界环境和企业内部业务流程而准确迅速地做出相应的协调和整合；信息技术能力形成的高级阶段——创造性信息技术能力，在信息技术基础设施能力及信息技术协调和整合能力所搭建的基础平台之上对企业提出了更高的要求，通过学习与创新使企业能够适应快速变化的环境。这三种能力的共同作用保证了企业能力的动态更新和发展，为企业获得持续竞争优势提供保障。

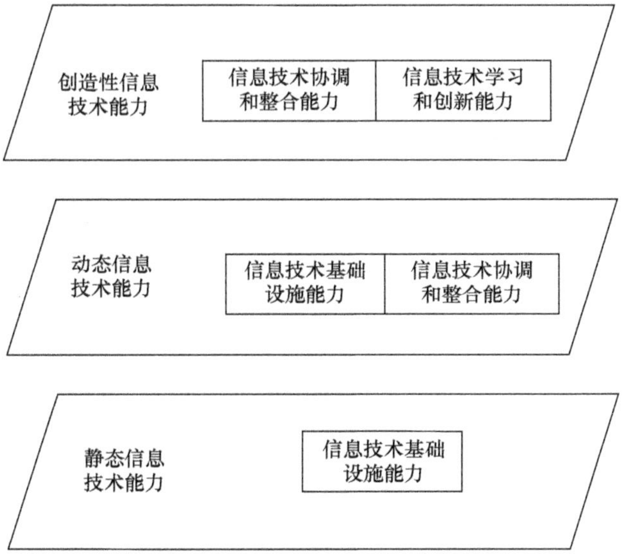

图 3-5　信息技术能力层级示意图

资料来源：曹明（2007）；徐杰军等（2009）

信息技术能力经过初生、成长、成熟三个演进阶段，离不开学习与探究、整合与重构、实践与反思、协调与控制等多个环节，每个环节之间是彼此联系、密不可分的。同时，形成的信息技术能力还要经过一个由静态信息技术能力到动态信息技术能力再到创造性信息技术能力的过程，是一个逐步适应环境变化的动态过程。因此，信息技术能力的形成取决于多方因素，不可能一步到位，企业必然需要耗费大量的人力、物力、财力和一段较长时间的调整、完善与积累才能够逐步形成。

4. 分析框架

笔者在文献研究的基础之上，结合相关理论知识，选取案例企业的信息技术能力、资本运作能力和管理决策能力并剖析其对竞争优势的影响作用，以期完整描述各项企业能力在企业生命周期中的发展路径，从而揭示企业 CLC 的演化机制。

如何在超竞争环境下保持竞争优势，是企业面临的重大现实问题，也因此成为学界亟须解决的重要理论命题。而随着科学技术的发展，市场需求变化越来越快，产品生命周期越来越短，关注于企业竞争优势获取与维持的传统动态能力理论已很难适应外部环境的发展要求。笔者将企业能力分为营销能力、研发能力、技术能力和客户能力，并以一个公开交易的美国制造企业样本数据进行实证研究，结果表明这四种能力相关且在不同维度上显示出了较强的有效性和可靠性（Danneels，2016）。国内学者通过文献分析将组织能力划分为营销能力、信息技术能力、吸收能力和转换能力四个维度，并基于 126 家上市公司数据的实证结果，将有限的资源投资于这四种能力的构建上可以实现突破性创新，保持企业竞争优势（秦剑和王迎军，2008），如图 3-6 所示。

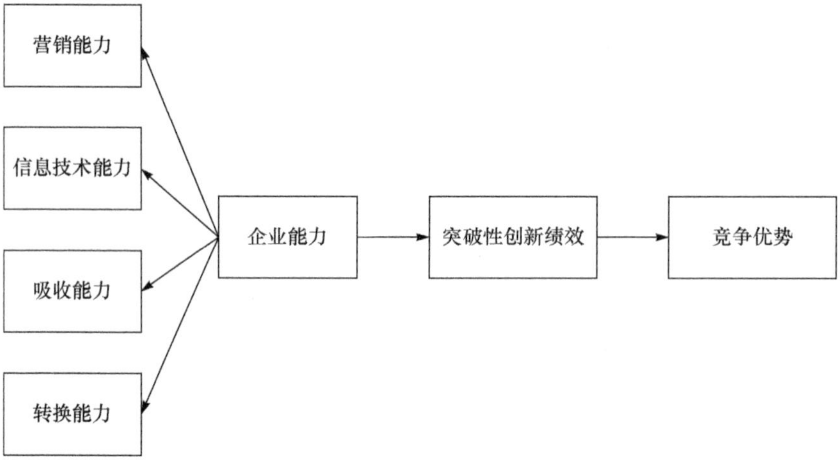

图 3-6 企业能力研究框架

资料来源：秦剑和王迎军（2008）

在信息时代，信息技术和知识管理可以被视为管理和组织认知的战略推动者（Carayannis，1999）。国内学者从动态能力观出发，引入组织学习能力、研发能力、生产制造能力、市场营销能力和现有技术机会研究高新技术产业中企业技术创新能力对技术创新绩效的影响。实证研究结果表明，研发能力和市场营销能力对企业技术创新绩效的正向影响在电子信息技术产业中表现得较为显著（方建国，2010）。企业可以通过加强信息技术、人力资本和组织环境等基础资源建设，借助于软/硬环境的改善提高基础资源能力，有效提升产品创新绩效。而最近的有关信息系统文献，已经开始转向关注信息技术能力对于竞争优势和绩效的研究，更多的证据表明竞争优势依赖企业对能力的运用（Christensen and Rosenbloom，1995）。

企业能力是多个基础性能力模块的集束，但考虑到案例企业的信息技术应用背景，将信息技术能力作为研究重点，在图 3-7 中用虚线圈表示。另外，本书还将基于系统动力学（system dynamics，SD）模型，依据"资源-惯例-能力"的逻辑，以企业信息技术能力中具体的分支——软件开发能力为例，探索能力在企业实际运营管理过程中的发展轨迹及其积累与衰退机制（图 3-7）。

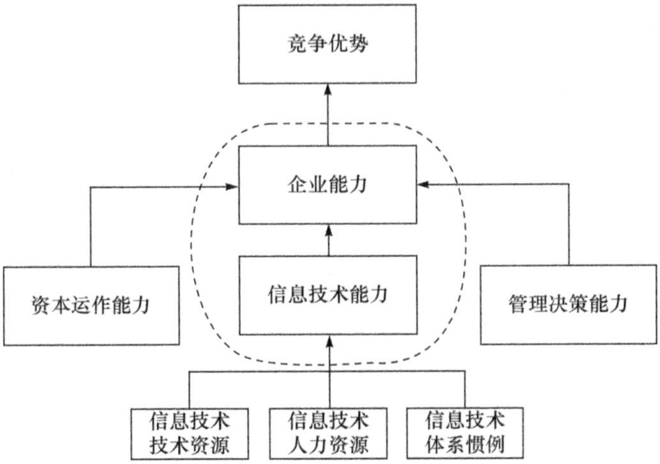

图 3-7　研究概念框架

3.2　基于生命周期理论的能力演化探索性案例研究

3.2.1　案例研究方法选择

一般而言，能力的发展过程都较为漫长，需要按时间顺序追溯各种关联事件，并找出它们之间的联系所在，从而导致通过定量研究检验企业绩效来推论能力的方法存在难度（Ambrosini et al.，2009）。大样本的定量研究虽可描述普遍的组织过程，但并不能深入解读能力如何具体运作的微观机制。因此，精心设计的单案例研究更适用于深入探求组织资源与能力演变过程中的奥秘，故本书选择案例研究方法探讨企业能力的演化过程是与研究主题相匹配的。用案例研究一方面可以进行理论验证；另一方面，如果内外部适应性对公司成功很重要，则大时间跨度纵向追踪也很重要（Siggelkow，2002）。

1. 案例选择

结合案例选择的“典型性”（Eisenhardt，1989）、地理接近性和便利性原则，笔者最初联系了多家位于杭州地区的高新技术校友企业，经过筛选，并考虑到与本书主题的匹配度，最终确认将杭州哲信信息技术有限公司（现为浙江金科文化产业股份有限公司旗下全资子公司）作为案例研究对象。一方面，杭州哲信信息技术有限公司在本校毕业生创业样本中经营状况良好，发展前景较靠前；另一方面，作为信息技术企业，杭州哲信信息技术有限公司的信息技术能力水平是显而易见的，被浙江金科文化产业股份有限公司收购之后，其资本运作能力和管理决策能力等各方面都很突出。由于相关的公司历史可能会影响能力的发展，因而本书首先以一个简单可行的案例——没有任何相关公司历史的新创公司开始分析。虽然在这种简单情况下，许多组织能力并没有显现，但是为最简单的案例分析提供了一个重要的历史路径，这对于理解能力的后续演进是极其必要的。

2. 企业概况

1）杭州哲信信息技术有限公司

杭州哲信信息技术有限公司，创立于 2010 年，是一家集手机游戏开发、销售为一体的高新技术企业，致力于移动互联网游戏产品的运营与发行，是业内领先的轻度手游发行商。旗下拥有数百款的优质移动游戏产品，累计独立用户突破近 2 亿，产品涵盖角色扮演、策略、动作、消除、跑酷等多种类型手游。公司与中国及韩国部分高校也有着密切合作，为培养优秀的游戏人才还专门设立游戏学院，以及专项的游戏基金建设国际游戏产业基地，并吸引数十支来自海内外的专业研发团队入驻。

杭州哲信信息技术有限公司长期与国内运营商（中国移动、中国联通、中国电信）建立深入合作，同时与国内外多家渠道伙伴（腾讯、91 视频、360、UC 浏览器、当乐、百度等）保持着紧密的合作关系。无论在产品优化、运营推广、技术支持等多方面都致力于为中小游戏开发者提供全方位支持，是全球游戏开发者信赖的移动游戏服务商。伴随手机游戏行业的蓬勃发展，浙江金科文化产业股份有限公司于 2016 年通过发行股份及支付现金的方式完成对杭州哲信信息技术有限公司的收购。这家原本并不起眼的创业企业在短短五年之内从注册资本 100 万便迅速发展到估值 29 亿元。

2）浙江金科文化产业股份有限公司

浙江金科文化产业股份有限公司前身为浙江时代金科过氧化物有限公司，公司一步一步做大做强，并于 2015 年 5 月在深圳上市；2016 年 7 月 15 日，公司更名为浙江金科娱乐文化股份有限公司，标志着企业主营业务的洗牌及经营观念的改变；2017 年 7 月 13 日又更名为浙江金科文化产业股份有限公司，公司的未来发展规划越发清晰。

浙江金科文化产业股份有限公司收购杭州哲信信息技术有限公司全部股权，成功进军互联网文化娱乐产业，实现“化学原料及化学制品制造业和移动游戏”双主业发展。主要经营活动除原有的氧系漂白助剂过碳酸钠（sodium percarbonate ，SPC）的研发、生产和销售之外，增加了计算机软硬件，通信设备，网络技术的技术开发、技术服务、技术咨询等。公司在保持精细化工新材料业务稳定增长的同时，围绕“运营推广+大数据分析+IP 版权[①]+渠道服务+投资孵化”的发展战略[②]，着力打造移动互联网生态型企业，全面拓展娱乐文化业务领域，以开放型移动休闲游戏生态体系的经营模式，进一步拓展移动休闲游戏发行运营业务，并同步培养、收购优秀产品团队，拓展高品质产品线，并加大对海外市场开拓力度，实现业务收入快速增长。2012～2016 年浙江金科文化产业股份有限公司成长数据如图 3-8 所示。

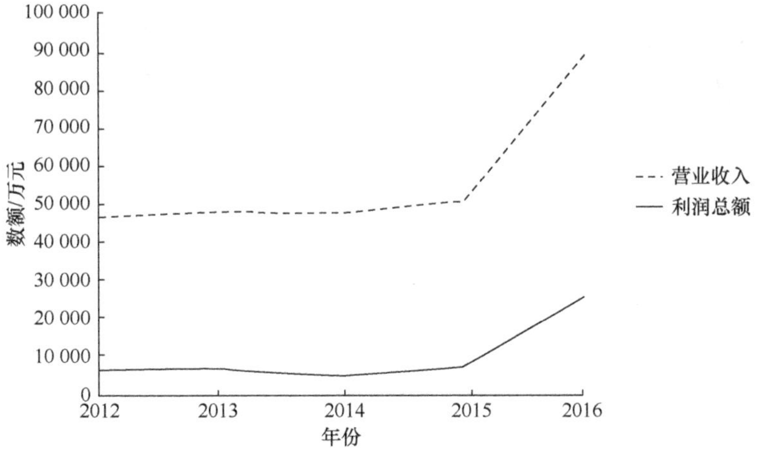

图 3-8　浙江金科文化产业股份有限公司营业收入与利润总额

① IP 是 intellectual property 的简称，即知识产权，它的客体是智力成果或是知识产品，是一种无形财产或者一种没有形体的精神财富，是创造性的智力劳动所创造的劳动成果。

② 此处及下文相关数据均参见《浙江金科娱乐文化股份有限公司 2016 年度董事会工作报告》。

而 2016 年利润大增的原因主要是因为浙江金科文化产业股份有限公司并购杭州哲信信息技术有限公司，优势互补，强强结合，实现双主业发展，通过加强与游戏开发商、渠道供应商及支付提供商的合作，公司移动互联游戏业务得到迅猛提升。发行游戏产品数量、SP①合作数量、CP②合作数量、渠道合作数量均较 2015 年度有大幅提升，积累了大量游戏忠实用户粉丝。2016 年度激活新增用户人次达到近 2 亿，日新增激活用户超过 50 万。

3）数据收集

为了能够就所研究问题进行充分讨论，本书采用多种方法收集案例企业的数据和信息，包括问卷调查与实地调研记录：与企业高层管理者、软件开发人员、测试人员，以及其他项目参与人员的访谈交流和沟通；二手资料主要源于网络公开信息（包括公开财务报表、上市公司报告在内的相关媒体报告资料），以及跟踪调研过程中企业提供的文档资料，如相关产品开发任务书、计划进度表、测试结果报告、软件验收评审、项目总结报告、用户反馈等。本书在整个研究过程中，通过半结构化访谈、电子邮件收发、电话联系等方式与一些关键访谈对象保持密切联系。总之，以尽可能多的途径获取资料为准则，并通过不断互动使所收集资料之间能够得到交叉验证（Chan，2004），尽可能地确保数据的准确性、完整性和可靠性。

4）数据分析

为了便于数据分析，本书首先依据研究框架对企业的相关能力进行理论界定，案例企业的实质性企业能力可以分解为：①信息技术能力：企业调动、配置和应用其所拥有的信息技术资源和其他相关资源以促进其自身业务重组的一种动态适应能力；②资本运作能力：企业为应对市场变化对现有可支配的全部资源和生产要素进行重新优化配置及动态组合的能力；③管理决策能力：对企业内部管理进行有效组织协调，使企业的生产技术经济活动正常进行的一种决策能力。然后再对各能力进行维度分析：信息技术能力，按信息技术技术资源、信息技术人力资源、信息技术体系惯例这三个维度进行分析；而资本运作能力与管理决策能力将依据企业生命周期包括的各个阶段进行分析，且通过剖析初创期、成长期、成熟期三个阶段的不同典型关键性事件来总结潜在性规律。

3.2.2 杭州哲信信息技术有限公司案例分析

1. 案例企业信息技术能力分析

企业信息技术能力需要持续的管理者支持，在信息技术技术资源、信息技术

① SP（service provider），即服务提供商，通常是指在移动网内运营增值业务的社会合作单位。

② CP（content provider），即内容提供商，通常是指为电信运营商提供内容服务的社会合作单位。

人力资源和信息技术体系惯例三方面进行一系列的有效行为，并进行不断的组织学习活动才能获取（况志军，2006）。

1）信息技术技术资源

杭州哲信信息技术有限公司一直以来都十分重视研发软硬件基础设施的投入，通过建设研发中心以进一步完善、深化发行平台的接入运营能力，给上下游生态中的开发商、渠道商合作伙伴提供更加开放的接口，实现全自动化产品接入测试、评级、数据分析和产品推送，促使业务吞吐量、安全性、容错能力进一步提升。同时，杭州哲信信息技术有限公司还将建设拥有更强计算能力和更大容量的数据中心，实现从现有百亿条记录数据分析能力大幅跃升到千亿条记录数据分析能力的目标，为实现以满足更深层次大数据挖掘对计算、存储能力的需求，杭州哲信信息技术有限公司还以自动分发平台为核心，搭建了完善的大数据分析系统，深入分析并掌握用户内在需求，为产品研发和分发提供数据决策支持，从而更好地辅助业务发展，产生更大的收益。

2）信息技术人力资源

经过多年发展，杭州哲信信息技术有限公司已经储备了专业人才梯队，包括美工设计团队、产品开发团队、专业测试部门、游戏运营小组等，其中的骨干人员在该行业工作多年，均具丰富工作经验，紧跟行业发展趋势并有其独到的专业理解判断，并同时具备精深技术创新开发能力，熟练掌握数据挖掘技术、大数据存储技术、大数据分析技术、前端优化技术、引擎渲染技术、虚拟财产保护技术等一系列必备核心技术。杭州哲信信息技术有限公司极其重视专业人才的培育工作，搭建了平台化的人才管理机制，除凭借良好的工作环境、和谐的企业氛围来维护现有核心人才团队的稳定之外，同时又以优厚的待遇及激励机制，从外部引进其他优秀人才，均一视同仁，签订协议以保障人才价值得到应有的发挥与回报。

3）信息技术体系惯例

杭州哲信信息技术有限公司围绕既定计划推动精细化工新材料业务的发展，同时加快内部业务整合，围绕"运营推广+大数据分析+IP 版权+渠道服务+投资孵化"的发展战略，对移动互联网文化产业领域业务持续加大投入，全面拓展文化业务领域。杭州哲信信息技术有限公司通过与拥有包括文学、音乐、动漫、影视、游戏、周边产品等类型的 IP 资源 CP 公司开展深度合作，建设领先的 IP 资源储备池，同时以合作、投资、孵化等方式联合数百家游戏产品研发商，构建领先的 IP 内容原创能力，建立强大的 IP 内容转化能力，通过电子商务的新型商业业态促进 IP 衍生品的生产销售，打通线上线下运营模式，形成母婴、教育、影视、文化、娱乐、消费等生态可持续的 IP 资源整合开发新形式，全面贯彻落实整体 IP 战略布局。与此同时，杭州哲信信息技术有限公司全面规范完善和提升各项管理制度，不断推出各种适宜的实施细则，促进公司管理质量的有效提升。

2. 案例企业资本运作能力分析

企业在不同的生命周期都有不同的资金运作行为，而且企业的资本运作应该与自身的发展阶段和战略相适应（常真机，2016）。企业的生命周期划分为初创期、成长期、成熟期，杭州哲信信息技术有限公司目前处于成熟期初期。

1）初创期资金运作分析

初创期互联网企业资金需求量大，运作风险高。企业不仅要不断满足长期投资对资金的持续需求，而且还要避免财务风险压力加大。杭州哲信信息技术有限公司创立于 2010 年，而其第一款自主研发的手游《诸神 Q 传》于 2013 年 3 月份顺利完成并投入市场。公开数据显示，杭州哲信信息技术有限公司 2013 年净利润为–42 万元、2014 年净利润为–2009 万元、2015 年净利润为 3235 万元。在被浙江金科文化产业股份有限公司收购之前，杭州哲信信息技术有限公司已先后经过四轮对外融资。最早一次融资是在 2014 年 10 月 23 日，钱江浙商创投中心以 1100 万元的价格向标的公司认缴出资 818 万元（持股比例为 7.56%），按照 14 547.43 万元的估值为企业增资；2015 年 2 月 15 日，杭州凯泰资本管理有限公司以 1000 万元的价格向标的公司认缴出资 818 万元（持股比例为 7.56%），按照 2 亿元的估值对企业进行增资；2015 年 9 月 15 日，上市公司银江股份有限公司等五名投资者获得了杭州哲信信息技术有限公司共计 16.53%的股份，其中银江股份有限公司出资 1.01 亿元获得 8%的股份。

互联网企业在创业之初难以从投资银行或者其他机构获得资金支持。创业初期，公司的知名度不高，资金实力不足，外部融资能力有限，且不满足股票发行条件无法上市融资。因而，风险投资成为企业创业期的主要融资方式。

2）成长期资金运作分析

互联网公司在成长期，产品和服务逐渐定形，形成核心能力，亟须加大各种资源的投入。2015 年 10 月，浙江金科文化产业股份有限公司公告拟以发行股份并支付现金的方式购买杭州哲信信息技术有限公司 100%股权，交易对价为 29 亿元，并于 2016 年 5 月完成对其的重大资产重组工作。截至 2015 年 11 月 30 日，杭州哲信信息技术有限公司及其子公司的在职员工数量并不多，共仅有 83 人，但公司发行运营上线的游戏数量已经达到 102 个。而公司估值从 2014 年 10 月 1.45 亿元跃升到 2015 年 11 月的 29 亿元，近乎增长了 20 倍之多，增长原因也在于公司业务已进入快速上升期。

成长期的资金需求量较大，企业虽尚不具备整体上市的条件，但可通过企业并购这类方式获得上市公司雄厚的资金力量支持。当然，如果企业在成长期经营不善会面临创业期风险投资撤回的风险以及控制权的问题，因此企业需要慎重对待。

3）成熟期资金运作分析

成熟期的互联网公司，产品和服务已经被大家认可和接受。本书将浙江金科文化产业股份有限公司收购杭州哲信信息技术有限公司至今定义为企业的成熟期，该阶段企业面临提供同等产品的公司越来越多，竞争愈发激烈的挑战，企业自身独立整合资源已经不能有效提升集团价值。因此，浙江金科文化产业股份有限公司实施收购战略，公司同时获得了证券会批复，核准公司向合格投资者公开发行面值总额不超过 6 亿元的公司债券，筹资能力进一步增强。浙江金科文化产业股份有限公司通过变更移动游戏综合运营平台技术升级与渠道管理中心建设项目，原投资总额中 30 000 万元，用于收购杭州每日给力科技有限公司全部股权，并于 2017 年 1 月 26 日完成过户。另外，浙江金科文化产业股份有限公司拟花费 10 亿欧元对英国游戏开发商 Outfit7 发起收购，以其旗下最有名的"会说话的汤姆猫"系列设立了子公司金科汤姆猫，并签订《主许可协议》，在 IP 衍生产品设计生产与销售一条龙、项目开发与发行制作、动画剧与动画电影创作发行等方面开展全方位利益合作，将"会说话的家族"这一动漫 IP 的活跃用户进行深度激活和变现，深入挖掘该 IP 的价值，加深用户对 IP 的情感认同。[①]浙江金科文化产业股份有限公司通过对产业链上下游企业投资与业务合作，从而完善其泛娱乐化的产业链生态布局，由平台型企业逐渐转向集自主研发、运营推广、渠道拓展和海外合作于一体的生态型移动互联网企业。

金科疾速转型之后的一系列收购行为提高了企业的价值。成熟期，企业快速发展壮大，面临各种挑战，而且此时企业的资金较多，投资需求增加，因此需要发展新的机遇，寻找突破口以实现企业目标。

综上所述，在不同的生命阶段，企业会根据自身所处环境的变化以及所具能力的发展，持续调整相应的融资策略制定与投资项目选择。在创业期，往往融资困难，渠道单一。而随着企业的继续成长，资金需求量增大，投资增多，企业通过收购、兼并、重组的方式不断发展壮大，与创业期相比，企业需要通过不断融资与投资来实现企业战略。因此，资金运作的方式越来越多元化和国际化，资金运作能力也越来越强。

3. 案例企业管理决策能力分析

管理决策能力直接影响企业绩效，是企业核心竞争力的重要组成部分，良好的决策效果积累是企业的竞争优势。决策贯穿于企业整个生命周期过程，这就要求管理者对企业经营的方方面面进行综合动态性管理，预先考虑到各种未来可能会发生的好坏情况，在生命周期的每个阶段选择并制定相适用的不同管理策略。

---

① 参见《浙江金科文化产业股份有限公司 2017 年半年度报告》。

1）初创期战略选择与决策分析

初创期的企业竞争力较差，通常处于被动状态，特别是在竞争较为激烈的成熟行业。初创期的战略目标主要是建立稳定的盈利模式，摸索具有竞争力的生存战略。因此该阶段企业发展的基本思路首先是利基战略，谋求被大企业所忽略的某些竞争压力较小的细分市场，从而发挥自身的快速灵活经营特色，逐渐占据优势并获得最大利润。

和国内大部分知名移动游戏企业聚焦于大型网游不同，杭州哲信信息技术有限公司通过聚合长尾①渠道进行游戏发行，这个模式对于大渠道依赖程度很低，和腾讯、360、百度等大游戏渠道形成错位竞争，在国内娱乐应用发行领域另辟蹊径。结合杭州哲信信息技术有限公司的实际发展，其主打娱乐应用“萌鼠窜窜窜”“蛇蛇大乱战”“星际守护者”“飓风空战队”“恶战/最终防线”等均属于轻度娱乐，适合在很短的碎片化空闲时间，以很低的付费获得完整体验，相对于各大主流应用排行榜首的大型重度游戏应用，显得更加“绿色”。正因如此，杭州哲信信息技术有限公司在发行渠道上走出了聚合长尾渠道的“不走寻常路”的模式，没有过度依赖大渠道。同时，这种商业模式无形中扶植、培养了大量的中小网络娱乐研发商和工作室，扶植了一大批小渠道，对所在产业的丰富性做出了相当的贡献。正是坚持错位竞争，杭州哲信信息技术有限公司反而避开了激烈的竞争，业绩也取得了超预期的表现。

2）成长期战略选择与决策分析

企业安全度过初创期，获得了稳定的利润来源，逐步走上正轨，趁势尝试多元化经营。企业在现有资源下分散经营风险，优化企业资本利用效率。成长期往往是企业组织架构与管理模式的快速变革阶段。进入成长期后，企业管理者会开始逐步探讨企业未来发展方向和最优经营战略，并相应地建立企业长短期发展规划。

浙江金科文化产业股份有限公司从创立以来一直致力于研发、制造、销售化学原料与化学制品，但 2013 年以来，浙江金科文化产业股份有限公司 SPC 产能已接近饱和，加之市场竞争加剧导致其市场份额下降及产品价格下滑，而 2014 年度受欧元贬值及中东局势影响，浙江金科文化产业股份有限公司出口销售收入及利润均下降，竞争优势衰退。由于化工业务因市场原因达到行业发展天花板，浙江金科文化产业股份有限公司开始积极寻求新的利润来源，密切关注移动互联网等新兴产业的发展，等待向互联网娱乐文化领域转型的契机。2016 年，直播和手游的迅猛发展带动了游戏产业的发展，同时各种 IP 和二次元也迎来了快速发展期。浙江金科文化产业股份有限公司嗅到商机，于 5 月收购了杭州哲信信息技术

① 长尾这一统计学概念起初应用于商业是用来描述诸如亚马逊之类网站的全新模式，但随着互联网时代的生活高融入和全民化特点，中小用户的“尾端”效应在更多的企业上得到验证。

有限公司，开始正式进军移动互联网娱乐文化领域；紧接着 11 月又发起了对咸鱼游戏的一项涉及金额过亿的投资。同时，浙江金科文化产业股份有限公司壮士断腕，卖掉了老本行中的过氧化物和活化剂业务，公司内部大换血，全面转型娱乐行业。

3）成熟期战略选择与决策分析

企业进入成熟期意味着其市场占有率趋于稳定，业务也保持在较高的稳定水平。企业发展重点也开始转向稳固现有市场份额，维持盈利持续稳定增长。此时产品已经在市场上具备一定知名度，企业会争取更多忠实客户与诚信合作伙伴。成熟期企业完成了一定资本积累量，融资渠道方式更为广阔，因而多元化投资方面也表现更为积极。在此阶段，企业主要实施成本领先战略、多样化战略和国际化战略三种基本发展战略。

浙江金科文化产业股份有限公司正在积极布局海外市场，公司发行团队已在海外（韩国、印度尼西亚和中东及欧洲等国家和地区）开始迅速布局并成长，与当地优秀企业建立深厚的合作关系，建立了本土化的游戏发行团队，以全球视野将所研发和发行的游戏推向全球市场，在中国文化出海的大背景下，借助“一带一路”机遇，通过移动互联网数字文化内容载体与平台实现了海内外文化的交流与传播。同时，浙江金科文化产业股份有限公司还在主动打造 IP 战略，通过与著名影视、文学、动漫游戏的 IP 版权商合作，对知名度深、传播度广的 IP 进行授权改编开发获得巨大的用户流量。2017 年 5 月，杭州哲信信息技术有限公司旗下的哲信影业成功拿下了日本大师级导演黑泽明遗作剧本版权，并开发其中的《枪神》，这一消息于戛纳电影节上盛大发布。

决策管理在整个企业生命周期过程中是一个不断循环的过程。作为过程，决策是动态的，主要目的之一便是使组织的活动适应外部环境的变化。决策者必须不断监视和分析环境的动态变化，在必要时做出新的决策并及时调整战略方向，从而更好地实现企业与环境的动态平衡。

3.2.3　能力演化和动态发展分析

1. 基于惯例的企业能力演化机理分析

企业在日常经营中运用各种资源形成习惯性运作模式，在此基础上又形成了更高层次的制度化运作惯例，而在惯例基础之上进一步开发形成企业能力，并随着时间和过程的积累沉淀形成企业竞争力，持续改进相应的产品或服务，并在特定市场上获得超过竞争对手的竞争优势。其中，能力又以企业资源为基础载体，作用于核心产品研发、生产运作管理、战略决策创新及组织架构调整等，并伴随生命周期各阶段在选择机制下逐渐演化成核心能力，持续巩固企业核心竞争力。当然，市场不是一成不变的，企业也不会墨守成规，在发展过程中会根据内外部环境的实际变化及时调整与修正，在此过程中实现能力、惯例和资源从高层次到低层次的反馈和循环，如图 3-9 所示。

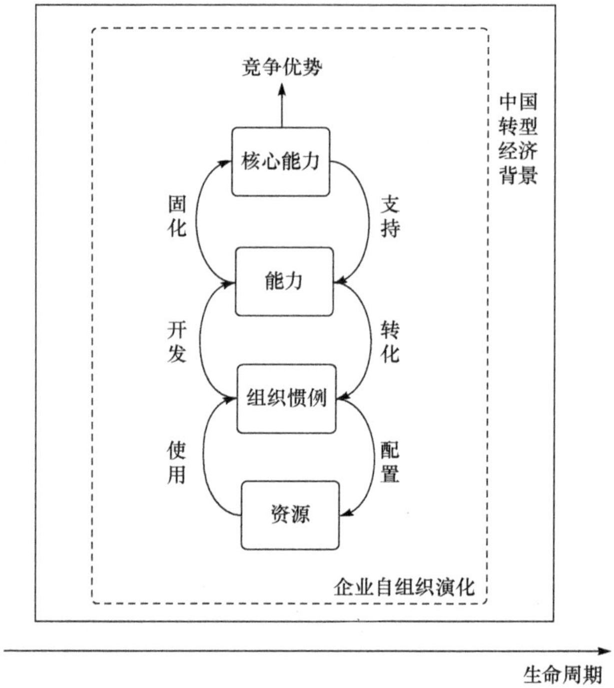

图 3-9 能力演化机理

2016 年，手游与 IP 的联动发展使越来越多的动漫 IP 以手游形式出现，线下娱乐市场也与内容无缝对接，市场规模逐步扩大。浙江金科文化产业股份有限公司以收购杭州哲信信息技术有限公司为切入点，成功进入移动互联网信息技术与服务产业，完成新业务布局，顺利实现了企业的转型升级。而收购之后，企业间的资源与能力整合成为一大关键。对于杭州哲信信息技术有限公司而言，最大的变化就在于，浙江金科文化产业股份有限公司为其提供了雄厚的资本支持保障；而对于浙江金科文化产业股份有限公司来说，杭州哲信信息技术有限公司拓展了其移动互联网游戏业务，战略转型带来新的业务增长点。为适应组织变化，两家企业的组织架构、流程设计、人员配置等都必然需要经过一系列的调整。此时，基于惯例的企业能力都发生崭新的变化，杭州哲信信息技术有限公司的资本运作能力得到了质的提升，有能力获得并储备更多资源支撑市场业务拓展，同时可以加大投入对企业信息基础建设进行软硬件升级辅助业务发展，吸引并培育更多的高端技术人才，提升企业信息技术能力，同时企业的各项目标战略都能尽早提上日程并得以顺利实现。整合期过后，惯例开始在组织内部进行大量的传播和复制以保持组织的连贯性和持续性。另外，惯例在组织内部的落地生根减少了由并购造成的企业组织动荡带来的不确定性，减少了组织变动后员工的焦虑感和不安感。

在能力的演化过程中，把握好惯例变异的各个环节，对企业成长有着至关重要的作用。企业在模仿、复制他人的成功惯例，实施转型过程中，需要组织高层根据自身的资源特点和战略导向对其进行引导改造。考虑到环境状况的差异性，如果惯例在不同组织内进行一成不变的执行会造成其水土不服，就仍需要做适应性的修正。而杭州哲信信息技术有限公司虽被浙江金科文化产业股份有限公司收购，但仍保持独立运营和业务拓展。事实上，企业中许多改善组织流程的创新行为是细微渐进的，正是这些调整使惯例适应了断断续续变化的环境。在惯例的传递、修正、实践过程中，单项能力结构发生了转变，能力得到更新和发展。加强企业的制度化管理是保证惯例高效率执行的一条重要措施，它把强大的能力转化成有效的企业运营，从而获得可持续竞争优势。据此，本书提出命题 1 如下。

命题 1：企业资源→组织惯例→能力→核心能力的动态演变过程是企业能力在内外部环境中实现持续竞争优势的一系列循环演进过程。

2. 企业生命周期过程中能力的动态发展

1）创始阶段

企业创始阶段开始的标志是一群人围绕着客观需要或聚焦于能力进行组织活动。新组建的团队成立之初就拥有一组禀赋（Levinthal，2001），如创始团队中每个成员都有人力资本（知识、技能和经验），社会资本（团队内外的社会关系）及认知（Adner and Helfat，2003）。此外，如果这些成员以前就在其他组织中共事过，那么作为一个团队，很可能拥有特定团队的人力资本。团队成员之间可能具有互补性或者他们之间相互作用，从而会影响到团队的运作方式。杭州哲信信息技术有限公司的创始团队成员在创业之前具备各项技术资格认证（包括软件设计师、网络工程师、系统分析师技术资格认证等），也都曾在网络科技公司担任首席技术官（chief technology officer，CTO）、项目经理、产品经理、运营总监等高级管理职务，其中部分人员曾就职于同一家公司，有着互动历史的团队可能已经形成了互动的惯例。

另外，新团队为了构建能力，除了需要其他成员之外，还需要其他的投入要素和资源。然而，对于新团队而言，获取一些资源，如资金或新技术可能依赖其成员的个人资源渠道。因此，团队成员个体所有的社会资本和外部联系可能构成了新团队的重要禀赋。创始阶段的禀赋为今后的发展打下了基础也提供了能力的异质性来源，这种异质性发生在团队成员及现有的投入要素上。

2）发展阶段

在这一阶段，能力的发展是通过团队为了特定能力的发展而寻求可行的备选方案，并随着时间的推移不断积累经验而实现的。其中，备选方案是指试图实现能力所追求的最终结果的一种事前可行方式,可能会涉及某些既成的惯例与能力。而选择哪种备选方案则依赖创始之初的条件,如果这些团队拥有不同的人力资本、社会资本和认知等初始配置，即便是具有相同目标的团队也可能会选择不同的备选方案。杭州哲信信息技术有限公司就选择了不断融资这一方案以进一步拓展公司手机互联游戏发行运营业务，并同步培养、收购优秀产品团队，全面提升企业能力。而浙江金科文化产业股份有限公司在其发展阶段，这个由倾向于采用新技术的个体组成的团队则选择发展新创技术，主攻精细化工新材料业务的浙江金科化工股份有限公司坚信创新是公司发展的永恒动力，加强技术研发与自主创新是其选择的发展道路。

正如之前所提到的，各个团队可能选择不同的方案，这些方案将团队放在了能力发展的不同的轨迹上，也就导致了不同的结束点。此外，即使各个团队选择了同样的方案，成功的程度也会不同。人力资本、社会资本和团队成员之间认知的差异会影响各个团队执行不同任务及经验学习的能力。此外，在某些环境下，公司可能用另一种能力的高水平来弥补某一种能力的低水平。比如，浙江金科文化产业股份有限公司虽然具有强大的资金实力、覆盖面广的营销网络等优势，但在移动互联网游戏业务面前始终是门外汉，需要借助杭州哲信信息技术有限公司的力量来支撑。

3）成熟阶段

在某个时点上，能力提高停止，进而会进入到生命周期的成熟阶段。几乎所有经验曲线的估计都表明，曲线最终会和收益一样变得平缓，然后逐渐减少，最后停止。能力的发展可能只是停止，因为能力可能已经受到了其固有的局限性的制约，它们限制了任何团队利用现有的技术、投入、工人和管理的实践活动取得业绩。当能力发展到足够熟练时，团队也可能会产生自满情绪，进而停止能力的提升。在一个被视为足够好的团队中，团队管理者会在此时努力维持住能力已达到的水平并设法促进其提升。杭州哲信信息技术有限公司在被浙江金科文化产业股份有限公司收购之后，对现有资源进行整合，通过加强与移动互联网数字文化产品开发商、渠道供应商的紧密合作，加快移动互联网数字文化产品发行的同时又为公司积累了许多忠实粉丝用户。发行产品数量、SP 合作数量、CP 合作数量、渠道合作数量均较 2016 年度同期有所增加，游戏业务发展良好。

成熟阶段需要能力的维护，如果定期行使能力，能力会更加深刻地植入到组织记忆里。惯例会更具惯性，越来越不需要经过意识的思考。随着时间的推移，团队能力会使发展路径逐渐暗淡，能力在本质上可能变得更加默契。如果能力使用中断，则会导致企业的这种能力的衰退。通俗地说，就是生产率在连续生产的情况下不会降低，而生产中断会导致组织遗忘和生产率的降低。浙江金科文化产业股份有限公司多年来致力于化工新材料业务的发展，专业化程度已然很高了，获得三十余项国家授权专利，已形成了由工艺创新技术、清洁化生产技术、节能降耗技术三大类技术组成的自主创新技术体系。即便浙江金科文化产业股份有限公司已然达到国内领先的工艺技术水平，但其仍未停止追求技术进步的步伐，收购湖州吉昌化学有限公司 30%股权，加强与湖州吉昌化学有限公司技术和市场资源共享，稳固公司市场地位。言外之意就是，如何保持好能力，依赖团队行使能力的频率和一贯性。据此，本书提出命题 2 如下。

命题 2：企业能力的演化是伴随企业发展壮大的不同阶段逐层递进的，是一个随时间的变化而演变的连续动态过程。

3. 环境变化对能力发展的影响作用

能力发展的基本途径反映了能力提高的过程，如图 3-10 所示。企业能力首先会经过“混沌时期”从而走向有序发展（Ottosson，2004），结合随时间积累而成的自身经验，能力通过对能力发展合适路径的搜寻与选择得到逐步发展。这里的选择一般指企业经营过程中可能发生的重大变故，是为达到企业能力目标的一种尝试性方法，选择事件也许在输入种类、输出目标、过程活动及其任务中所需协调资源上都是不同的。这也就是能力的路径依赖，所以能力发展本质上是异质的。在这种选择发展过程，企业既可以选择模仿其他企业能力，也可以通过依靠自身发展新能力。而在本案例分析中，选择事件即指浙江金科文化产业股份有限公司收购杭州哲信信息技术有限公司，通过资产重组方式获得“双赢”效果，在激烈的竞争中占领有利位置，立足市场。

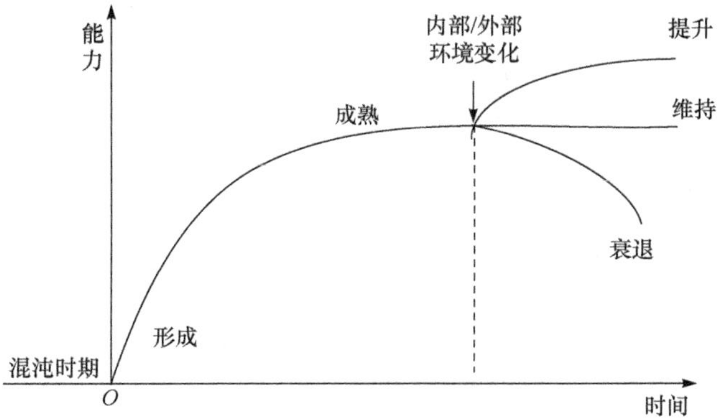

图 3-10　企业能力的发展

深究其内在最直接的导火索便是，这次事件选择给双方企业带来了明显的内部/外部环境变化。对于一个企业来说，外部环境包括政治环境、社会环境、技术环境、经济环境、自然条件、科研机构、技术发展状况等，内部环境包括企业的组织结构、企业资源、企业文化、管理制度等。选择环境对企业发展的广度和深度造成限制困扰的同时又能够推动企业的发展。浙江金科文化产业股份有限公司收购杭州哲信信息技术有限公司之后，尽管杭州哲信信息技术有限公司成了浙江金科文化产业股份有限公司的子公司，但仍保持独立运营，所以对其而言，最大的环境变化就是资本环境的变化。有了浙江金科文化产业股份有限公司的后台支撑，杭州哲信信息技术有限公司便可以放心地拓展业务了。

环境动态是企业能力发展的外部驱动因素，企业能力演化过程是以外部环境动态性为目标设置与参照匹配，并将之作为系统新要素导入企业内部，然后再不断地与企业现有资源基础和能力基石进行互换操作，最终实现企业内部资源更新与能力重构。案例企业所处的信息技术行业变化速率较快，主要表现为技术变革日新月异，原地踏步就可能被淘汰。与此同时，该行业的市场多样性特征显著，市场变化速度快。因此，案例企业所处的环境动态程度高，企业需要加速自身能力发展速度，才能应对动态环境提出的挑战。据此，本书提出命题 3 如下。

命题 3：企业能力是企业不断寻求与环境相匹配，与自身发展要求相适应的演化过程，演变结果最终取决于市场的选择。

3.3 企业信息技术能力的动态发展模型

企业是一个具有多重信息反馈的非线性复杂系统，而企业能力对竞争优势的影响实质上也是一个复杂的过程，这就要求我们在研究模型的选择上充分考量企业系统的复杂性、非线性和动态性。与之相应，企业能力发展过程还需将企业内外部诸多因素的交互作用都考虑进去。上文研究中，采用案例研究初步探讨企业资源、惯例与能力演化之间的关系，但案例研究方法在研究结果的生态效度[①]上存在天然局限性，研究结果难以应用在现实生活中，并且不能洞察三者之间关系形成与发展的动态过程。因此，为了深入研究企业资源、惯例与能力演化之间的动态交互关系，本部分将结合案例企业，以企业信息技术能力中具体的分支——软件开发能力为典型代表，采用系统动力学方法对三者之间关系进行更深层次探讨。

---

① 研究的生态效度是指实验研究结果推广到真实生活情境的程度。基本假设是，尽管实验的内在效度很高，控制了很多干扰变项，只看某几个变项的关系，但实际上的生活环境根本不可能控制这么多的变项。

系统动力学能较好地反映出复杂因素间的数量关系及其影响路径。目前国内外在系统动力学方法的研究应用较为广泛，尤其是企业生命周期模拟、具体产品生命周期优化、技术生命周期预测、产品供应链管理等均有相关文献研究。本书将系统动力学方法引入对信息技术案例企业软件产品开发项目的仿真研究中，通过分析企业软件开发管理中的因果关系，并在 Rahmandad 和 Repenning（2016）所提出的多版本产品动态开发模型，以及 Repenning 和 Sterman（2002）所提出的软件开发流程改进模型基础之上建立因果关系流图和系统动力学模型，着重分析软件开发流程、软件质量保证工程和人力资源管理策略对整个生命期内企业信息技术开发能力的影响。

3.3.1　仿真模型设计

1. 软件开发流程

软件开发通常分为三个阶段——设计、开发、测试，它可以连续进行（如瀑布式）或迭代（如螺旋式）。传统的瀑布式开发要求从需求到设计，编码，测试再到提交的每一个开发阶段都要达到尽善尽美，以减少后期不必要的返工成本浪费。迭代式开发则以主要功能搭建为目的。其要求在最短的时间先完成一个大致成果提交，然后再根据用户反馈信息逐步进行完善。这两种开发模式各有特点，但迭代式开发在遇到需求变化时，所受到的影响要比瀑布式开发小，因此更适合一些需求信息不明确的项目。而项目进行中需求变更的事在现实中十分常见，所以迭代式开发的优势更明显一些。

杭州哲信信息技术有限公司现已确立的项目开发最佳惯例主要是连续进行加之偶尔的迭代元素，其流程如图 3-11 所示。在概念设计阶段，选择需要添加到下一个版本的主要功能，设计产品架构，并确立开发不同代码块的一般要求。接着，提出一个更具体的需要概述，描述了新的/修改后的代码输入、输出和性能要求。

上述讨论的开发、发行、服务活动都集中在单个软件（版本），但通常同时会有多个版本正在开发，导致不同版本中的两个密钥互连。首先，软件的后续版本是建立在先前版本之上的，因此如果不加以改进，代码和架构可能会出现问题。其次，因为它们共用开发资源池（资源、能力、代码基础和架构），在新项目开发、修复结构，缺陷修复和并行工程中资源都必须共享。因此，先前版本的质量通过影响并行工程和缺陷修复程度来影响新版本开发的资源获取（图 3-12）。

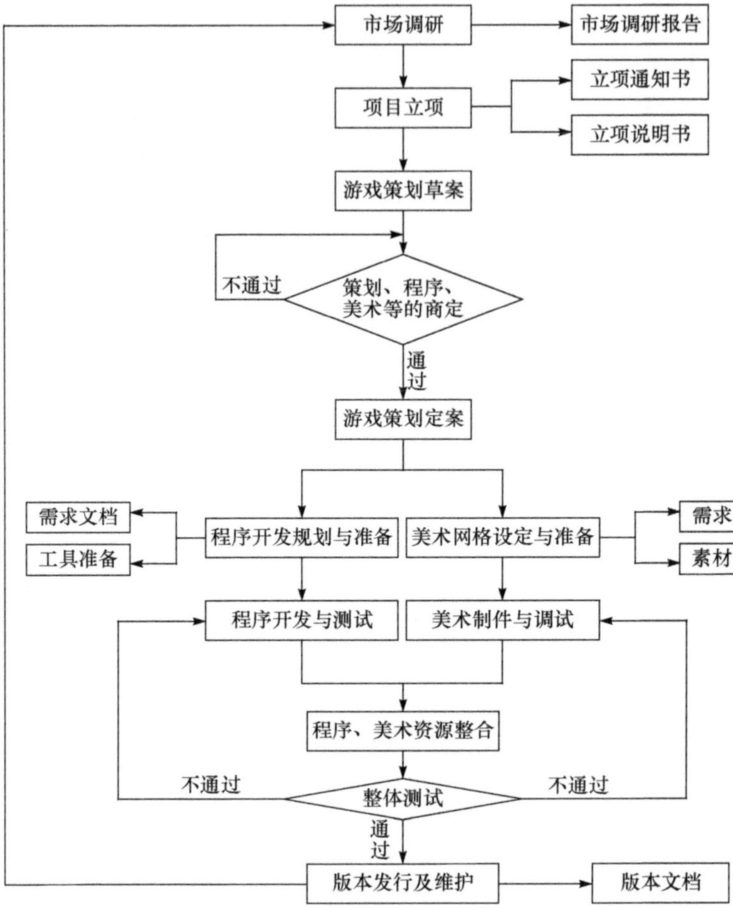

图 3-11　游戏开发流程图

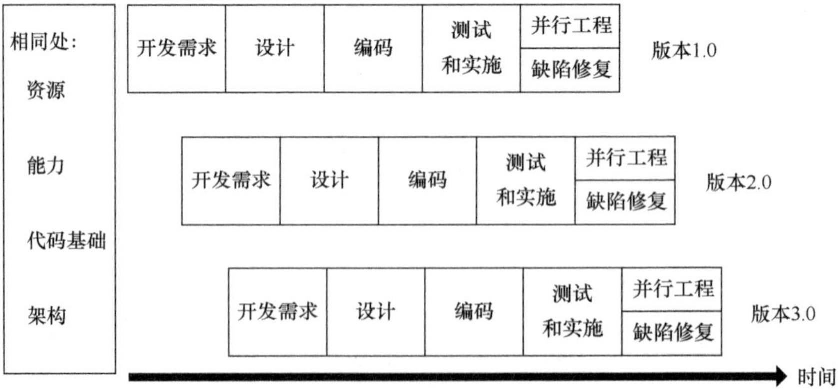

图 3-12　多版本软件并行开发流程图

资料来源：Rahmandad 和 Weiss（2009）

2. 建模思路分析

虽然整体来看，有大量文献关注产品开发及单个项目动态（Lyneis and Ford，2007），但关于多版本产品开发过程的动态研究比较有限。本书模型构想是基于案例企业杭州哲信信息技术有限公司手机游戏开发项目工作数据和相应建模文献所展开的，其开发的中小型游戏软件项目一般需经历一年左右时间，最长不超过一年半，本书选取其中一个典型案例项目进行模拟分析。企业杭州哲信信息技术有限公司主要采用瀑布式开发管理加之偶尔的小范围迭代，每个项目在开始之初便会设立一个专门的开发团队。由于杭州哲信信息技术有限公司主营产品一般都是手游类软件，其产品开发工作主要包括游戏设计、程序开发、视觉美工、动画特效制作、引擎渲染等。

软件项目开发管理是随着开发进程而不停变化的，项目开发前期需要做好计划准备工作，开发过程中需要控制好成本、质量及进度的把控，而项目完成后仍需做好后续技术支持服务。原定人数与实际所需人数存在差距，需要扩招项目团队人员；已完成任务不符合预期目标要求，大量的返工意味着工作量的增加，影响开发效率；实际进度赶不上计划进度，需要不断动态调整各部门，以及各成员之间的工作安排。软件开发项目计划普遍包括进度安排、人员配置、质量保证和成本控制等，而以上这些内容并不是固守不变的，具有极高的不确定性，需要项目管理者在实际执行过程中见机行事，灵活应变，从这一点来看，与系统动力学的随时间变化特性是一致的。

3. 模型因果关系图

在软件项目开发中，决定开发人员生产效率的因素可以分为：①与资源有关的因素：可获得的开发工具、开发人员的技术能力及工作经验和流动性；②与开发任务有关的因素：软件产品开发任务的复杂程度、可靠性和可重用性，对硬件设施的要求，运行时间的要求，数据的有用性（贝姆，2004）。上述开发人员生产率的影响因素在不同的项目团队中表现不一定一致，但在同一个项目开发过程中肯定是不会改变的，所以在模型中可以用一个常量来描述这些在同一开发项目中的生产率。

因果关系图是显示变量之间因果链的简图，箭头表示变量之间的关系及反馈结构。当研究的变量关系相互独立时，我们通常是很容易理解的。然而，当它们被组合成因果关系的长链时，它们就会变得复杂。因果循环图增加了对这些复杂关系的理解。“+”和“–”分别表示当其他因素保持不变时，若箭头所指的变量随着箭尾的变量产生同向变动，则该回路称为正反馈回路（positive loop）。反之，若箭头所指的变量随着箭尾的变量产生反向变动，并阻止箭尾变量的进一步变动，最终使整个系统达到平衡状态，则该回路称为负反馈回路（negative loop）。基于以上分析绘制多版本软件项目开发因果关系图（图 3-13）。

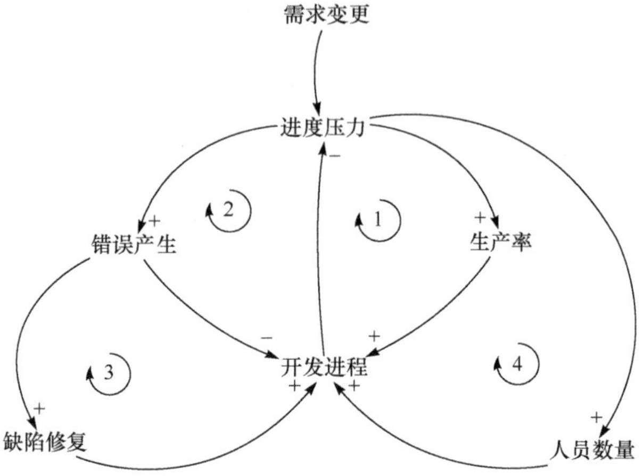

图 3-13 多版本软件项目开发因果关系图

如图 3-13 所示，该结构中共有 4 个构成因果关系的反馈圈，下面进行说明。

1 号反馈圈，需求变更→进度压力→生产率→开发进程→进度压力，体现了进度压力对生产率的影响。如果项目估计完成时间晚于既定截止时间，那么就产生了进度压力。通常管理者会采取加班的方式来解决这一问题，因为显然不可能会去对工作内容偷工减料。高进度压力由于其激励作用而提高了生产率，生产率的提高反过来又降低了进度压力。但是需要注意到的是，长时间的超负荷工作量可能会损害开发人员身心状况，进而造成生产力低下。

2 号反馈圈，需求变更→进度压力→错误产生→开发进程→进度压力。增加的进度压力增加了错误的产生，增加了必要的返工量，从而延误了开发进程，这反过来又增加了进度压力。因为面对进度压力时，开发人员往往会出现一种精神焦虑状态，从而导致工作效率低下。另外，长时间的加班使开发人员疲劳度增加，从而导致出错率升高，这些都可能造成延误开发进度。

3 号反馈圈，需求变更→进度压力→错误产生→缺陷修复→开发进程→进度压力。在开发过程中被发现的缺陷会由开发人员进行修复，从而加快开发进程。但在实际过程中，还要考虑到当开发人员去修复已发现的软件缺陷的同时也意味着他必须放下手头的开发任务，一定程度上也会造成进度拖后。

4 号反馈圈，需求变更→进度压力→人员数量→开发进程→进度压力。从表面上就可以轻松推理出，增加人力资源水平就是提升了生产力水平。如果项目管理者决定增添新的人手，必须考虑到由此带来的反面效应，因为毕竟人力资源的增加和生产力水平的提高并不是线性相关的。

反馈作为一个在系统中最基本的概念,也在系统稳态维持中占据了核心地位,企业搜寻和选择及选择结果的实现是通过反馈机制来完成的,而开放非线性系统的正、负反馈机制是系统发展变化的根本机制。上述四个反馈共同影响企业软件开发能力演化路径间因果关系,为进一步厘清系统各要素之间的相互关系,本书下一步绘制多版本软件产品开发系统存量流量结构图,以对信息技术开发能力演化过程进行仿真。

3.3.2 仿真模型结构

1. 多版本软件产品开发

系统动力学方法就是通过建立系统动力学模型来反映各项目变量(资源、进度、质量、决策等)之间的结构关系,并动态模拟项目过程或项目的某些子过程的方法。基于以上分析,笔者利用 Vensim PLE 软件绘制多版本产品开发的基本存量流量结构图,见图 3-14。

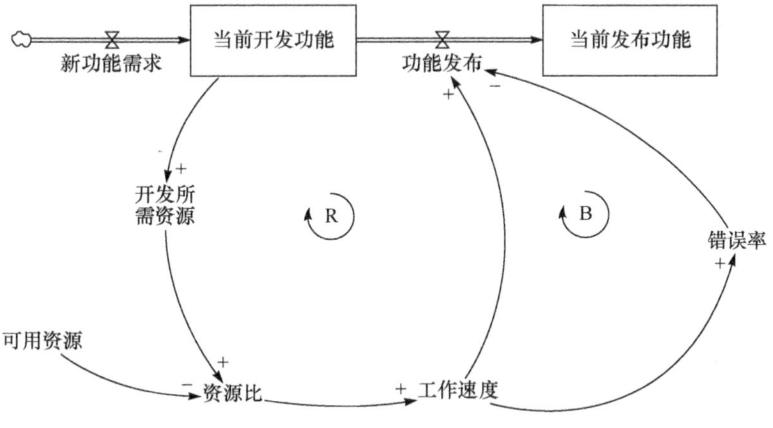

图 3-14 多版本产品开发的基本存量流量结构图

图 3-14 显示了初始构想的基本反馈机制的流量和存量结构。存量(方框)代表不同流量(厚阀和箭头)的整合,并有助于区分特定动作/活动(流量)与其累积影响(存量)。流量和存量网络存在于任何动态系统的基础上,它们之间的根本区别可以用“浴缸”隐喻来解释:在任何时刻,浴缸中的水的水平线显示的就是水的存量,这是(通过水龙头)进入浴缸的水流量和(通过泄漏)流出浴缸的水流量两者的累积结果。浴缸比喻的一个关键点是,虽然流量可以即时调节,但存量不能。在杭州哲信信息技术有限公司,新功能是由游戏策划、游戏设计师所提出的,并在很大程度上由高级管理人员所控制,而不是研发人员。新提出的需

求功能积聚在正在开发的功能存量中，直到它们被开发、测试，并发布在市场中成为当前版本功能的一部分之前，都将一直保存在存量之中。功能发布流量捕获到的速度就是开发部门开发和发布新功能的速度。该模型中的函数公式为：

当前开发功能=INTEG(功能需求增长率－功能发布速率,初始开发功能存量)；

当前发布功能=INTEG（功能发布速率，初始发布功能存量）；

开发所需资源=当前开发功能/所需开发时间/生产率/（1－错误率）；

在此背景下，开发能力是作为将要求转变成无缺陷功能的能力体现。这种能力包括大量的个人和小团体惯例，如早期强调一个健全的结构、详细的要求、代码审查、自动化和单元测试，以及错误根源分析。成功地建立和保持这种能力的企业将在给定的资源基础上持续、高速地推出新功能，因此有可能通过更多的功能、更快的发布时间、更高的产品质量和更低的成本等方面的组合获得竞争优势。

鉴于该系统的这种“物理”表示，本书将重点研究管理层的决定是如何影响开发能力的。尽管个人和团队开发经历（比如获取经验和向同行学习）在能力演化过程的早期是很重要的，但本书始于杭州哲信信息技术有限公司已经拥有丰富经验且具备运作良好的产品开发能力。在此期间，管理人员的行为，特别是需要从自身团队获取的工作速度（如通过增加新功能需求），对公司日常工作产生深远的影响。在确定如何设置这个速度时，资料提供者[①]指出，进度压力是关键内驱因素，其计算式子是

$$\text{进度压力}=\frac{\text{预计需要的完成天数}-\text{计划中剩余的天数}}{\text{计划中剩余的天数}}$$

（在图 3-14 中称之为“资源比”：给定正在开发功能的当前存量与可用资源时，开发需要的资源比）。原则上，管理人员可以添加资源或削减所需功能数量来符合团队能力的功能需求并交付给他们，而不是追求更快的工作速度。

由于受到团队规模和功能需求这些约束，杭州哲信信息技术有限公司的开发团队很大程度上是通过加快工作速度来应对增加的工作量的。因此，当进度压力不断增大，团队通过提高工作速度来响应。反过来，加快的工作速度也会导致功能发布速度加快。这些联系一起创建了平衡“完成工作”循环（即图 3-14 中 R 圈）；随着新功能需求的增长，工程师工作更快，发布更多，从而平衡功能要求数量盈余。在管理不可避免的工作量变化时，这个循环为团队提供了一个有效措施可以快速调整工作速度，从而使团队能够适应工作量的变化，而不需要一直改变提交时间。

通过工作速度调节需求变化有一个潜在的弊端，速度的增加往往是通过捷径和减少对细节的关注，这会导致需求没有得到充分开发、文档不完整、代码检查

① 此处涉及商业秘密等相关因素，隐去受访人员姓名，下同。

缺失、单元测试不足等。此外，持续压力引起的紧张会降低个人生产力，缺勤率和离职率升高，进一步限制了产出。久而久之，日常活动中这样的变化会转变成个人惯例，随后是组织惯例，质量标准方面的组织文化。因此，一个持续的高资源比可以侵蚀开发能力和损害性能。

而根据案例调查结果，若进度压力一直存在，并不是所有开发人员都愿意一直处于这样的超负荷工作状态。在模型中，资源比（即工作压力）加大，错误率（广义定义包括限制净生产率的任何事物，可以用每千行代码中的错误数表示）增加，从而减缓完成速度。进度压力对错误率的影响在本书中用表函数（表 3-2）来表示。为简化研究，模型假设进度压力只会增加错误的产生，当进度压力小于 0 时，出错率为 0；当进度压力大于 0 时，错误率会随着进度压力的增大呈指数型增长，但当进度压力增大到一定程度后，进度压力对错误率的影响渐渐归于平缓，这也反映出了一个真实现象，即便在极大的进度压力下，开发人员也能凭借自身良好的职业素质和精深的专业能力保证其工作质量维持在一定水平。

表 3-2　错误率表函数

进度压力	−1	0	0.2	0.5	0.8	1
错误率	0	0.05	0.05	0.1	0.2	0.2

假设功能需求恒定流入，当完成速度变慢时，待完成的功能存量就会增多，反馈回来从而增大了工作压力。这个新的反馈，“犯更多错误”循环（即图 3-14 中 B 圈），加强和放大了任何给定的干扰。当错误率不断增长，净产出减少，资源比上升时，工作方向开始走下坡路，会产生更多的错误，形成一个恶性循环。

2. 人力资源管理

一般软件项目需要多种类型资源，包括人力资源、开发环境、软硬件设施、组织内外部的支持和协调、资金等。其中，人力资源是最主要和最复杂的资源需求，其他资源则相对较简单。因此，本书主要从人力资源方面着手，对模型进行扩展，如图 3-15 所示。在项目开发过程中，若发现项目可能延期时，管理者最先想到的最简单有效方法就是增加人手来保障项目按时完成。但软件工程布鲁克斯法则指出，在软件项目延期的时候盲目地增加开发人员不但不会加快项目的开发进度，甚至可能会导致项目更加落后。因为随着开发的进展，开发人员对项目产品、开发环境等会越来越熟悉，开发效率也会逐渐提高。而新引入的员工则必须要经过一段时期的针对性培训才能达到和老员工一样高的生产率，而在此过程中的培训交流也会耗费项目团队原有员工的有效工作时间，拖累老员工的工作效率。

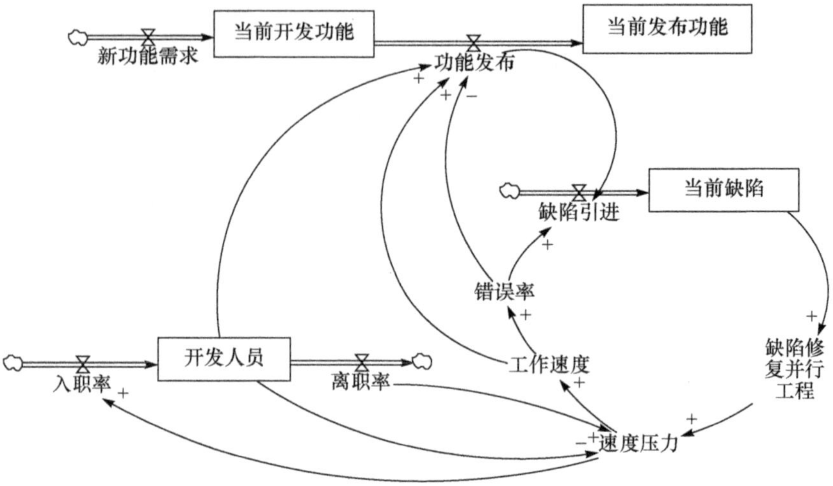

图 3-15 人力资源管理存量流量结构图

如前所述，开发过程中的资源在模型中被集合为开发人员，而开发人员又分为两类：有经验的老员工和无经验的新员工。考虑到增加新员工所带来的培训指导成本，在本书模型中默认新加入的员工本身就是成熟有经验的员工，可以相对提高团队开发速度。开发人员存量为目前参与项目的员工总数，用函数表示为

开发人员=INTEG（新员工入职率 – 员工离职率，项目开始开发人员数量）

在考虑增加人手成本时，也要考虑由于员工离职所带来的负面影响，所以人力资源的调整还需考虑到开发团队的稳定性。因此，并不是管理者一旦发现人员短缺，就会立即着手增加人员。在项目完成情况不佳时，管理者会倾向于加派人手；而在项目已经大致完成的差不多的时候，管理者会更倾向于让现有开发人员加班来赶上进度。当然，项目实施过程中也可能产生进度超前或进度落后的情况。相对应的，员工数量也存在冗余或匮乏的情况，项目管理者随时可以根据工作完成情况自行选择调离或者调入员工。因此对软件开发人员的合理配置非常关键，一个项目组可根据需要随时组建或即时解散，不同部门的技术人员可独立运作也可共享组合，这样既能大大地节约人力资源成本，又可加快开发进程。

3.3.3 仿真模型结果与分析

1. 进度压力与生产率呈倒 U 形关系

上文软件开发过程中“完成工作”和“犯更多错误”这两个过程的相互作用决定了功能发布速度如何随资源比变化而演变，也相当于软件生产率如何随进度压力变化而变化。以前的软件开发研究指出，资源比和净产出之间存在“先扬后抑”的倒 U 形关系，与本模型结果一致（图 3-16）。资源比的适度增长提

高净产出，是加快工作以抵消错误率增长的积极影响。然而，随着压力的增大，加快不规模经济占主导地位，导致净效应为负。

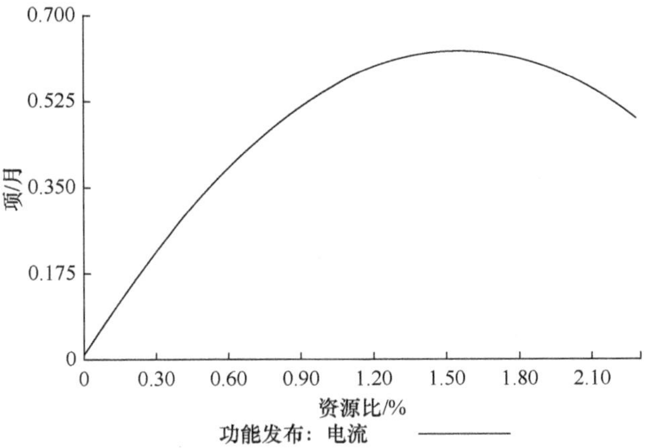

图 3-16　进度压力与生产率之间的关系结果图

图 3-17 显示了系统动力学的特性，资源比与功能发布速度之间是倒 U 形曲线关系，同时显示了系统均衡（稳态）和均衡动态。该系统具有两个平衡点，都是功能需求比率与倒 U 形曲线的交点。这些平衡点表示，在该点的资源比例刚好能催产所需的足够工作，以满足功能需求的目前水平。一旦系统达到这些点，功能需求与发布速度大致相等，将保持在稳态。虽然这两个点代表平衡，但其周围的动态是非常不同的。位于倒 U 形向上倾斜部分的均衡是稳定的，这意味着小扰动会被系统动态所抵消。例如，资源比的一个小增长（也许是由于临时增加的功能需求）

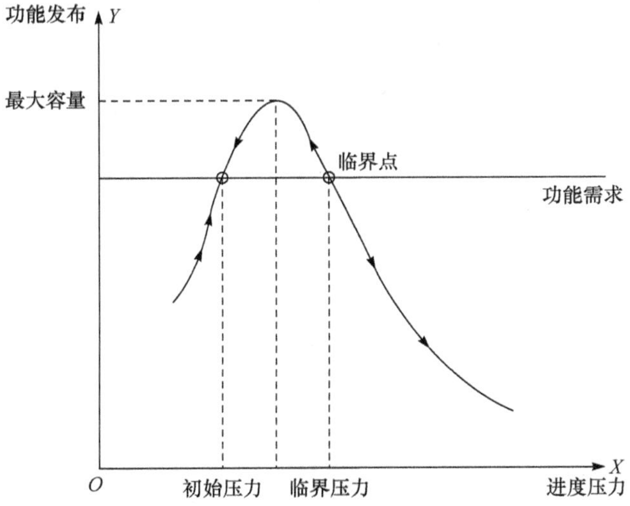

图 3-17　进度压力与生产率之间的关系示意图（a）

都会导致将功能完成率提升至比上述稳态功能需求率还高。这将表现为一个稳定平衡与倒 U 形之间的暂时性偏离。因此，待决功能存量将减少，使系统恢复到平衡，并用于高质实践。在这一领域，完成工作循环的平衡控制了系统动态和功能，确切地说是管理人员的愿望，持续工作以维持杰出工作水平与可用资源之间的平衡。

相比之下，发生在倒 U 形向下倾斜部分的平衡是不稳定的，这意味着任何偏离平衡都将增强，而不是被抵消。正如倒 U 形曲线上的箭头所示，这个系统不可能永远停在这个点上，因为即使干扰再小也会将系统推到一个新的轨迹，远离不稳定的平衡点。因为这些动态，不稳定的平衡点通常被称为“临界点”，一旦穿过一个不稳定的平衡，便可以显著改变系统动态。

2. 通过反馈机制维持开发系统稳态

临界点在确定所研究系统动态中起关键作用，而在本书模型中，功能需求率会由于用户或管理人员的要求暂时增加。在第一个实验中（图 3-18），临时增加的需求冲击不足以让系统超过临界阈值，因此，该系统能够吸收冲击并恢复到它的初始水平（由功能发布率测定）。在第二个实验中（图 3-19），相比之下，该

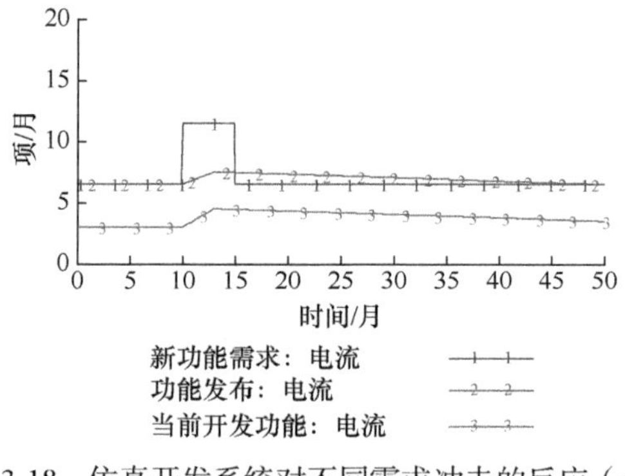

图 3-18 仿真开发系统对不同需求冲击的反应（a）

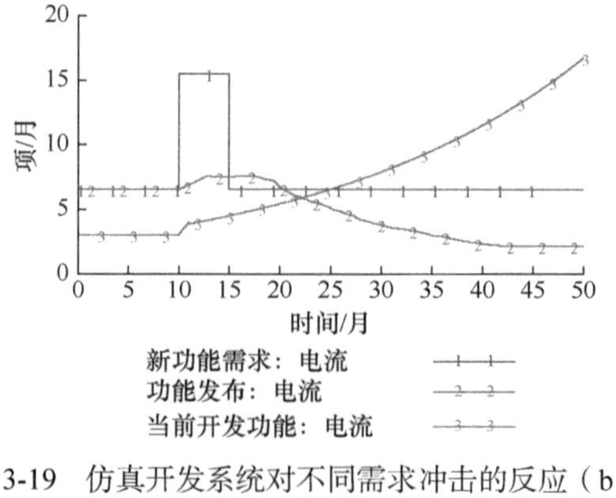

图 3-19 仿真开发系统对不同需求冲击的反应（b）

增长已经足够大到可以推动系统超过临界阈值，无法回到最初的平衡。该系统被困在一个功能需求不断增长的恶性循环中，资源比上升，功能发布速度减慢，组织越来越远离良好（长期）实践。实验表明，当系统越过临界值时，性能下降明显且不会恢复。更重要的是，性能下降是由于日常研发过程的变化危及长期质量和产能，逐步改变开发团队惯例，简言之就是削弱了开发能力。

目前为止，这个模型分析主要呈现出三个主要特征。第一，由于临界值的存在，企业对临时冲击的响应是非线性的。已被抵消的冲击无法推动系统超过临界值，只是暂时偏离了良好的发展实践。第二，推动系统越过临界值所需冲击的大小，是由稳定平衡点和临界值之间的距离决定的。当距离较大时，该系统可以吸收大量冲击；当距离较小时，一个适中的扰动也会推动性能超出边缘。第三，两个平衡点之间的距离是功能需求的稳态函数。

杭州哲信信息技术有限公司在研究期间曾出现一段绩效下降期，其中的主要因素是一个工作长期累积，工作压力持续增加，性能不断下降的恶性循环。一位团队成员描述为“在更短时间内用更少的资源提供更高的质量，压力越来越大——但这似乎永远都不够好”。此外，这位受访者强烈表明，是工作方式的改变导致性能下降，由于进度压力，团队放弃了软件实践中越来越多的良好要素，如文档记录有利于加快工作速度、代码检查可以明显提高质量等，但这些都必须花费时间去执行。杭州哲信信息技术有限公司的软件开发能力遭受了冲击，管理层也意识到他们正在进入一个恶性循环，立即采取相应措施并减少了对速度的重视。团队精神面貌亟须改善，这非常考验组织的管理能力，正如一位项目经理所言：“保持团队的稳定性说来容易，其实非常具有挑战性，尤其是员工很多时候并不能理解领导层的压力，就好比单身汉不能理解父亲的心情一样。只有在单身汉自己也成为一位父亲的时候，他才能真正懂得父亲在家庭中所要扛起的生活重担。”

3. 及时成功避开能力陷阱

能力陷阱源于判断偏差和工作过程的物理结构之间的相互作用（Repenning and Sterman，2002）。例如，面对进度压力，开发人员最初可能会选择更努力工作，或者延长工作时间，所有这些都是为了减少时间上的延误。这些反应是诱人的，因为会立即获得收益，而成本的耗费是巨大的、不确定的，而且很难检测。但是，虽然在短期内提高了生产率却导致了过程能力的下降。长此以往，最终员工会发现自己再进一步的努力工作，身体的疲劳程度已无法支撑工作的需求，产能下降，进度再度延误，而为了项目的如期交付又不得不迫使自己加班，造成恶性循环，在一个向下的陷阱当中螺旋侵蚀软件开发过程能力。

开发团队受困于产能下降和需求增长的恶性循环中，以及其产品开发能力衰退等一系列动态问题——适应陷阱。从以往的失败项目中可以发现，大多数项目最终没有及时交付的原因在于需求控制出现了问题。因此，为使公司避开能力陷阱，防止能力衰退，杭州哲信信息技术有限公司应设立一套适合自身的行之有效的控制制度，从源头上就控制需求变更尽可能不要太频繁，最有效的方法就是一次做好，尽量做到没有改进的余地。为了避免不必要的返工修改所造成的成本增加、进度延期及潜在风险，杭州哲信信息技术有限公司确立的最佳开发管理惯例是——“明确好需求再开工，达成共识的设计”，一旦开工，若策划再提出新的需求更改，开发人员将考虑添加到下一版本中；或者当玩家用户提出反馈，除非情况严重到影响用户正常使用体验，均在下一版本中做出优化；总而言之，原则上不会轻易影响该版本的进程。

如图 3-20 所示，用户或管理层要求的功能需求（水平线）的速度上升，两个平衡点将随倒 U 形曲线上移，并且两者之间的距离也缩减了。当功能需求率非常高的时候，这两个平衡点消失，系统动力学由一个向下的能力衰退螺旋控制。因此，在这个系统中的管理者面临性能和鲁棒性[①]之间的明确权衡：因为他们需要更多的功能，需要不断提高性能。然而，随着需求的增加，为使系统超过临界值所受到的冲击越来越小。这是一个普遍结果，我们认为工作压力加大最终会导致生产力下降。

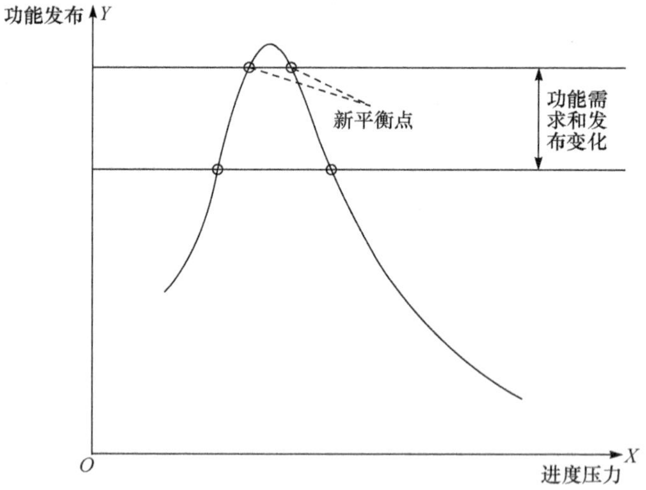

图 3-20 进度压力与生产率之间的关系示意图（b）

在软件项目管理中，笔者会发现，由于软件项目产生的进度压力是无法避免

① 鲁棒性（robustness）就是系统的健壮性，它是在异常和危险情况下系统生存的关键，是指控制系统在一定（结构、大小）的参数摄动下，维持某些性能的特性。

的，软件开发人员会由于各种问题而经常性加班。换言之，压力管理是一种常见赶工方法。对于一个项目管理者而言，首要工作便是需要了解项目组每个成员的工作水平、性格、情绪变化规律等个人情况，并在实际的任务分配中将所估计的个人压力承受阈值都考量进去，让其工作在压力曲线中（图 3-20）顶点附近的较佳状态中。优秀的管理者在实际运用中会根据施压对象的一些情况，以及项目进度等参数分配预先估计的合理任务量，然后再根据其工作任务完成情况，边观察边对施加的压力进行相应调整，以期让每一位员工都能一直保持在较佳的工作状态中。

3.4　企业能力演化研究的结论与展望

3.4.1　研究结论

以企业能力理论、能力演化理论、生命周期理论为基础，按照“资源–惯例–能力”的逻辑研究信息技术案例企业能力的动态演化本质，从企业纵向发展的角度确定了企业能力演化的基本路径。将案例研究和计算机仿真相结合，从时间和空间双重层面研究了能力演化的整个过程，为促进一般企业实现与外界环境适应性的持续良好互动提供理论参考，进一步拓展了能力演化的研究视角和思路，在一定程度上丰富了企业能力理论与能力演化理论。通过研究信息技术企业能力的演化，主要得到如下结论。

（1）信息技术能力、资本运作能力、管理决策能力均对企业竞争优势有积极显著影响。基于对案例企业的纵向研究分析，可以发现，杭州哲信信息技术有限公司在创业初期利用创始团队的技术资本、金融资本、人力资本、社会资本等迅速建立了信息技术能力，集合自身优势及资源开始自主研发游戏道路。在由浙江金科文化产业股份有限公司收购之后，杭州哲信信息技术有限公司得到母公司的资本支持，依靠强大的资本力量开展了一系列资本方面的大动作，在市场上实现突围。事实上，对于像杭州哲信信息技术有限公司这样的创业企业而言，资本能力在成长初期是最亟须也是最重要的，基本上公司若想继续发展下去，都需要资本能力作为后方支援助推企业前进，类似的情况不胜枚举。而发展至成熟期，企业信息技术能力得到充分锻炼，资本运作能力日渐成熟，此时领导层的管理决策能力的作用便突显出来，因为高层制定的战略方向直接指明了企业的未来发展蓝图，也决定了企业竞争优势的可持续性。因而杭州哲信信息技术有限公司紧抓 IP 红利时代，将企业战略转向朝着产品精品化、运营长线化、市场细分化的发展路线，成功完成三级跳，由移动游戏服务商发展成为知名大 IP 运营方。

（2）企业能力遵循随环境适应性演进规律及“企业资源→组织惯例→能力→

核心能力”的演进路径。在日益激烈的全球市场竞争局面下，企业不再仅依靠对异质性资源的占有和利用来获取竞争优势,更重要的是培养和提升企业自身能力。转型经济背景下多种复杂环境要素的变化对企业能力的演进提出了更高的要求。随着信息技术的不断创新、互联网的高速发展，以及经济全球化的迅猛扩张，企业外部环境日趋动态复杂，企业固有能力的生命周期出现缩短现象，企业生存发展受到威胁。对于企业而言，只有找到一条能够适应于当前企业所处环境的能力演进路径，才能获得可持续的竞争优势。企业能力的动态演化是企业不断改变自身系统结构、保持与环境之间高度适应性的重要过程。为了同其他同类企业建立竞争合作关系中具备一定的优势，能力形成之初是企业获取并有效利用最富价值的稀缺资源。企业的初始能力源于历史经验和组织学习，根据当前企业实际运营情况择优复用，这也就是创新能力演化轨迹的起点。借鉴演化经济学理论，能力演化的本质是对企业外部环境的适应性，在现有基础之上，根据外部环境变化和内部情况的变化，通过惯例遗传、搜寻、选择、复制、修正和创新对企业内、外部资源进行重新配置、整合、发展，及时地改变自己的内在结构，以适应客观发展的需要，从时间和空间层面保持与环境的相对适应性。

（3）企业在不同生命周期阶段需要选择和培育不同能力。以生命周期视角研究企业能力更能体现能力演进的动态性，而如何掌控能力演化机理，推动能力提升，使其适应各个生命周期阶段的发展要求，这才是问题的关键所在。处于不同生命周期阶段的企业对“企业能力”的不同维度有着不同的需求。实际上，不同背景的企业对能力的需求类型有所不同，不同生命周期阶段的企业对核心能力的需求更加不同。诸如浙江金科文化产业股份有限公司面临化工业务发展瓶颈，将资本运营的重点聚焦在调整和优化资本结构、产品结构和产业结构上，转战潜力巨大的移动互联网行业，实施双主业发展战略，顺利实现企业的转型升级，这期间管理决策能力在无形之中发挥了不可小觑的影响力。作为信息技术公司，杭州哲信信息技术有限公司一开始对自身的核心能力定位就是信息技术能力。但从案例研究中可以发现，单一核心能力不足以支撑企业成长过程中的发展需求，亟须培育新的核心能力。在被浙江金科文化产业股份有限公司收购之后，杭州哲信信息技术有限公司借助母公司的力量，随着企业的发展重新培育出“战略决策能力”“资本运作能力”等多种能力，并依靠资本运作能力购并、吸纳、重组各种包括技术资源、人力资源、内容资源等有价值和难以模仿的资产，同时助力信息技术能力的发展，推动企业大跨越发展。

（4）企业管理者在能力陷阱规避中具有关键性作用。现有的研究认识到，能力最终会成为责任，已有能力将管理者的注意力高度集中于一组有限的线索，可能使他们没有察觉到对环境的破坏性变化（Tripsas，2009）。不被锁定在这些能力中的企业可能会发现它更容易发现改革的需要，调整自己朝向更富成效的方向，开发新环境所需的能力限制。类似的，一些能力配置可能更难以维持，因此更容易衰退。管理者在当前组织战略中感知和应对环境变化发挥日益重要的作用，现有能力往往与调整失败有关，就像过去的成功限定新配置的搜索并产生惯性。而战略的变化和更新必须理解企业异质性，抵抗衰退也可能是管理能力所需要的。本书基于能力动态学的实际观察结果，建立了一个较正式的仿真模型，将理论元素直接连接到管理者面临的真正挑战，模型提供的系统动态特性将动态系统认知的实验研究结果映射到实际的组织实践中。基于案例数据的正式模型有助于捕捉技术设置的重要特征是如何与管理认知相互作用，并学习建立一些与战略相关的机制，如临界值和能力陷阱。伴随组织年龄增长，既有组织惯性存在的固有不确定性容易使得高层管理者错失对机会和威胁的及时感知，对企业能力现状的判断失误，因而导致企业迷失能力重构的方向，陷入能力陷阱，错过企业转型最佳时机。因此在环境高速动荡时，管理者在对能力的创新、重构与存续中担当重大责任。

3.4.2　局限性和未来展望

虽然取得了一定的理论进展，也能在实践上为企业提供一定的参考价值，但不可否认的是，本章也存在不足之处，需要进一步完善。

首先，本章的案例研究方法以纵向案例研究为主，缺乏比较性差异分析，不能提出更加独特和全面的结论。相对于大样本的案例研究方法，单个的探索式案例研究依旧拥有一定的局限性。例如，杭州哲信信息技术有限公司属于高科技信息企业，而不同行业、不同性质的企业在资源获取、能力需要等各方面都存在明显差异，这代表其他企业并不一定同样遵循本书研究的能力演化路径。所以，在研究过程中需要注重差别复制，归纳出不同行业、不同区域和不同性质企业的案例特征，从而以分类视角总结案例的规律性原理。

其次，根据共演思想，组织绩效依靠的是各组织要素之间的互为补充、相互依赖性和动量共存。因而在研究设计时必须考虑到在复杂动态环境中，一旦企业的能力发生变动，必定还会引发包括战略制定、组织结构、管理系统、组织文化等要素在内的一系列变动，所谓“牵一发而动全身”。未来仍需进一步考察企业能力与企业绩效或者竞争优势之间的关系，从而为如何提升企业环境适应性提供有效操作建议。

最后，本章所建立的系统动力学模型可以作为一个工具帮助项目管理者进行模拟仿真，辅助决策。通过使用动态建模，将实际观察到的结构和因果机制安排到一个内部一致模型来捕获所观察到的管理者行为，使研究结果更有条理。但是所设计的模型是非常简单的，不包括潜在的相关因素，如开发资源的变化、进度修改、功能取消、产品架构，以及市场对质量和时效性的反应，需要更详细的模型来提供操作建议。另外，本书还局限于单一能力-软件开发能力，若能识别能够在不同的环境中削弱不同能力的关键动态，则可以产生一个具备理论和管理双重结果的有效研究项目。

对于本书的不完善方面，未来研究中需要进一步拓展和改进的工作总结归纳如下。

（1）需以分类研究为基本出发点探究能力的演化机理。本书以杭州哲信信息技术有限公司作为案例研究对象存在一定的局限性，其仅能在一定程度上代表信息技术企业从早期创立到艰难成长，再到快速发展的历程，并无法全面涵盖其他一般企业在能力演化过程中的内在机理。因此，在未来需要对企业进行细分，对不同区域、不同性质、不同行业的企业分别展开研究和比较分析。

（2）继续坚持以生命周期视角探寻企业能力演化过程。基于生命周期视角对企业能力演化机制的研究更能突出体现能力演化的动态性特征。尽管在具体研究中会遇到很多困难，如仅靠简单的访谈是无法获得许多关键性碎片证据以满足追溯企业历史行为的需要。但只要继续坚持以生命周期的演进路线进行系统性探索，必定有助于揭示企业潜在的机理性问题，还原事物发展的本质，提升结论可靠性。

（3）重视管理者在企业能力发展过程中所发挥的作用。传统能力研究多倾向于在组织层面为竞争优势的获取寻找理论与实证支持，却容易忽视有关高层管理者个体层面的效应。现实中，组织管理者在组织能力的培养与构建中往往发挥着关键性作用。要想全面完整地回答能力从何而来，以及如何构建和演化等有关基本问题，就必须拓展到微观视角，深入探寻个体层面的认知和行为等因素及其同组织层面的影响和传导机制。

第 4 章 基于管理认知的动态能力微观基础研究

4.1 管理认知微观基础的概念框架

4.1.1 研究概念框图

笔者对动态能力微观认知基础的探究依托于 Teece（2007）关于动态能力的三维度（感知能力、把握能力和重构能力）分析框架。在机会和威胁完全具体化之前及时地感知并准确地识别到它们，是动态能力和高层管理者行为的重要组成部分（Denrell et al.，2003）。高层管理者在上述过程中也可能创造出新的机会（Alvarez and Barney，2007）。因此，动态能力的机会感知部分应该包括警觉和发现的过程（Gaglio and Katz，2001）。

高层管理者出色的语言运用与日常沟通风格，以及他们在特殊时期关于组织愿景的交流方式，在员工激励及促进企业成长等方面都有着重要的作用（Baum et al.，1998）。因此，借鉴认知科学的研究，Shaw 等（1998）建议管理者训练语言与沟通技能，以作为新的决策推行或战略变革的组织动员与激励手段之一。动态能力的实现很大程度上依赖高层管理者对组织中其他成员的感染与说服能力，语言与沟通很可能作为微观认知基础支撑动态能力的构建与培养。

Teece（2007）使用了“重构”一词来描述第三个方面的动态能力，在组织层面，重构能力表现为组织资产的配置与重构。通过资产的整合、重组和重构，战略资产的配置贯穿于整个组织。这种协调配置对于在变化环境中实现组织资产的战略适应是必要的，也是获得持续竞争优势的影响因素之一（Zajac et al.，2000；Peteraf et al.，2013）。很难想象整个组织层面的战略资产的协调与适应，是没有高层管理者的参与的。高层管理者在克服组织阻力、寻求战略变革与适应的过程中扮演一定的角色。作为一个较为普遍的管理问题，变革阻力来自不同的方面，比如组织内僵化的认知结构等。在企业高层管理者的个体层面，这种重构能力多表现为管理者意识与能力的建构与更新，而这个过程必然与管理者对事物的理解与认知是分不开的。因此不论是企业层面还是个体层面的“重构”，都同管理者的认知结构是分不开的。

笔者在文献研究及对华为技术有限公司创始人任正非的有关分析研究的基础上，借鉴国内外学者的有关观点，认为动态能力至少引出以下三个方面的管理认知：知觉与注意、语言与沟通、概念隐喻，如图 4-1 所示。

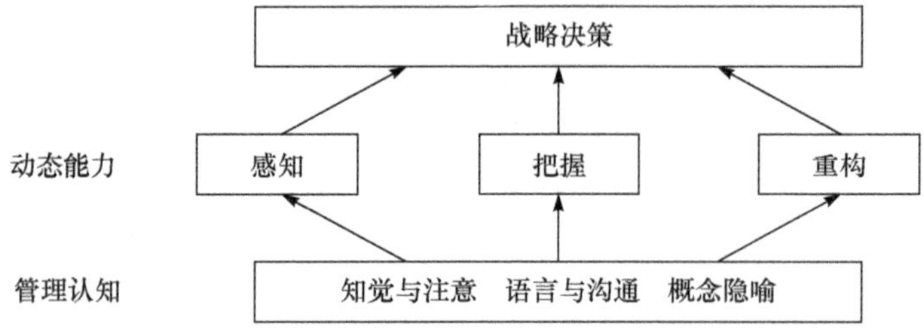

图 4-1　概念框图

4.1.2　知觉与注意

APA《心理词汇》中将知觉定义为“由外部世界的事件（或事物）所产生的组织信息”的心智活动或过程。在心理学中，知觉区别于感觉，它是一种人的主观经验或感受器受刺激时产生的感觉。Gazzaniga 等（2010）指出，感觉的本质是察觉，而知觉的本质是一种特定环境下对有价值和有意义的信息的解释。知觉涉及一系列与信息识别和解释有关的心智功能。现有的知识、期望和信念指导知觉性的心智活动，人类大脑将环境中的知觉信息同知识、信念和期待结合起来以进行合理的猜想。

注意是与知觉密切联系的一种心智活动，APA《心理词汇》中将其定义为“一种专注于可利用的知觉信息集合的意识状态”。注意对于知觉是很重要的，通过对特定信息的关注，注意决定了何种刺激会被识别和认定（Kosslyn and Rosenberg，2006）。Posner 和 Rothbart（2007）提出了注意的三点突出功能：定向感知活动、为专注的（有意识的）过程检索信号，以及保持警惕或警觉的状态。另外实践和训练能够提供一种依赖资源，进而提高注意的能力。

选择性注意是指我们通常把注意集中于一项工作或者事件而不是许多。知觉是容量有限的加工过程，它只能处理一部分信息，选择性注意只允许那些与任务相关或认为更加重要的信息或刺激进入知觉过程（Lavie et al.，2012）。在大多时刻，人们的注意仅仅覆盖了进入知觉系统中的一小部分。人不是新异刺激或信息的奴隶，而是把有限的注意有选择性地分配到重要刺激或信息上（Roberts，2004）。因此，将注意视为一种资源或能量便成了新的注意理论的基础，以此为契机，选择性注意的研究得到了进一步拓展（陈栩茜和张积家，2003）。

知觉活动、注意资源的分配、选择性注意表现等在行为人的认知结构中都扮演着重要的角色。无论是准确感知、识别内外部的机会或威胁，还是基于环境反馈的机会创造，对于企业高层管理者来说都是非常重要的。知觉和注意性的认知很可能提供了动态能力的某种微观基础。

4.1.3　语言与沟通

心理学关于语言并没有一个被普遍认可的定义。这个构念多被用以表示“任何一个表达与交流想法的系统”（Whishaw and Kolb，2009）。然而，《牛津心理学词典》通常会区分“语言”和“非言语沟通”，笔者此处也采取这种方法。《牛津心理学词典》将语言定义为“一种交际声音及书面符号化（即使有时不必要）的常规系统”，它实现三种专业的功能：表达沟通者的生理、情绪，或认知状态；释放能够引起其他个体回应的信号；描述一种概念、想法或事件的外部状态等（Helfat and Peteraf，2015）。相反，“非言语沟通”指除言语外的任何沟通形式，包括副语言（如演讲的非言语方面）、表情与目光、肢体动作等（Colman，2006）。非言语行为（如面部表情和手势）也能表达一系列的信息，包括意见、价值、认知状态（如理解或困惑）、身体状态（如疲劳）及情绪等。人们能够利用非言语行为来替代或补充言语沟通，非言语行为的变化伴随一种连续的可控性。

当前语言研究的一个总趋势是认知研究，认知语言学的发展使得越来越多的学者开始接受语言是一种认知（心智）现象的观点。其实 20 世纪最伟大的语言学家之一诺姆·乔姆斯基，在 19 世纪 50 年代就提出了要从认知角度研究语言的观点，70 年代后期许多学者逐步接受了他的这一观点，认为语言存在于人们的头脑里，应该从认知视角加以研究（张炼强，2007）。语言和言语活动是人的认知思维的载体之一，管理者的语言与沟通就是其心智和认知的显性表达之一。

4.1.4　概念隐喻

概念是人们进行抽象思维的基本元素，人们的推理、想象等心理活动必须通过借助于对概念的加工而进行。概念的隐喻化一直是概念研究领域中的重要问题。针对隐喻现象的解释，传统的语义理论局限于仅从语言运用的角度看待隐喻。认莱考夫和约翰逊认为隐喻不是简单的语言（修辞）现象，而是人类心智发展的结果，是人类用其某一领域的经验来说明或理解另一类领域的经验的一种认知（Lakoff and Johnson，1980）。现代认知理论的出现使研究者开始从认知机制对隐喻现象进行分析，在第二代认知科学——具身认知兴起的背景下，概念隐喻的观点得以提出并有了较大的发展（殷融等，2013）。

Lakoff 和 Johnson（1980）指出，所谓概念隐喻，是指一个认知域（称“源域”，sourec domain）中的概念系统地用于对另外一个认知域（称“目标域”，target domain）中的概念进行表达，这种表达又被视为一种映射。他们还进一步指出，隐喻中的源域概念通常是容易理解的有形的具体概念（如空间、动作、温度等），而目标域概念往往是较难理解的无形的抽象概念（如感受、社会关系、道德等）。个体间对同一概念的不同隐喻表达可能代表着其认知结构的差异。例如，“商业竞争如战争”和“商业竞争如游戏”两个简单的概念隐喻，目标域皆为“商业竞争”，源域分别是“战争”和“游戏”，二者的隐喻表达显示出对商业竞争的不同认知。

著名管理学家摩根认为，只要我们试图用一种经验去理解另一种经验，那么我们就是在使用隐喻（武亚军等，2010）。在企业管理实践中，面对来自内外部的各种复杂的问题和事物（有些甚至难以进行简单的认识和理解），高层管理者对与之相关的信息或刺激的认知和解释能力将直接影响到其对可能产生的机会与威胁的识别和把握；并且关于资源与能力的整合、重构行为，更是同管理者对相关问题、事物的理解及表征是分不开的。概念隐喻其实就是用一类事物来理解另一类事物，或者用一个概念来理解另一个概念，它使人们能够通过更加具体化的结构和范畴实现对不同事物或概念间的相似特征的认知，所以概念隐喻也为管理者提供了理解事物和现象本质特征的更加具体化的途径。因此，可以认为，高层管理者概念隐喻类的管理认知很可能提供了其动态能力的某种微观基础。

4.2 华为技术有限公司与任正非案例的研究设计

4.2.1 任正非案例选择依据

笔者选择了中国优秀的企业家和企业管理者——华为技术有限公司（下简称华为公司）总裁任正非为标本进行案例研究，依据主要有以下三点。

首先，研究主题的特殊性。如前文理论研究部分所阐述，笔者的研究核心定位于管理认知与动态能力的微观基础问题，并且是着力于个人层面，即高层管理者个体。而知觉与注意、问题解决与推理、语言与沟通等方面的管理认知，由于其在概念和呈现上的特殊性，高层管理者的广泛而有代表性的讲话资料，成为笔者比较合适而又重要的研究素材来源。

其次，任正非个人及华为公司的典型性。在 30 多年的时间里，华为公司已经成长为世界通信设备领域的领先企业，并且其发展过程中在创业创新、国际化及人力资源管理等多方面的举措和表现都极具代表性，并成为国内企业竞相效仿和学习的典范。而从 1987 年华为公司成立开始，任正非就是华为公司的领导者和最高管理者，他在领导和管理华为公司的过程中表现出的出色的认知水平与动态管理能力，代表了中国优秀的企业高层管理者所拥有的典型素质和成功经验。

最后，研究素材获取的可行性和可靠性。任正非在管理华为公司的过程中发表过数百篇重要的正式讲话，其中如《华为的冬天》（2001 年）、《我的父亲母亲》（2001 年）、《开放、妥协与灰度》（2010 年）等讲话更是成为家喻户晓的名篇，这些资料为我们分析任正非的管理哲学、认知特点及华为公司的发展情况提供了珍贵的素材。而且任正非这些讲话原文通常会刊发在华为公司的内部刊物（如《华为人》《华为文摘》等）或其他期刊中，这保证了笔者研究素材获取的可行性和真实性。

因此，关于任正非的动态能力及与之相关的管理认知，有着大量的基础资料和研究素材可供我们分析和探究，并为高效度的理论验证与概括提供基础。综合以上几点所述，笔者认为选择任正非作为研究标本是合适的。

4.2.2　素材收集与视角选择

笔者在广泛搜集华为公司有关资料的基础上，通过三种途径收集了任正非在1994～2015 年的主要讲话作为管理认知和动态能力分析的基本素材，并通过相互比对与印证对其真实性进行了核实。这三种资料来源分别是：刊登在华为公司内部刊物中的任正非讲话；发表于期刊的任正非讲话资料；网站中发表或转载的任正非讲话。另外，笔者还从以下三个方面搜集了大量的其他研究参考资料，它们包括：《华为基本法》，这是华为公司的管理大纲，其起草历时三年，八易其稿，推出后成为众多企业效仿的标杆，是研究任正非和华为公司管理哲学与方法的重要素材；华为公司的管理顾问或前中高层管理者关于任正非和华为公司的论著（周留征，2015；周君藏，2011；黄卫伟等，2014）；学界对任正非和华为公司的研究与观察（武亚军，2013；张继辰和文丽颜，2012）。这样一方面可以提高案例研究素材的丰富性和准确性，另一方面也便于进行多方印证或比对，提高资料分析的可靠性和可信度。

企业管理者面临的管理问题可以简单地分为管人和管事两种，而归根结底，企业所有的事情或战略决策等都需要靠人去执行和完成。企业的核心竞争力本质上来自人，能否做好“人的管理”关系到企业的持续发展的生存问题，已成为现代企业高层管理者所面临的最为重要的管理命题之一。“当把 15 万知识型人才聚集在一起的时候，你才会深切地意识到，尽管技术很重要，资本很重要，但更重要的还是人的管理。”（黄卫伟等，2014）“华为公司的人力资源管理体系有力地支撑了其快速发展，按照任正非的说法就是‘贡献很大’。”（周留征，2015）而管好人又绝非易事，任正非关于“华为人”的管理哲学和方法在中国一直备受学习和赞誉，并且笔者通过主题筛选发现，任正非的讲话文章中有 68 篇是直接针对干部管理、人才选拔与培养、人员要求等问题的，并且贯穿于华为公司的每一个发展阶段。华为公司以奋斗者为本的核心价值观是人本主义的体现，也说明“华为人”这一角色在任正非的管理认知体系中的重要地位。因此，笔者选择以“人的管理”为案例的主要研究视角，通过对任正非的重要内部讲话资料的分析，来分析探究任正非的管理认知和动态能力问题。

从发展阶段看，华为公司从 1987 年创立至今，经过了一次创业（1987～1997

年），二次创业（1998～2004 年）和国际化全面发展（2005 年至今）三个阶段。其中后两个阶段是华为公司发展壮大并实现国际化全面发展的重要时期，同时也是其历经“华为的冬天”，并着力改变而实现高速成长与盈利，再次回到“上升通道”的关键时期。该时期的一系列管理决策和方针对华为公司的成长至关重要，其管理经验也特别值得重点研究（周君藏，2011）。这期间任正非的管理思想和认知水平也不断成熟和深入。因此，笔者将针对任正非在华为公司二次创业和国际化全面发展两个时期的讲话和资料进行重点分析。

在时间和主题筛选基础上，根据“人的管理”这一视角及研究内容要求，考虑讲话的篇幅、针对性等因素，从其 136 篇内部讲话中筛选了其中的 15 篇进行重点分析，探究任正非的管理认知和动态能力问题，具体篇目如表 4-1 所示。

表 4-1 重点分析的任正非讲话篇目

发展阶段	标题	发表年份
华为一次创业阶段（1987～1997 年）	《再论反骄破满，在思想上艰苦奋斗——在市场庆功及科研成果表彰大会上的讲话》	1996
	《悼念杨琳》	1997
华为二次创业阶段（1998～2004 年）	《华为的红旗到底能打多久》	1998
	《不做昙花一现的英雄》	1998
	《与身处逆境的员工对话录》	2000
	《为什么要自我批判》	2000
	《华为的冬天》	2001
	《我的父亲母亲》	2001
华为国际化全面发展阶段（2005 年至今）	《天道酬勤》	2006
	《让一线直接呼唤炮火——销服体系奋斗颁奖大会上的讲话》	2009
	《开放、妥协与灰度》	2009
	《一江春水向东流——为轮值 CEO 鸣锣开道》	2011
	《在片联开工会上的讲话》	2013
	《为什么我们今天还要向“蓝血十杰”学习》	2014
	《在达沃斯论坛发言实录》	2015

4.2.3 认知地图与因果图分析法

笔者采用认知地图和因果图的具体分析方法进行案例分析，探究任正非的管理认知和动态能力微观基础问题。

首先根据文本素材的分析研究，以“人的管理”为视角，绘制任正非的认知地图，为后续进一步基于管理认知探究任正非的动态能力微观基础做下铺垫。认知地图是指研究者对特定主体在一个特定背景下关于特定事物的一系列代表性言论的图形呈现，它可以用自然逻辑、图式化、表征等加以刻画（Cossette and Audet，1992）。自然逻辑是指主体针对某些现象或事物，使用个人的日常语言，以及他人能够理解的话语所进行的具有一定逻辑性的叙述和阐释。而所谓图式化是主体所采取的一系列的认知或发表行为。主体的言论是对某些特定概念、意义或现象的构建，其根据有关自然逻辑的原则所组织并发表就是一种表征。学者基于源于主体图式化机制的有关信息资料绘制地图，以这种地图对在特定情境下分析主体关于客体的认识和言论的认知结构来进行一定的表征。通常认为，认知地图的绘制包括以下四个主要步骤（Cossette and Audet，1992）：根据主题选择材料，用于进行认知地图分析；对资料进行转换，变成认知地图中可以表示的概念或变量；用“箭头”等表示概念或变量之间的关系；将概念和关系呈现在一张地图上。

要探究任正非动态能力的微观基础问题，更清晰、更有逻辑性地分析案例资料至关重要。笔者在任正非认知地图分析的基础上，仿照 Eggers 和 Kaplan（2009）的方法归纳绘制出任正非的管理认知、动态能力和战略决策间的因果图。以深入分析各类型的管理认知及其对动态能力微观基础的支撑作用。由于是单案例研究，在每一个因果图中，保留每个语句的主要信息，有助于利用案例事实进行进一步的分析。

4.3　华为公司与任正非案例的认知地图与因果分析

4.3.1　任正非与华为公司基本情况介绍

从 1987 年华为公司成立开始，任正非就一直是它的领导者和最高管理者。在华为历程中一系列的组织调整或战略决策变革中，扮演着最为重要角色的高层管理者无疑就是任正非。可以说，任正非个人的认知与动态能力对华为公司组织层面的认知与能力的构建与形成起着不可忽视的重要作用。下文将对任正非与华为公司的基本情况进行简单介绍。

任正非，华为公司的创始人、总裁。1944 年 10 月 25 日出生于贵州省镇宁县。1963 年就读于重庆建筑工程学院（现已并入重庆大学），毕业后就业于建筑工程单位。1974 年应征入伍成为基础工程兵，参与辽阳化纤总厂工程建设任务，历任技术员、工程师、副所长（技术副团级），无军衔。任正非也因工程建设中的贡献出席了 1978 年的全国科学大会和 1982 年的中共第十二次全国代表大会。1987 年，任正非集资 21 000 元人民币创立华为公司，1988 年任华为公司总裁。2003

年，任正非荣膺网民评选的“2003年中国IT十大上升人物”，2012年在《财富》“中国最具影响力的50位商界领袖”排行榜中排名第一位，2013年入选美国《时代》杂志全球100位最具影响力人物。田涛、吴春波在《下一个倒下的会不会是华为》一书中称“中国历来都不缺乏政治家、企业家，但从来都缺乏真正的商业思想家——在当代中国，任正非算是一个”，《时代周刊》评价任正非“是一条为了观念而战斗的硬汉”。

华为公司于1987年在中国深圳正式注册成立，总部位于中国广东省深圳市龙岗区坂田华为基地。产品主要涉及通信网络中的交换网络、传输网络、无线及有线固定接入网络和数据通信网络及无线终端产品，如今其电信网络设备、IT设备和解决方案，以及智能终端已应用于全球170多个国家和地区。华为公司的核心价值观是“成就客户，艰苦奋斗，自我批判，开放进取，至诚守信，团结合作”。发展30多年来，华为公司已从一家初始资本只有21 000元人民币的民营企业，稳健成长为年销售规模近2400亿元人民币的国际化公司。2005年，华为公司海外合同销售额首次超过国内合同销售额。2014年《财富》“世界500强”榜单中华为公司排行全球第285位。作为全球领先的信息与通信解决方案供应商，华为公司为电信运营商、企业和消费者等提供有竞争力的端到端ICT解决方案和服务。华为公司每年将销售收入的10%以上投入研发，在近15万员工中，有超过45%在从事创新、研究与开发工作。

4.3.2 管理认知视角的动态能力微观基础分析

1. 任正非的认知地图分析

笔者通过对任正非有关讲话原文及《华为基本法》等资料的研读分析，在对文本内容归纳整理的基础上，以“人的管理”为视角，绘制出任正非的认知地图，如图4-2所示。并将任正非认知地图中主要概念项的相关讲话例证列举如表4-2所示。任正非讲话中经常提到的有关干部要求和管理、员工激励、人才队伍建设等方面的问题，都不是泛泛而谈或随意涉及，背后是其内心经过长期积累形成的系统认知的支撑，很多方面甚至已写入《华为基本法》。

企业的一切活动都应当围绕价值创造性地展开，而价值靠什么创造出来？“资源是会枯竭的，唯有文化才会生生不息。一切工业产品都是人类智慧创造的。华为没有可以依存的自然资源，唯有在人的头脑中挖掘出大油田、大森林、大煤矿”。从这句任正非在许多发言中都讲过的话可以看出，在任正非的管理哲学中，企业真正具有巨大潜在价值的、能够创造价值的资源是人。“人的管理”在任正非的认知结构中占据的核心地位，这一点同华为公司核心价值观中强调的“以奋斗者为本”又是相统一的。

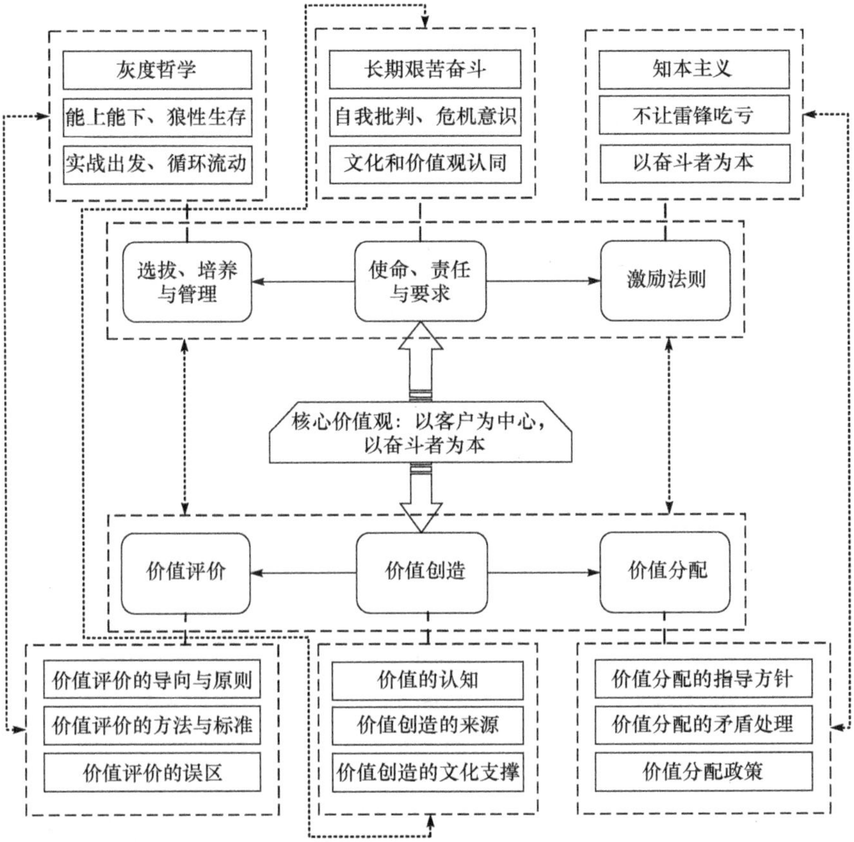

图 4-2　任正非的认知地图（“人的管理”视角）

资料来源：根据任正非的讲话等资料归纳整理

表 4-2　任正非认知地图中主要概念项的相关例证

概念项	任正非讲话例证
价值的认知	“我们十几万人聚在一起是为了把华为做成一个更有价值的公司……因此华为对公司价值的追求，只能是持续有效增长。”（《做好公司价值管理，追求公司有效增长》，2012 年）
价值创造的来源	“我们奋斗的目的，主观上是为自己，客观上为国家、为人民。但主、客观的统一确定是通过为客户服务来实现的。”（《在市场部年中大会上的讲话纪要》，2008 年）
价值创造的文化支撑	“以客户为中心，以奋斗者为本，长期艰苦奋斗，这是我们二十多年悟出的道理，是华为文化的真实。”（《干部要担负起公司价值观的传承》，2010 年）
价值评价的导向与原则	“我们要推行以正向考核为主，但要抓住关键事件逆向考事，事就是事情的事。”（《华为的冬天》，2001 年）
价值分配的指导方针	“公司的价值分配体系要向奋斗者、贡献者倾斜，给火车头加满油。”（《从哲学到实践》，2011 年）
价值分配的矛盾处理	“公司的竞争力成长与当期效益是矛盾的，员工与管理者之间是矛盾的。因此所有矛盾都要找到一个平衡点，驱动共同为之努力。”（《华为的红旗到底能打多久》，1998 年）

续表

概念项	任正非讲话例证
文化和价值观认同	“我们提拔什么样的干部？你必须认同我们的文化。”（《从泥坑里爬起来的人才有资格做接班人》，2016 年） “管理能否进步，取决于两个问题，一是核心价值观能否让我们的干部接受，二是能否自我批判。”（《华为的红旗到底能打多久》，1998 年）
自我批判、危机意识	“将军是不断从错误中总结，从自我批判中成长起来的。”（《将军如果不知道自己错在哪里，就永远不会成为将军——任正非在独联体片区的讲话纪要》，2007 年）； “十年来我天天思考的都是失败，对成功视而不见，也没有什么荣誉感、自豪感，而是危机感。”（《华为的冬天》，2001 年）
能上能下、狼性生存	“长江一浪推一浪，没有新陈代谢就没有生命，必要的淘汰是需要的。”（《持续提高人均效益，建设高绩效企业文化——在干部会议上的讲话》，2004 年）
实战出发、循环流动	“现在我们需要大量的干部，干部从哪里来？必须坚持从实践中来。”（《在实践中培养和选拔干部——任总在第二期品管圈活动汇报暨颁奖大会上的讲话》，1999 年） “干部循环和轮流不是一个短期行为，是一个长期行为……要加强这种循环流动和培训，以在螺旋中提升自己。”（《加强市场增收管理，决不能因人手不足，丢了“庄稼粮食”》，2015 年）
不让雷锋吃亏	“我们决不让雷锋吃亏，奉献者定当得到合理的回报。”（《华为的红旗到底能打多久》，1998 年）

资料来源：根据任正非的讲话资料归纳整理

“以奋斗者为本”在任正非的认知地图中占据着中心地位，是他认知结构中多方面问题的最根本的着力点和出发点。而关于干部的使命、责任与要求，任正非强调要“长期艰苦奋斗”，要“必须认同企业的文化和价值观”“坚持自我批判”“惶者生存”；关于人员的选拔、培养与管理，他要求要注重实践，“能上能下、狼性生存”，“循环流动”，要懂得“灰度管理”；关于员工激励，他又主张进行多种激励，实行“知本主义”，要“不让雷锋吃亏”，“向奋斗者倾斜”。通过分析我们发现，任正非这些方面的认知又是同华为公司人力资源体系中的价值评价、价值创造、价值分配等内容是相统一的，并且互相作用与影响，可以认为后者是前者制度化、文本化的集中体现。

在此基础上，这些任正非以“人的管理”为核心的认知地图中的主要概念项，所反映出的“知觉与注意”“语言与沟通”“概念隐喻”等在任正非的认知结构中起到主导作用的管理认知，又是具体怎样支撑起其感知能力、把握能力和重构能力等动态能力的？相互之间的因果逻辑是怎样的？下文将应用因果图的方法来进行更为深入具体的分析。

2. 任正非感知能力的微观认知基础——知觉与注意

Teece（2007）关于动态能力三维分析框架（“感知能力”“把握能力”“重构能力”）中感知能力主要是指对组织内部和外部环境中的机会和威胁能够及时地感受和识别的能力。任正非在华为公司的管理实践中就显示出这种出色的感知能力，主要表现如下：第一，任正非总是能够及时且恰当地发现华为公司内部潜在的多方面的问题、挑战和风险，如华为公司的二次创业（1998 年开始）初期任正非逐渐认识到华为公司的人力资源管理体系实际上还是一种简单的赏罚体系，特征是机会主义、人为因素和不确定性。随着华为公司的成长他又感受到不能“从实践中来”成为干部的选拔和配备工作的突出问题。而在 2000 年初他又逐渐感知到华为公司“工号文化”（工号能表明其拥有者的身份、工作年限、职务等信息）所带来的各种弊端，比如削弱内部公平感，造成“以号为尊”的不良文化氛围，影响员工奋斗积极性等。第二，任正非总是能及早准确地感知发现市场的变化，持续地对生存环境做出恰当判断，如 2000 年互联网泡沫的破灭让他提前感知到未来几年华为公司可能面临的艰难。第三，任正非始终保持强烈自我批判意识和危机意识，并一直告诫干部和员工这样做。任正非认识到干部员工内心缺乏自我批判精神的问题，发表《为什么要自我批判》的讲话，称“华为还是一个年轻的公司，尽管充满了活力和激情，但也充塞着幼稚和自傲”。他在《华为的冬天》的讲话中称“在这信息万变的信息社会，唯有惶者才能生存”。可以说，任正非始终在思考，在华为公司，员工的危机意识是否那么强烈？是否传递到基层。从他的所有讲话中可以看出，自我批判和危机意识是他一以贯之的思想，也是他论述最多的主题（周留征，2015）。

出色的感知能力直接影响到任正非关于战略决策的变革与制定，如他让华为公司引进著名的英国国家职业资格（National Vocational Qualification，NVQ）任职资格标准体系（1997 年开始），更加科学规范地对干部和员工的任职资格、行为进行评价和考核；号召正职以上干部集体辞职再竞聘，瓦解“工号文化”，解决创业期的一些干部管理水平低下的问题（2008 年左右完成），“让最明白的人、最有能力的人来承担最大的责任”；推行轮岗制度来提高干部员工的实践经验与能力，贯彻“实战出发，循环流动”的选人用人思想等。

那么，支撑任正非这些感知维度动态能力的微观认知基础是怎样的？受限于方案设计的针对性、研究设备的有限性及案例对象的特殊性，笔者目前还无法运用实验心理学的工具和方法对任正非的心智活动和过程进行具体地探究分析。然而我们可以通过对其讲话原文、访谈资料等的研读，去理解观察任正非的知觉和注意性认知，并发现后者同感知能力间的逻辑联系和影响机制。

任正非在管理实践中所面临的冗杂繁复的问题决定了他知觉系统接收到的信息或刺激也是复杂而丰富的。根据前文理论研究部分所述，注意是与知觉密切联系的，而注意资源是有限的，选择性注意只允许那些与任务相关或自认为更有价值的信息或刺激进入知觉的加工过程。任正非的认知结构中选择性注意的表现是十分凸显的。在有关“人的管理”的认知过程中，他将有限的注意资源有选择性更多分配到了几个方面，如干部的选拔与培养、员工文化和价值观的认同、自我批判和危机意识的灌溉传输等。因此，“从实践中来”“文化认同”“自我批判精神”“危机意识”等概念项在任正非的认知地图中占据着核心地位。从而一旦受到来自这些方面出现的异常情况的信息刺激时，他总能及早且准确地感知和识别到，并做出相应的决策反应。可以认为，知觉与选择性注意就是支撑起任正非在感知维度的动态能力的认知基础。它们之间的因果图及原始证据如图 4-3 所示。

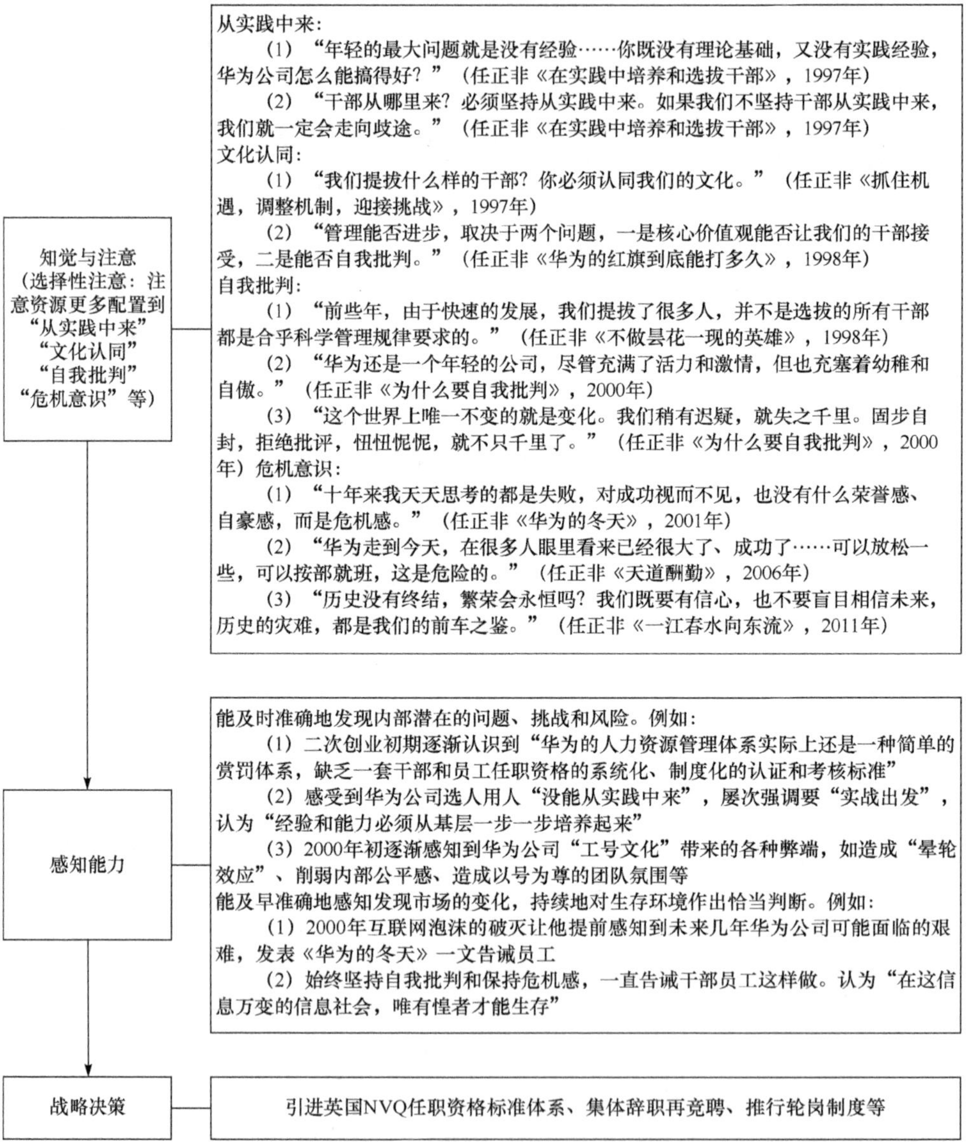

图 4-3 任正非“知觉与注意”“感知能力”“战略决策”的因果图及原始证据

资料来源：根据任正非的讲话等资料归纳整理

3. 任正非把握能力的微观认知基础——语言与沟通

曾贴身观察任正非十余年，华为公司内刊《华为人》的前主编周君藏用“没有教父气和老板气”来形容任正非（周君藏，2011）。生活中任正非并不太多接受媒体的采访，因此一直以来给外界留下的印象都是比较低调而又有些神秘。不过，通过对任正非一系列讲话原文、视频素材及他人的研究资料等的研读，笔者发现不论是在华为公司内部的众多正式讲话中，还是在跟干部员工的非正式交流中，任正非都显示出其拥有着出色的语言与沟通能力。

据前文理论研究部分所述，语言可以实现三种专业功能：表达沟通者的生理、情绪，或认知状态；释放能够引起其他个体回应的信号；描述一种概念、想法，或事件的外部状态。这些功能往往在任正非讲话和沟通过程中能够充分而有效的发挥，具体有关原始依据如图 4-4 所示。而且他的许多语言运用形象、有趣而又不失逻辑性与可信度。

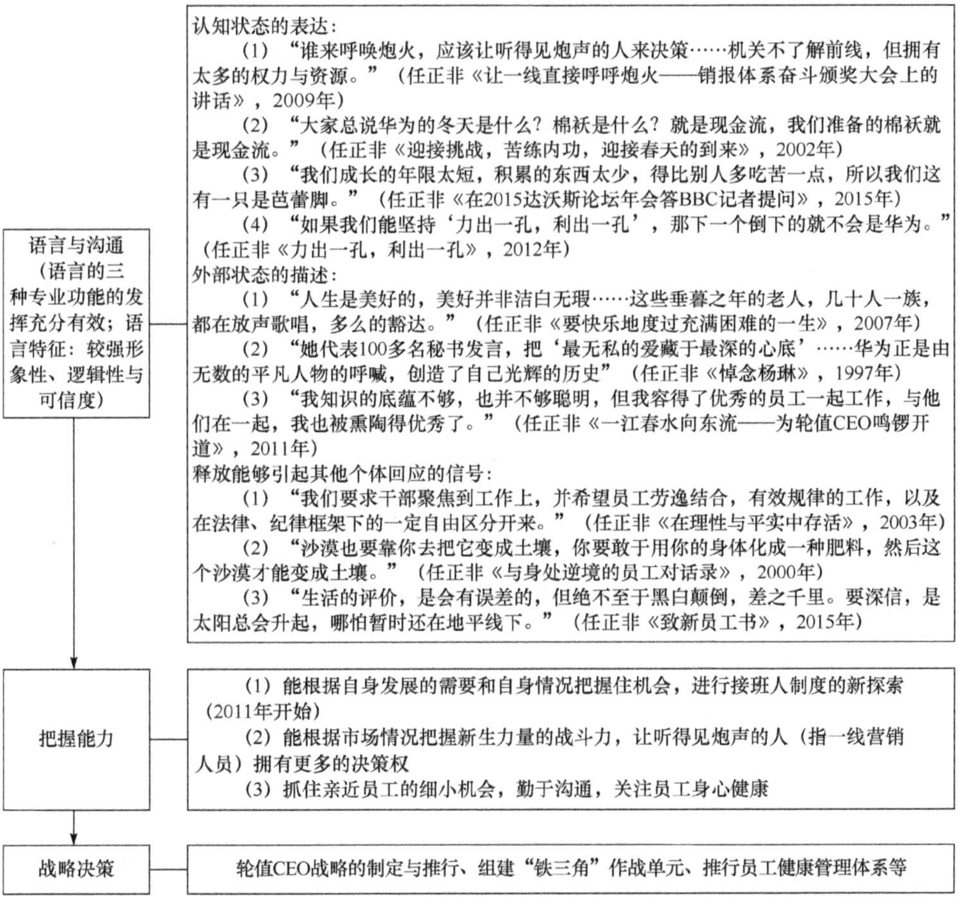

图 4-4　任正非“语言与沟通”“把握能力”“战略决策”的因果图及原始证据

语言的三种专业功能为：表达沟通者的生理、情绪，或认知状态；释放能够引起其他个体回应的信号；描述一种概念、想法，或事件的外部状态等。参见 Helfat 和 Peteraf（2015）

资料来源：根据任正非的讲话等资料归纳整理

出色的语言与沟通类认知也对任正非把握维度的动态能力起到了重要的支持作用。主要表现有以下几点：第一，在快速变化的环境中把握住机会，进行接班人制度的新探索。为推进华为公司首创的轮值 CEO 制度（2011 年开始推行）的实施，任正非针对干部员工做了许多有效的沟通与解释宣导工作，并发表数篇重要的讲话（如 2011 年的《一江春水向东流——为轮值 CEO 鸣锣开道》和 2012 年的《董事会领导下的 CEO 轮值制度辨》）。第二，把握新生力量的战斗力，让听得见炮声的人（指一线营销人员）拥有更多的决策权。“谁来呼唤炮火，应该让听得见炮声的人来决策。而现在我们恰好是反过来的。机关不了解前线，但拥有太多的权力与资源。”（选自任正非 2009 年《让一线直接呼呼炮火——销服体系奋斗颁奖大会上的讲话》），在任正非的号召与要求下，华为公司建立了以客户经理、解决方案专家、交付专家组成的面向客户的“铁三角”作战单元，让一线营销人员拥有更多的决策权，以适应复杂情况下的及时决策。第三，抓住亲近员工的细小机会，勤于沟通，关注员工身心健康。

可见，语言与沟通类管理认知是把握维度的动态能力的微观基础。任正非的“语言与沟通”“把握能力”“战略决策”间的因果图及原始证据如图 4-4 所示。

4. 任正非重构能力的微观认知基础——概念隐喻

Teece（2007）关于动态能力三维分析框架（“感知能力”“把握能力”“重构能力”）中的重构能力主要是有关认知、能力，以及内部资源的整合或重新建构，而任正非在这些方面也有着突出的表现。

首先，任正非广为人知的“灰度哲学”和“冬天意志”的生成与建构。他在 2010 年《开放、妥协与灰度》一文中说：“一个领导人重要的素质是方向、节奏。他的水平就是合适的灰度。一个清楚方向，是在混沌中产生的，是从灰色中脱颖而出……并不是非白即黑、非此即彼。”其灰度哲学可以提炼出以下主要思想：不要极端，强调均衡；不要对抗，强调妥协；不要苛刻，强调宽容；不要完美，强调务实。这体现出任正非已经建构起思维和认知的系统性、均衡性与辩证性。而早在 2000 年底互联网泡沫破灭后，任正非就在《华为的冬天》讲话中告诫华为员工：“网络股的暴跌，必将对二三年后的建设预期产生影响，那时的制造业就惯性进入了收缩……没有预见，没有预防，就会冻死。那时，谁有棉衣，谁就活下来了。”前《华为人》主编周君藏曾这样形容任正非，“他所拥有的绝不仅是预见和危机感，他具备一种在任何时候总是从最严苛的生存条件出发去面对现实和思考问题的能力”（周君藏，2011）。其次，分权制衡管理模式、学习型组织的建构，都体现出任正非出色的重构能力。

笔者通过分析研究发现，概念隐喻是支撑任正非突出的重构能力的重要基础。这里列举了任正非一些比较有代表性的概念隐喻，并分析了其中的映射关系，如图 4-5 所示。可以看出在任正非的认知过程中，他分别使用了“灰度”“深淘滩”“低作堰”“听得见炮声的人”等源域的认知概念，来隐喻“思维的系统性、均衡性与辩证性”“内部多挖掘潜力”“外部多让利于客户”“一线营销人员”等目标域的认知概念，从而恰当而又巧妙地表达了对后者的认识与理解。

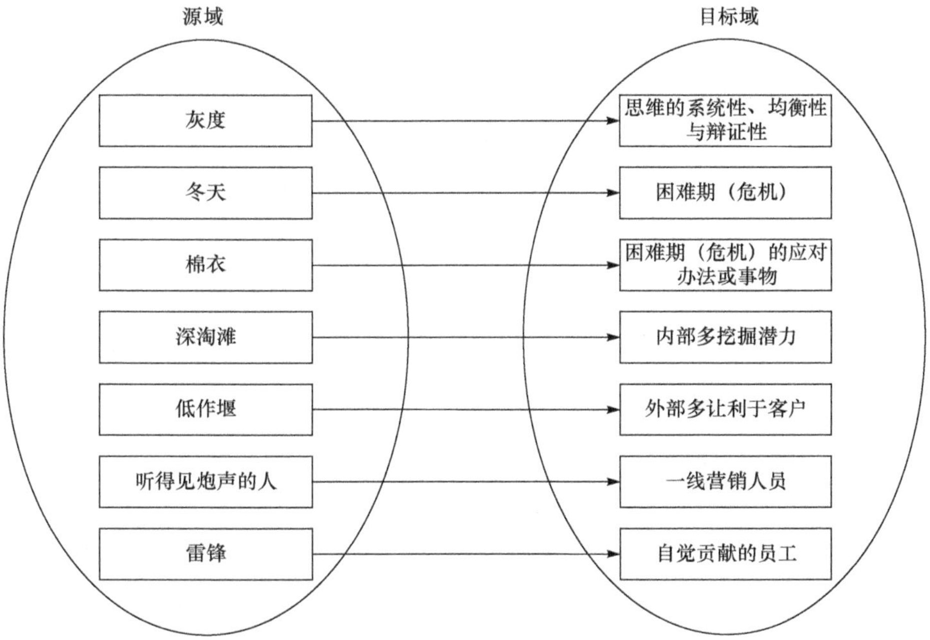

图 4-5　任正非典型概念隐喻的映射关系示例

资料来源：根据任正非的讲话内容归纳整理

任正非的这些概念隐喻类管理认知，一方面使得他在面对有关市场形势与任务、经营管理思路与模式、员工与客户的定位等多方面的问题时，能够有深入、具体地理解与认识，并且往往能够把握住事物或现象的本质，这些都对他的有关认知、能力与资源的重构能力起到重要的支持作用。另一方面，这些概念隐喻的运用也有利于干部员工理解与接受这些观点和认识，促进相关的组织调整及战略决策变革的有效实施。任正非“概念隐喻”“重构能力”“战略决策”间的因果图与原始证据如图 4-6 所示。因此可以认为，“概念隐喻”类管理认知是重构维度动态能力的微观基础。

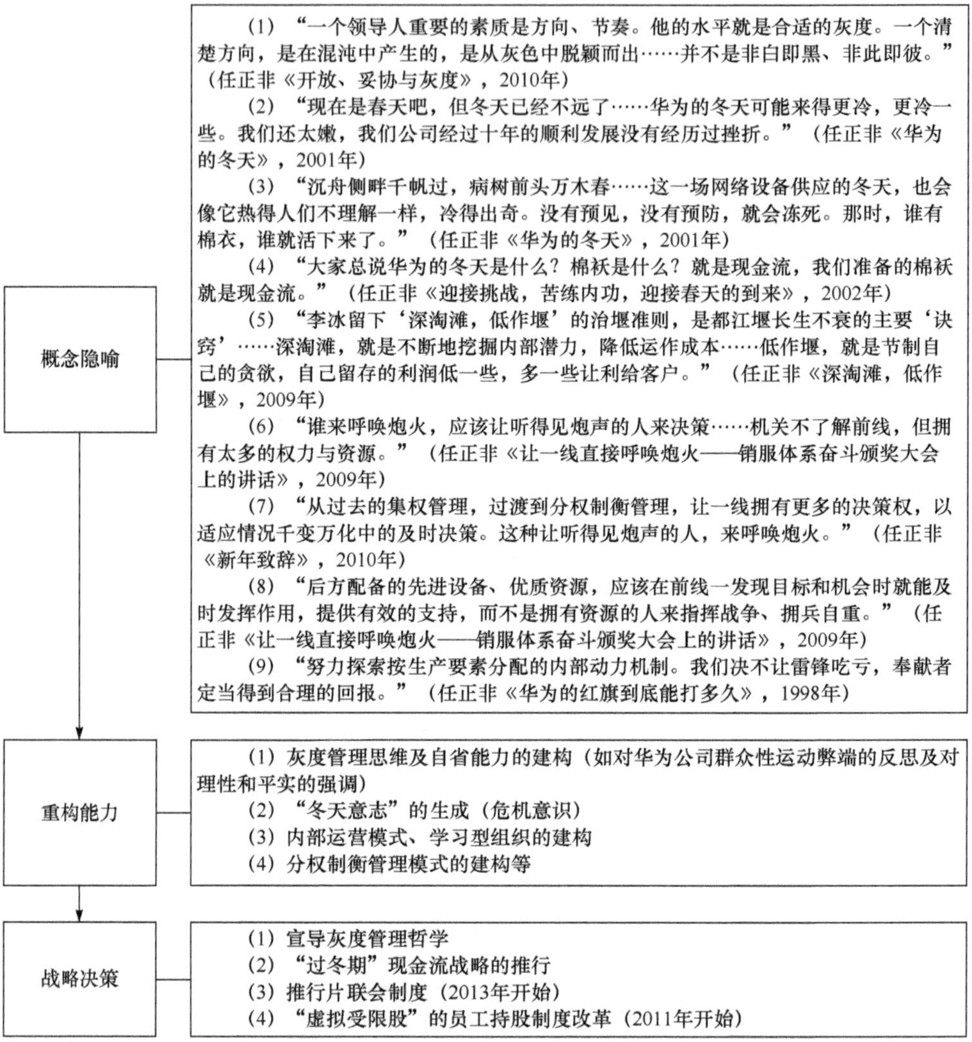

图 4-6 任正非“概念隐喻”“重构能力”“战略决策”的因果图与原始证据

资料来源：根据任正非的讲话等资料整理

至此，笔者通过以任正非为案例对象的有关深入分析，基本明确“知觉与注意”“语言与沟通”“概念隐喻”类管理认知分别作为“感知能力”“把握能力”“重构能力”的微观基础，支撑起任正非各维度的动态能力，并对有关战略决策的变革与实施产生影响。据此，笔者做出更加细化的研究概念框图，如图 4-7 所示。需要说明的是，首先，笔者只是针对动态能力微观认知基础进行的探索性理论与案例研究，而至于除了此处明确的“知觉与注意”等三种具有解释功能的管理认知之外，是否还有其他类型的管理认知支撑起动态能力的微观认知基础，笔者虽未进行探究，但对此的看法是肯定和积极的。另外，动态能力的感知、把握和重构三个维度在时间与逻辑上的联系或影响机制也有待学界的进一步深入研究和探明。

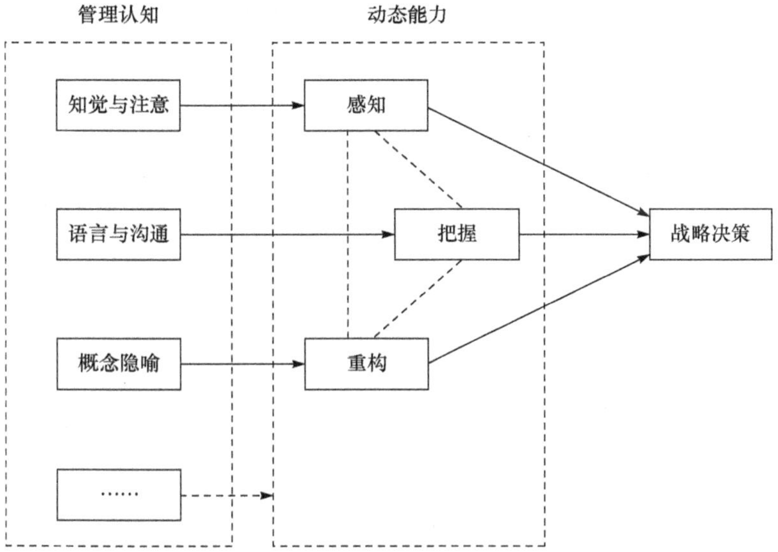

图 4-7　研究概念框图

4.4　管理认知微观基础研究的结论与展望

4.4.1　研究结论

笔者围绕高层管理者动态能力的微观认知基础这一核心问题，深入展开理论探究及案例分析和验证。研究发现，某些特定类型的管理认知分别支撑起动态能力的“感知”“把握”和“重构”维度的微观认知基础，并在一定程度上解释了后者对组织调整及战略决策的潜在影响。具体如下。

第一，“知觉与注意”类管理认知是感知维度动态能力的微观基础。知觉活动、注意资源的分配等在个体的认知结构中扮演着重要作用，并对高层管理者准确感知、识别内外部的机会或威胁，或者基于环境反馈的机会创造等方面产生重要影响。任正非的知觉活动表现突出，并且他将注意资源更多地合理配置到与“从实践中来”“文化认同”“自我批判”等相关的认知过程。可以认为，“知觉与选择性注意”是任正非感知能力的重要微观基础。

第二，“语言与沟通”类管理认知是把握维度动态能力的微观基础。无论是关于内部的组织调整、战略决策变革的掌握，还是外部机会的获取与把握，都在很大程度上依赖高层管理者对组织中其他成员的沟通与说服能力。任正非语言与沟通性认知能力表现出色，其在华为公司的管理实践过程中勤于沟通，能够充分而有效地发挥语言的三种专业功能，并具有较强的形象性、逻辑性与可信度特征。可以认为，“语言与沟通”类管理认知是任正非把握能力的重要微观基础。

第三，“概念隐喻”类管理认知是重构维度动态能力的微观基础。在高层管理者个体层面，动态能力的重构维度多表现为其根据自身和环境的需要，所进行的相关思维、认知和能力等方面的建构与更新，这个过程在很大程度上依赖管理者个体对有关概念或现象的认识和表征。概念隐喻使得管理者能够通过更加具体化的结构和范畴去认识和解释事物，以及现象的特征和本质。概念隐喻性认知对任正非的重构能力起到重要的支撑作用，它使任正非能够持续地对生存环境做出及时准确地判断，并在面对有关形势与任务、员工和客户定位等多方面问题时能够达到深入而具体地认识和解释。可以认为，“概念隐喻”类管理认知是任正非重构能力的重要微观基础。

4.4.2 局限性和未来展望

笔者的研究是依托于动态能力理论研究的旗帜性学者 Teece（2007）关于动态能力的经典分析框架。研究紧扣目前国内外学界在动态能力、组织能力等方面比较具有研究倾向性的两处学术关注：管理者个体层面，以及能力的微观认知基础。综合运用了管理学、认知语言学和认知心理学等学科的知识与分析方法，通过理论研究对特定类型的管理认知进行了区分与探讨。研究发现这些管理认知支撑起动态能力的微观基础，并以华为公司任正非为案例标本展开了进一步的分析与验证。

然而由于知识储备和学术研究能力有限，进行有关个体层面的认知研究，对于笔者来说还是有着不小的难度，且不可否认笔者存在一些局限性和不足之处。首先，笔者研究是属于探索性的理论与案例研究。在借鉴学界有关学者的观点，并通过一定程度的理论探究，以及特别针对华为公司任正非的认知和动态能力分析后，笔者提出并区分了“知觉与注意”“语言与沟通”“概念隐喻”三种类型的管理认知；而对于它们能够多大程度地在理论上解释和支撑动态能力的微观认知基础，笔者目前还并不十分清楚。其次，除了笔者明确的“知觉与注意”等三种具有解释功能的管理认知之外，是否还有其他管理认知构成动态能力的微观认知基础，笔者虽未探究但却是持肯定态度的。最后，由于笔者的案例分析特别针对华为公司任正非所展开，尽管笔者认为任正非具有较典型的高层管理者代表性，而分析结果是否能很好地适用于更加广泛的其他企业高层管理者个体，也需要更加丰富的研究和验证。

尽管如此，笔者所做的工作还是为更进一步地深入研究奠定了一定的基础。笔者认为，未来我们可以围绕以下若干问题展开更进一步的理论和实证研究：高层管理者个体层面的认知与动态能力是怎样向组织内其他层面的成员传导或产生影响的？而它们具体又是通过怎样的连接和传导机制来促成整个组织的认知与动态能力的？组织中个体层面的认知与能力同组织层面的认知与能力应该怎样形成理论上的连接和统一？

第5章 交互记忆系统与创新绩效关系研究

5.1 交互记忆系统与创新绩效的研究假设及模型建立

5.1.1 研究假设推定

1. 交互记忆系统与创新绩效

交互记忆系统对于创新绩效有着很深的影响作用。Wegner（1995）提出交互记忆系统里所涉及的基本要素都对一个群体团队的学习过程有着正向积极的作用，并正向影响群体的团队绩效。Kozlowski 和 Bell（2003）则指出交互记忆系统的局限性在于团队随着群体的壮大导致系统的运作变得缓慢、失去流畅度，并且在面临紧急任务的团队中有效的交互记忆系统会使团队的决策能力降低。Peltokorpi（2008）指出交互记忆系统在团队中的存在，使得团队成员个体在其他成员专长知识作为外部记忆的辅助作用下更加专业化，关于团队任务的专业知识也拥有了更大的容量。

交互记忆系统所拥有的特性能使企业在与其他同行企业中获得竞争优势，对企业的创新活动具有非常重要的意义（万鹏宇和王弘钰，2020）。高水平交互记忆系统的企业团队具有更强的创造力，交互记忆系统往往在企业团队发生知识老化、问题变化或技术落后等情况时产生巨大的价值作用：交互记忆系统可以提高团队成员的适应能力，同时增强企业自身对异常环境的适应能力，通过团队的沟通和协调来实现知识资产的重新配置，从而产生“新的产品和服务”。另外，学者认为交互记忆系统的专长性和协调性维度能够提高团队成员之间的沟通和协作，通过提高学习合作的效率来提高团队的绩效（王端旭和薛会娟，2013）。交互记忆系统的可信性在一定程度上能够增进团队成员之间的交流，达到信息共享的目的，从而减轻团队成员个体对各个领域知识的认知负担，提高工作效率（林筠和王蒙，2014）。在此基础上，本书提出假设1：

H1：交互记忆系统对企业的创新绩效有积极影响。

H1a：专长性对创新财务绩效和创新成长绩效有积极影响；

H1b：可信性对创新财务绩效和创新成长绩效有积极影响；

H1c：协调性对创新财务绩效和创新成长绩效有积极影响。

2. 交互记忆系统与动态能力

企业团队在完成特定任务的实践中形成了交互记忆系统，而企业团队在这个过程中对于新知识的获取、融合、创新和应用则形成了企业的动态能力（Ren and Argote，2011）。企业的动态能力包括资源整合能力、组织变革能力、环境适应能力和学习能力（Argote and Ren，2012），这些能力的来源在一定程度上是通过团队交互记忆系统的作用实现的：交互记忆系统的专长性使企业成员能够通过识别环境进行信息的获取来发现新的机会，从而能够使企业构建自身的全新知识资产（Teece，2007）；企业可以通过交互记忆系统来整合企业员工的专长知识来应对新的任务，从而实现现有知识资产的重新配置；另外，企业通过交互记忆系统来促进企业团队成员的内部联动和沟通，再对新知识进行融合、创新和应用，从而使其集成了现有的知识形成新的知识（殷群和李丹，2014）。基于上述分析，本书提出假设 2：

H2：交互记忆系统对企业的动态能力有积极的影响。

H2a：专长性对动态能力的各维度有积极影响；

H2b：可信性对动态能力的各维度有积极影响；

H2c：协调性对动态能力的各维度有积极影响。

3. 动态能力与创新绩效

在现在的新经济时代里，企业内外部的环境发生着日新月异的变化，企业想要在竞争中获得竞争优势就必须要将现有的资源进行整合、重新配置来应对这种快速的变化，从而提高企业的创新绩效。创新是一个充满不确定性的实践过程，如果企业具备了相当强的动态能力则能够快速促进企业对原有资源进行调整，使企业快速推进开展创新活动：首先，企业在快速变化的环境中发现契机来增加市场机会，在这个过程中动态能力的环境适应能力和组织变革能力能够提供支持，使企业能够有更多的创新构想；其次，企业在日常的进程中对现有各类资源进行整合的能力能够提升企业团队成员之间的内部沟通和协调能力，使在完成工作任务时进行快速有效的沟通从而提高工作效率，企业因此获得更大的效能；最后，一个团队的学习能力对创新活动有着至关重要的作用，团队成员通过学习来提高个体的组织管理能力，提高企业在创新活动中的绩效。综上，企业的动态能力对企业的创新活动有着至关重要的作用，这和动态能力所具备的特性是分不开的，动态能力在实际过程中比较复杂、不能被轻易模仿且有一定的延续性，这些特性使动态能力在企业创新绩效的获得中扮演着重要角色（刘晓静，2013）。因此，本书提出假设 3：

H3：动态能力正向影响创新绩效。

H3a：环境适应能力正向影响创新财务绩效和创新成长绩效；

H3b：组织变革能力正向影响创新财务绩效和创新成长绩效；

H3c：资源整合能力正向影响创新财务绩效和创新成长绩效；

H3d：学习能力正向影响创新财务绩效和创新成长绩效。

4. 交互记忆系统、动态能力与创新绩效

团队的交互记忆系统随着工作的磨合会进行不断地扩充和完善，使企业整合资源的能力在这个过程中不断增强，从而使企业的创新绩效得到提升。交互记忆系统不仅在稳定的环境中能够发挥作用，而且在动态环境中同样能够发挥作用，有利于组织尽快地适应新任务，促进知识分享及提高成员间的沟通质量，最终促进企业技术绩效的提高（Chen et al.，2013）。企业的动态性能力能通过资源的重新构建而提高，动态能力则通过促进创新活动的开展来提高企业创新绩效（屈晓倩和刘新梅，2016；李晓宇和陈国卿，2019）。此外，动态能力在交互记忆系统和创新财务绩效中起到中介作用，其中团队交互记忆系统专长能力和协调能力均对动态能力的各个维度都有积极的影响（黄海艳和武蓓，2016）。因此，本书提出假设 4：

H4：企业的动态能力在交互记忆系统与创新绩效的关系中起到中介作用。

H4a：动态能力在专长性与创新绩效的关系中起到中介作用；

H4b：动态能力在可信性与创新绩效的关系中起到中介作用；

H4c：动态能力在协调性与创新绩效的关系中起到中介作用。

5. 动态能力、环境动态性与创新绩效

学界一致认为企业的发展需要顺应环境的快速变化，但是对于企业的动态能力能否提高企业的创新绩效则有着不同的看法。随着动态能力的发展，部分学者发现动态能力在不同的环境条件下对企业的绩效影响也是不一样的，更有学者指出环境动态性就是影响这两者关系的因素。Powell（1996）表示环境条件能够调节组织行为对创新绩效的影响作用，因为企业的行为容易受到所处的环境变化的影响而发生变化，这种由外及里的联动性变化最终影响了企业的创新绩效。

企业的资源和能力在日常的运营进程中会产生固定的范式来指导企业内部资源的调配，而企业则可以通过资源和能力的重新配置来调整企业的核心竞争力来获得竞争优势（Chen et al.，2013）。环境动态性是企业培育动态能力的前提条件，当技术动态性较强时，动态能力在关注行业信息和技术变革等方面，通过整合、吸收和运用信息、知识资源，有效地开展技术创新活动。当市场动态性较强时，动态能力在获取客户需求、整合行业信息，以及实现组织变革等方面极其重要，使企业能够不断实施战略变革以开拓新兴市场，形成自身竞争优势，并最终强化对创新绩效的作用（何一清等，2015）。因此，无论稳定环境还是动态环境，团队认知交互促使企业适应并完成新任务，有助于提高团队成员的沟通效率，最终实现企业创新能力提升。综上所述，当环境动态性高的时候，动态能力对企业的创新绩效影响作用更加显著。因此，本书提出假设 5：

H5：环境动态性在动态能力与创新绩效的关系中起调节作用。

H5a：环境动态性正向调节动态能力对创新财务绩效的影响；

H5b：环境动态性正向调节动态能力对创新成长绩效的影响。

6. 交互记忆系统、动态能力、环境动态性与创新绩效

根据上文对于交互记忆系统、动态能力、环境动态性和创新绩效之间的关系假设 H1、H2、H3、H4、H5，笔者根据前人的总结假设了交互记忆系统对创新绩效有积极的影响（H1）、动态能力在交互记忆系统和创新绩效之间可能起中介效应的作用（H4），以及环境动态性在动态能力和创新绩效之间可能起调节的作用（H5）。那么动态能力和环境动态性的交互关系在交互记忆系统与创新绩效之间是否存在被调节的中介效应作用？因此，本书提出假设 6：

H6：动态能力和环境动态性在交互记忆系统和创新绩效之间起被调节的中介作用。

H6a：环境动态性调节交互记忆系统各维度通过动态能力影响创新财务绩效的中介作用；

H6b：环境动态性调节交互记忆系统各维度通过动态能力影响创新成长绩效的中介作用。

5.1.2　研究模型建立

根据上文的假设，建立了本书的研究模型，如图 5-1 所示。

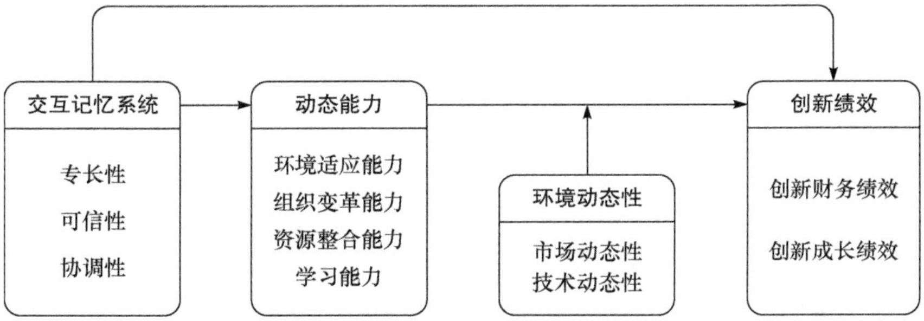

图 5-1　研究模型

5.2 实证研究方法

5.2.1 调查问卷设计

本书采用的是问卷调查的方式来收集数据，为了保证所设计问卷的有效性和可靠性，主要做了以下几点工作：①文献阅读：通过大量文献的阅读，查阅问卷设计的流程与规范之后进行问卷设计；②征求相关研究学者的意见：问卷的设计征求了导师及相关研究的研究人员的专业意见；③小范围的预测试：问卷初稿设计后将其在小范围的被调查者中进行测试，听取被调查者的填写感受及建议；④访谈高管：本书的模型经过与三位在杭州信息行业的企业高管的深入访谈，聆听了他们的实战经验，征求了他们的修改意见。

样本调查问卷分为两大部分。第一部分是答卷人及其所在企业的基本信息，第二部分是问卷的主体部分。另外，问卷采用利克特五级量表，由答卷人对问卷中 5 个变量描述进行评分，即从非常不同意到非常同意共 5 个等级。

本书调查问卷采用主观认定的自评方式，可能会存在以下两种影响问卷有效性的因素：①答卷人因对调查目的有疑虑而不愿填写；②答卷人不理解问卷上描述的问题。针对第一种情况，笔者在问卷开头就承诺“本问卷纯属用作学术研究，内容不涉及企业商业机密，所获信息也不会用于任何商业用途，请您放心且客观填写”，打消答卷人的顾虑；而对于第二种状况，笔者在问卷正式发放前已选择若干企业进行试探性发放，根据对方反馈的意见对问卷中问题的用词进行了修正，确保答卷人对问卷题项有一个良好的认知。为此对于本书设计的问卷笔者还关注了细节来保证问卷的可靠性，以及最后数据收集的有效性：通过查阅各种设计的学术问卷，在问卷设计范式上进行了规范和探索，力求达到精致与科学相结合，让被调查者能够更加自然、坦诚地对问卷上的相关问题进行回答。

5.2.2 问卷数据收集

问卷的发放方式。本书通过三种方式进行问卷的发放：①通过电子邮件发送问卷，笔者将设计好的问卷发送到杭州信息行业的人力资源部门人员的邮箱，并由这些联系人转寄至该企业的高管进行问卷的填写并反馈；②通过大型招聘会的现场高管填写，在大型招聘会上现场对相关企业的管理人员进行调研，填写问卷；③通过就业联络员的联系转介发放问卷，联系了浙江工业大学信息学院及计算机学院的就业联络员（毕业的校友），将问卷发给相关企业的员工，并由他们转发至部门管理人员进行填写反馈。问卷的回收情况如表 5-1 所示。总计发出问卷 373 份，回收 283 份，回收率为 75.87%，其中有效份数为 232 份，问卷有效率为 62.20%。

表 5-1　调查问卷发放及回收情况统计

发放方式	发出份数/份	回收份数/份	回收率/%	有效份数/份	有效率/%
人力资源转寄	138	85	61.59	77	55.80
招聘现场填写	93	93	100	65	68.89
联络员转介	142	105	73.94	90	63.38
总计	373	283	75.87	232	62.20

注：问卷回收率=回收份数/发出份数；问卷有效率=有效份数/发出份数

5.2.3　主要变量测量

对文中所涉及的自变量（交互记忆系统）、因变量（创新绩效）、中介变量（动态能力）、调节变量（环境动态性）和控制变量（企业规模、企业产权性质）这几个变量进行测量，并说明了各个变量所采用量表和题项的依据和原因。

1. 自变量

本书的自变量为交互记忆系统，学界对于交互记忆系统的维度分类较为统一，均借鉴采用 Lewis（2003）开发的量表进行测量，分三个维度：专长性、可信性和协调性，共计 15 个题项如表 5-2 所示，其中包括专长性 5 个题项，可信性 5 个题项和协调性 5 个题项。

表 5-2　交互记忆系统测量量表

维度	题号	问题项
专长性	TMS1-1	团队中的每个成员都具有项目有关方面的专业知识
	TMS1-2	我掌握项目所需但其他成员不擅长的某一方面的专长
	TMS1-3	团队的每个成员负责不同领域的专业知识和技能
	TMS1-4	每个团队成员所具有的不同领域专长知识都是完成任务所需的
	TMS1-5	我知道其他团队成员所熟悉掌握的专长领域
可信性	TMS2-1	我很乐意接受其他团队成员给我的科学性建议
	TMS2-2	我相信团队其他成员在各自专长领域上的知识和技能是值得信赖的
	TMS2-3	我相信其他成员在团队讨论中提出的信息是可靠的
	TMS2-4	当团队成员提供信息时，我会仔细检查来确认（反向题）
	TMS2-5	我不太信任其他成员所掌握专长领域的知识（反向题）

续表

维度	题号	问题项
协调性	TMS3-1	工作团队合作协调性很好
	TMS3-2	团队在工作中有比较明确的分工
	TMS3-3	团队在工作时经常会重新做一遍已经做过的工作（反向题）
	TMS3-4	团队总是能顺利而且高效地完成任务
	TMS3-5	团队对如何完成任务感到迷茫和混乱（反向题）

2. 因变量

在本书中，因变量为企业的创新绩效。学界在管理和应用经济学均有涉及创新绩效这一个问题，但是没有一个公认的评价标准。Hagedoorn 和 Cloodt（2003）用申请专利数、引用专利数和新产品的数量来测量创新绩效。国内的学者也对创新绩效研究开发了自己的指标，陶锋等（2018）采用新产品产值作为创新绩效的衡量指标；吴晓波等（2007）则从财务绩效和非财务绩效两个角度进行测量，题项分新产品的投资收益、产品市场份额、产品开发周期和客户满意度这四个部分。

学者通过企业所处的行业和样本的特征等因素综合考量选取创新绩效的度量指标，对创新绩效的评价方式也从原来的单一财务指标转向综合评价。结合 Kaplan 和 Norton（2004）提出的平衡积分卡，吴红翠（2012）采用了创新财务绩效、创新流程绩效、创新客户绩效和创新成长绩效这四个维度的测量。黄海艳和武蓓（2016）在研究交互记忆系统和创新绩效的关系时采用了其中的两个指标，即创新财务绩效和创新成长绩效。本书也将采用创新财务绩效和创新成长绩效的两个维度进行测量，量表如表 5-3 所示，其中包括创新财务绩效 4 个题项，创新成长绩效 5 个题项。

表 5-3 创新绩效测量量表

维度	题号	问题项
创新财务绩效	IP1-1	企业进行的技术创新为公司带来许多利润
	IP1-2	企业进行的技术创新提高了投资回报率
	IP1-3	企业进行的技术创新提高了企业的市场占有率
	IP1-4	企业进行的技术创新明显为企业降低了成本
创新成长绩效	IP2-1	企业进行的技术创新符合企业的长期战略
	IP2-2	企业进行的技术创新有利于新的创新的开展
	IP2-3	企业进行的技术创新提高了企业未来发展的潜力
	IP2-4	企业进行的技术创新能够提高公司竞争力
	IP2-5	企业进行的技术创新十分利于企业未来的发展

3. 中介变量

本书的中介变量为动态能力，在上文已经概述了关于动态能力维度的不同分类。本书采用的维度参考的是国内学者的动态能力维度，董保宝和李全喜（2013）将动态能力分为环境适应能力、组织变革能力、资源整合能力、学习能力和战略隔绝机制，但战略隔绝机制主要涉及企业家限制企业内员工与外界交流的规定，与本书涉及的交互记忆系统和环境动态性关联性不大,因此本书将这一维度删除。环境适应能力指企业识别并利用市场机会的能力（Hooley et al.，1992）；组织变革能力主要体现了员工的冒险精神和创新意识（Lazonick and Prencipe，2005）；资源整合能力指企业整合和重新配置企业内部资源和能力的能力；学习能力指企业学习外部信息并吸收将其运用到企业的活动中来的能力（Woiceshyn and Daellenbach，2005）。综上，动态能力测量维度分四个维度，共计 24 个题项如表 5-4 所示，其中包括环境适应能力 5 个题项，组织变革能力 7 个题项，资源整合能力 6 个题项，学习能力 6 个题项。

表 5-4　动态能力测量量表

维度	题号	问题项
环境适应能力	DC1-1	本企业对所在产业发展运行规律了解非常深入
	DC1-2	本企业能充分认识到所处环境的变化和发展趋势并制订计划以使企业提前做好应对
	DC1-3	本企业和同行、顾客、供应商等利益相关者频繁交流，能从他们那里及时获得对企业有用的信息
	DC1-4	本企业能够不断地观察市场、检查客户和竞争者并有根据市场活动配置资源的能力
	DC1-5	本企业能够根据业务发展优先性来进行企业内部系统演进
组织变革能力	DC2-1	本企业的员工非常支持员工的创新活动
	DC2-2	本企业鼓励具有创新精神的企业文化
	DC2-3	本企业对有创新能力的员工给予充分的激励和奖励
	DC2-4	本企业员工经常提出有创意的设想和主意
	DC2-5	本企业的员工敢于冒险、富有首创精神
	DC2-6	本企业建立了有效的流程、方法以促进并考核员工的革新思想
	DC2-7	企业对革新活动投入了大量的资金
资源整合能力	DC3-1	企业不断完善其自身的资源禀赋
	DC3-2	企业能够用整合的资源提升工作效率和效能
	DC3-3	企业对资源的开发和拓展很满意

续表

维度	题号	问题项
资源整合能力	DC3-4	企业利用资源完成了跨部门之间的任务
	DC3-5	企业对部门之间的资源共享很满意
	DC3-6	经过整合的资源提升了企业的整体效率和效能
学习能力	DC4-1	企业善于通过联盟、合作等形式向其他企业学习
	DC4-2	企业经常与供应商、客户等一起探讨问题的解决方案
	DC4-3	企业内部的沟通渠道畅通无阻
	DC4-4	企业实现了知识的内部共享
	DC4-5	企业能够对新知识进行加工、利用
	DC4-6	企业能够创造新的知识

4. 调节变量

本书的调节变量为环境动态性。李正卫（2005）通过 5 个变量分别测度市场需求动态性和技术发展动态性，来研究在不同环境动态性的情况下，组织学习过程各阶段对企业绩效的影响。Jansen 等（2006）将市场动态性和技术动态性放在一起测量，探索了企业的外部环境变化快慢、市场产品变化的频度和客户对产品的需求更新频度。Gilley 和 Rasheed（2000）则把市场动态性和技术动态性分开测量，技术动态性包括行业产品设计速度、行业技术转变能力和行业技术转变程度，市场动态性包括顾客需求预测、竞争者预测、顾客需求稳定度和市场本体变化程度。马文聪和朱桂龙（2011）则用了 5 个题项来测量环境动态性，分别为公司所在行业的产品变化频度、技术改进频率和创新发明频率和公司所在行业市场地位变化程度和公司所在行业消费者对产品个性化需求的程度。

本书对环境动态性的测量主要参考了 Jansen、马文聪和李正卫等学者的量表进行修改，调整为 2 个维度共 7 个题项的量表，如表 5-5 所示，其中市场动态性 4 个题项，技术动态性 3 个题项。

表 5-5 环境动态性测量量表

维度	题号	问题项
市场动态性	ED1-1	企业所处的产品市场会频繁推出新产品
	ED1-2	在企业的产品领域，顾客对产品的偏好会随着时间发生很大的转变
	ED1-3	企业所处的产品市场的竞争白热化
	ED1-4	企业所处的产品领域中的营销手段会持续变化

续表

维度	题号	问题项
技术动态性	ED2-1	企业所处产业的技术更新速度很快
	ED2-2	企业所处产业，未来两到三年的技术变化很难预测
	ED2-3	企业所处产业，技术突破会带来很大的机会和威胁

5. 控制变量

从前面几个变量的描述中可以发现，其实影响交互记忆系统和企业创新绩效之间的因素有很多，但是笔者的研究暂时设定了对动态能力和环境动态性这两个变量的实证研究，并不能囊括所有的影响因素。因此，笔者将本书涉及的几个其他重要因素当作研究模型的控制变量来做分析。本书的控制变量包括企业的行业分类：由于笔者的采访公司类型都为 IT 企业，因此在这个基础上细分为软件产品、信息技术服务和嵌入式系统软件这三个类别；企业的成立年限：分为 5 年内、5～10 年、11～20 年和 20 年以上这四个类别；企业的员工人数：分为 10 人内、10～100 人、101～300 人和 300 人以上这四个类别；企业的产权性质：分为国有企业、民营企业、合资企业和其他这四个类别。

5.3　交互记忆系统与创新绩效关系的实证研究

本书采用 SPSS 对变量进行描述性统计和相关性分析，运用多元逐步回归法对文中所假设的变量关系进行验证。本部分将从信度和效度检测、多重共线性和序列相关检测及模型回归分析这三个部分展开说明。

5.3.1　信度和效度检测

1. 信度分析

信度是为测验所获结果是否可靠和有效，一般多以内部一致性来表示该测验信度的高低。问卷通常使用克龙巴赫 α 系数，克龙巴赫 α 系数与信度的对照表如表 5-6 所示。一般来讲，克龙巴赫 α 系数应该大于 0.7。

表 5-6　克龙巴赫 α 系数与信度对照表

克龙巴赫 α 系数	结果
克龙巴赫 α 系数<0.5	不可信
0.5≤克龙巴赫 α 系数<0.6	可信度低

续表

克龙巴赫 α 系数	结果
0.6≤克龙巴赫 α 系数<0.7	可疑的
0.7≤克龙巴赫 α 系数<0.8	可信
0.8≤克龙巴赫 α 系数<0.9	很可信
克龙巴赫 α 系数≥0.9	十分可信

本书采用克龙巴赫 α 系数法检验问卷量表的信度，通过 SPSS 对各量表进行信度分析得到表 5-7，交互记忆系统的克龙巴赫 α 系数为 0.827，专长性的克龙巴赫 α 系数为 0.856，可信性的克龙巴赫 α 系数为 0.856，协调性的克龙巴赫 α 系数为 0.851，动态能力的克龙巴赫 α 系数为 0.885，环境适应能力的克龙巴赫 α 系数为 0.871，组织变革能力的克龙巴赫 α 系数为 0.903，资源整合能力的克龙巴赫 α 系数为 0.874，学习能力的克龙巴赫 α 系数为 0.869，环境动态性的克龙巴赫 α 系数为 0.839，市场动态性的克龙巴赫 α 系数为 0.848，技术动态性的克龙巴赫 α 系数为 0.835，创新绩效的克龙巴赫 α 系数为 0.850，创新财务绩效的克龙巴赫 α 系数为 0.833，创新成长绩效的克龙巴赫 α 系数为 0.859。各变量的克龙巴赫 α 系数均大于 0.7，问卷的各变量数据是可信的。

表 5-7 问卷变量的信度分析表

变量/维度	克龙巴赫 α 系数	题项数/项
交互记忆系统	0.827	15
专长性	0.856	5
可信性	0.856	5
协调性	0.851	5
动态能力	0.885	24
环境适应能力	0.871	5
组织变革能力	0.903	7
资源整合能力	0.874	6
学习能力	0.869	6
环境动态性	0.839	7
市场动态性	0.848	4
技术动态性	0.835	3
创新绩效	0.850	9

续表

变量/维度	克龙巴赫 α 系数	题项数/项
创新财务绩效	0.833	4
创新成长绩效	0.859	5

2. 效度分析

结构效度检验主要通过验证性因子分析进行，通过验证性因子分析检验问卷中题项与维度的从属关系是否正确。根据相关学者的研究，笔者已经知道因子结构，应该采用验证性因子分析来检验问卷的结构效度。验证性因素分析是在探索性因素分析基础上发展起来的，是对已有理论模型与数据拟合程度的一种验证，也是考察问卷结构效度的一种途径。运用验证性因素分析评价模型的适合性，一方面通过潜变量与观测变量之间的相关和负荷反映各因素之间的路径，另一方面通过拟合指标反应模型的拟合程度。本书通过 AMOS 23.0 软件对交互记忆系统量表、动态能力量表、环境动态性量表、创新绩效量表进行测量模型分析并且评价拟合度。

在进行验证性因子分析时，主要采用的拟合优度指数包括以下几个。

（1）卡方（χ^2）检验。χ^2 指数是模型拟合最基本的检验指标，由于χ^2 大小容易受样本量的影响，因此用χ^2/df 值来检验，值越小，表示模型拟合度越高，p 值是检验模型是否可以接受的标准，p 值大于 0.05，说明模型可以接受。

（2）拟合优度指数（GFI）。GFI 类似于回归中的 R^2，GFI 取值范围为 0 和 1 之间，大于 0.9 为理想值，AGFI 为调整后的 GFI。

（3）残差均方根指数（RMR）与近似误差均方根指数（RMSEA），RMR 是样本方差和协方差减去对应估计的方差与协方差的平方和，再取平均值的平方根，近年来主要采用的是标准化 RMR；RMSEA 是斯泰格尔和利德在 1980 年提出的，它受样本量影响较小，对错误模型比较敏感，是一个比较理想的拟合指标。RMSEA 的值越接近于 0 表示模型拟合越好。

（4）规范拟合指数（NFI）、修正拟合指数（IFI）和比较拟合指数（CFI）。NFI 是一种相对拟合指数，是理论模型的卡方减少的比例。IFI 是对 NFI 的修正，减少了对样本大小的依赖。CFI 则克服了 NFI 在嵌套模式上所产生的缺失，通过独立模型相比较来评价拟合度，对模型的拟合度的估计表现相当好。

本书选用了χ^2/df、RMR/SRMR、GFI、AGFI、NFI、IFI、CFI、RMSEA 这几个拟合指数，图 5-2、图 5-3、图 5-4、图 5-5 为各变量的验证性因子分析图，表 5-8 为验证性因子分析拟合指标。对 4 个量表进行验证性因子分析，从表 5-8 可以看出几乎所有指标都拟合，4 个测量量表是具有结构效度的，模型通过验证性因子分析。

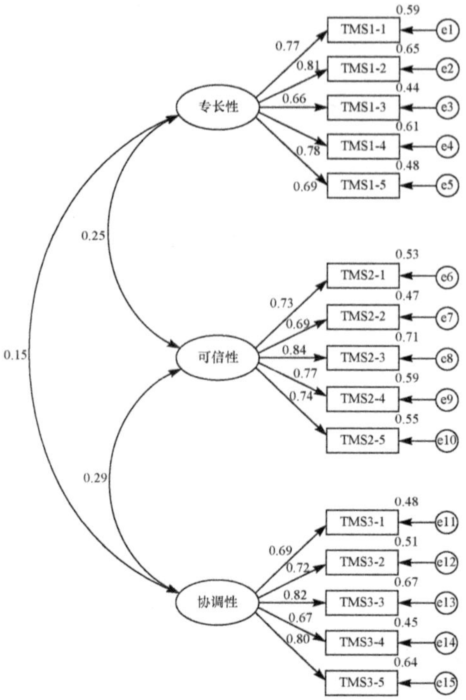

图 5-2 交互记忆系统验证性因子分析图

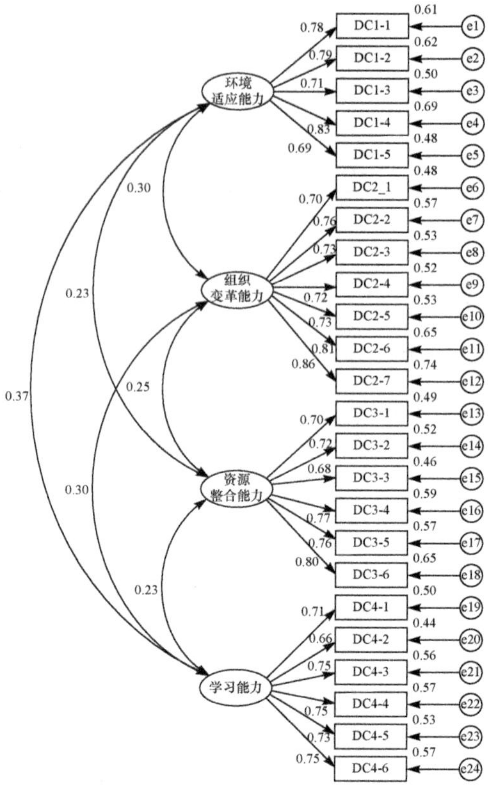

图 5-3 动态能力验证性因子分析

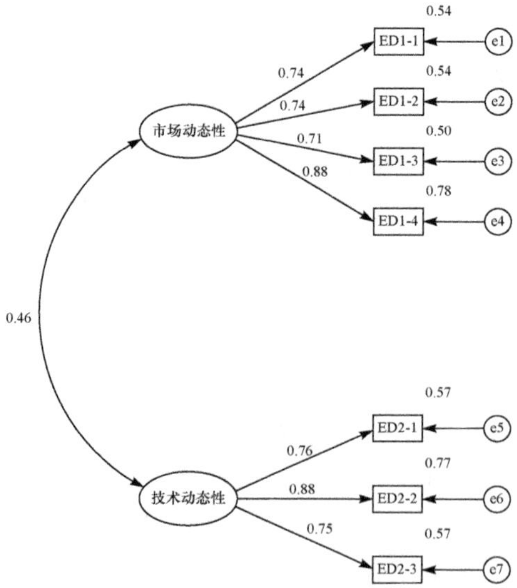

图 5-4 环境动态性验证性因子分析图

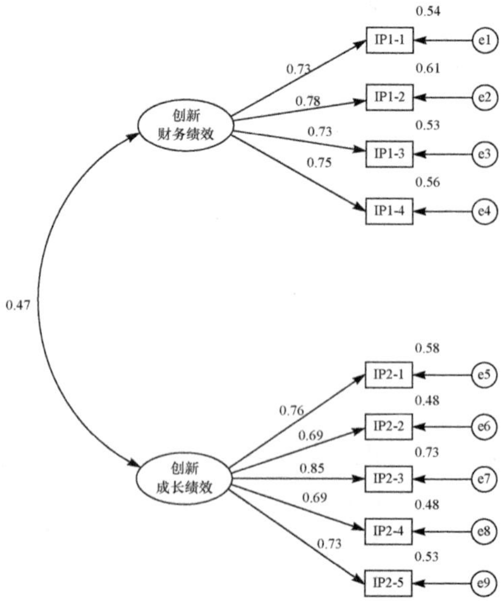

图 5-5 创新绩效验证性因子分析图

表 5-8　验证性因子分析的拟合指标

统计检验量	适配的标准或临界值	交互记忆系统	动态能力	环境动态性	创新绩效
χ^2	—	105.582	275.756	21.821	25.038
df	—	87	246	13	26
p	>0.05	0.085	0.093	0.058	0.517
χ^2/df	<2.00	1.214	1.121	1.697	0.963
RMR	<0.05	0.030	0.026	0.048	0.017
SRMR	<0.05	0.039	0.040	0.043	0.029
GFI	>0.90	0.945	0.914	0.973	0.977
AGFI	>0.90	0.924	0.895	0.941	0.960
NFI	>0.90	0.934	0.906	0.970	0.972
IFI	>0.90	0.988	0.989	0.988	1.001
CFI	>0.90	0.988	0.989	0.980	1.000
RMSEA	<0.08	0.030	0.023	0.054	0.000

对交互记忆系统量表共 3 个维度，动态能力量表共 4 个维度，环境动态性量表共 2 个维度，创新绩效量表共 2 个维度的 CR 和 AVE 的测量结果见表 5-9，这 11 个维度的组合信度 CR 值都超过了 0.7；各维度的 AVE 值都超过了 0.5，这可以说明，本书的 4 个量表具有较好的收敛效度。

表 5-9　验证性因子分析结果

题号		SE 标准化估计值维度	标准化估计	CR	AVE
TMS1-1	←	专长性	0.769		
TMS1-2	←	专长性	0.805		
TMS1-3	←	专长性	0.661	0.859	0.552
TMS1-4	←	专长性	0.778		
TMS1-5	←	专长性	0.690		
TMS2-1	←	可信性	0.729		
TMS2-2	←	可信性	0.686		
TMS2-3	←	可信性	0.842	0.868	0.570
TMS2-4	←	可信性	0.765		
TMS2-5	←	可信性	0.743		
TMS3-1	←	协调性	0.695	0.860	0.552

续表

题号		SE 标准化估计值维度	标准化估计	CR	AVE
TMS3-2	←	协调性	0.716		
TMS3-3	←	协调性	0.821		
TMS3-4	←	协调性	0.671		
TMS3-5	←	协调性	0.800		
DC1-1	←	环境适应能力	0.782		
DC1-2	←	环境适应能力	0.787		
DC1-3	←	环境适应能力	0.708	0.874	0.581
DC1-4	←	环境适应能力	0.833		
DC1-5	←	环境适应能力	0.693		
DC2-1	←	组织变革能力	0.696		
DC2-2	←	组织变革能力	0.758		
DC2-3	←	组织变革能力	0.729		
DC2-4	←	组织变革能力	0.723	0.904	0.576
DC2-5	←	组织变革能力	0.726		
DC2-6	←	组织变革能力	0.806		
DC2-7	←	组织变革能力	0.861		
DC3-1	←	资源整合能力	0.696		
DC3-2	←	资源整合能力	0.724		
DC3-3	←	资源整合能力	0.680	0.878	0.546
DC3-4	←	资源整合能力	0.766		
DC3-5	←	资源整合能力	0.755		
DC3-6	←	资源整合能力	0.804		
DC4-1	←	学习能力	0.707		
DC4-2	←	学习能力	0.662		
DC4-3	←	学习能力	0.749		
DC4-4	←	学习能力	0.754		
DC4-5	←	学习能力	0.727		
DC4-6	←	学习能力	0.752		
ED1-1	←	市场动态性	0.736	0.851	0.589
ED1-2	←	市场动态性	0.736		

续表

题号		SE 标准化估计值维度	标准化估计	CR	AVE
ED1-3	←	市场动态性	0.706		
ED1-4	←	市场动态性	0.881		
ED2-1	←	技术动态性	0.757		
ED2-2	←	技术动态性	0.878	0.840	0.637
ED2-3	←	技术动态性	0.753		
IP1-1	←	创新财务绩效	0.735		
IP1-2	←	创新财务绩效	0.779	0.835	0.559
IP1-3	←	创新财务绩效	0.730		
IP1-4	←	创新财务绩效	0.746		
IP2-1	←	创新成长绩效	0.762		
IP2-2	←	创新成长绩效	0.692		
IP2-3	←	创新成长绩效	0.852	0.864	0.560
IP2-4	←	创新成长绩效	0.694		
IP2-5	←	创新成长绩效	0.731		

另外，本书对交互记忆系统量表共 3 个维度，动态能力量表共 4 个维度，环境动态性量表共 2 个维度，创新绩效量表共 2 个维度的 AVE 值的平方根，以及这一维度同其他维度之间的相关系数进行了汇总，得到如表 5-10 所示的结果，其中对角线上的数字为每一维度 AVE 值的平方根，各维度的 AVE 值平方根为 0.726～0.798，而各维度间的相关系数都小于 0.5，每一维度 AVE 值的平方根都明显的大于这一维度同其他维度之间的相关系数，这说明 4 个量表各维度间具有较好的区别效度。

表 5-10　相关系数矩阵和平均提炼方差（AVE）的平方根

变量	平均值	标准差	专长性	可信性	协调性	环境适应能力	组织变革能力	资源整合能力	学习能力	市场动态性	技术动态性	创新财务绩效	创新成长绩效
专长性	3.736	0.729	0.743										
可信性	3.774	0.618	0.218***	0.755									
协调性	3.484	0.674	0.120	0.263***	0.743								
环境适应能力	3.971	0.589	0.322***	0.193**	0.413***	0.762							

续表

变量	平均值	标准差	专长性	可信性	协调性	环境适应能力	组织变革能力	资源整合能力	学习能力	市场动态性	技术动态性	创新财务绩效	创新成长绩效
组织变革能力	3.905	0.671	0.374***	0.215**	0.325***	0.267***	0.759						
资源整合能力	3.853	0.646	0.415***	0.314***	0.308***	0.213***	0.219***	0.739					
学习能力	3.878	0.656	0.284***	0.447***	0.391***	0.319***	0.273***	0.207**	0.726				
市场动态性	3.934	0.878	0.104	−0.140*	0.039	0.108	0.128	0.002	−0.026	0.767			
技术动态性	3.839	0.916	−0.006	0.036	−0.083	0.032	0.041	−0.016	−0.017	0.416***	0.798		
创新财务绩效	3.905	0.668	0.418***	0.303***	0.369***	0.302***	0.353***	0.456***	0.398***	0.223***	0.168*	0.748	
创新成长绩效	4.184	0.582	0.366***	0.278***	0.397***	0.404***	0.306***	0.365***	0.228***	0.198***	0.174***	0.398***	0.748
AVE			0.552	0.570	0.552	0.581	0.576	0.546	0.527	0.589	0.637	0.559	0.560

***$p<0.001$，**$p<0.01$，*$p<0.05$

5.3.2 多重共线性和序列相关检测

1. 多重共线性检测

采用方差膨胀因子（VIF）来检测变量之间是否存在多重共线性：当 VIF 值为 0～10，不存在多重共线性；当 VIF 值为 10～100（包括 10），存在较强的多重共线性；当 VIF 值大于等于 100，存在严重的多重共线性。通过模型的 VIF 值计算可知，本书用的模型中 VIF 值均为 0～10，因此本书的变量间不存在多重共线性。

2. 序列相关检测

本书采用 DW 值来检验回归模型中的不同残差项之间的相关关系：DW 值等于 0 时，残差序列存在完全自相关关系；当 DW 值为 0～2 时，残差序列存在正自相关关系；当 DW 值等于 2 时，残差序列无自相关关系；当 DW 值为 2～4 时，残差序列存在负自相关关系；当 DW 值等于 4 时，残差序列存在完全负自相关关系。经检查，本书所有的回归模型 DW 值均接近 2，因此，本书的研究模型所涉及的变量样本之间不存在序列相关关系。

5.3.3　模型回归分析

1. 样本的描述性分析

通过样本数据进行描述性统计，在被访者信息（性别、年龄、学历）、行业分类、企业成立年限、企业员工人数和企业产权性质这几个维度进行分析，并对各变量进行描述性分析。

1）被访者信息分析

如表 5-11 所示，232 份样本数据显示：男性被访者 147 人，占比 63.36%；女性被访者 85 人，占比 36.64%。

表 5-11　被访者性别统计

总量/人	男性/人	占比/%	女性/人	占比/%
232	147	63.36	85	36.64

如表 5-12 所示，被访者中年龄小于等于 30 岁为 176 人，占比 75.86%；31～40 岁 36 人，占比 15.52%；41～50 岁 14 人，占比 6.03%；大于 50 岁 6 人，占比 2.59%。

表 5-12　被访者年龄统计

总量/人	≤30 岁/人	占比/%	31～40 岁/人	占比/%	41～50 岁/人	占比/%	>50 岁/人	占比/%
232	176	75.86	36	15.52	14	6.03	6	2.59

如表 5-13 所示，被访者中学历为大专及以下 8 人，占比 3.45%；本科 138 人，占比 59.48%；硕士 76 人，占比 32.76%；博士及以上 10 人，占比 4.31%。

表 5-13　被访者学历统计

总量/人	大专及以下/人	占比/%	本科/人	占比/%	硕士/人	占比/%	博士及以上/人	占比/%
232	8	3.45	138	59.48	76	32.76	10	4.31

2）行业分类分析

如表 5-14 所示，被调研企业行业细分为软件产品的为 74 家，占比 31.90%；信息技术服务的 135 家，占比 58.19%；嵌入式系统软件的为 23 家，占比 9.91%。

表 5-14 样本行业分类统计

总量/家	软件产品/家	占比/%	信息技术服务/家	占比/%	嵌入式系统软件/家	占比/%
232	74	31.90	135	58.19	23	9.91

3）企业成立年限

如表 5-15 所示，被调研企业成立年限在 5 年内的为 96 家，占比 41.38%；5～10 年的为 38 家，占比 16.38%；11～20 年的为 37 家，占比 15.95%；20 年以上的为 61 家，占比 26.29%。

表 5-15 样本企业成立年限统计

总量/家	5 年内/家	占比/%	5～10 年/家	占比/%	11～20 年/家	占比/%	20 年以上/家	占比/%
232	96	41.38	38	16.38	37	15.95	61	26.29

4）企业员工人数

如表 5-16 所示，被调研的企业中员工人数在 10 人以内的为 30 家，占比 12.93%；10～100 人的为 65 家，占比 28.02%；101～300 人的为 28 家，占比 12.07%；300 人以上的为 109 家，占比 46.98%。

表 5-16 样本企业员工人数统计

总量/家	10 人内/家	占比/%	10～100 人/家	占比/%	101～300 人/家	占比/%	300 人以上/家	占比/%
232	30	12.93	65	28.02	28	12.07	109	46.98

5）企业产权性质

如表 5-17 所示，被调研企业为国有企业的有 85 家，占比 36.64%；民营企业 101 家，占比 43.53%；合资企业 20 家，占比 8.62%；其他 26 家，占比 11.21%。

表 5-17 样本企业产权性质统计

总量/家	国有企业/家	占比/%	民营企业/家	占比/%	合资企业/家	占比/%	其他/家	占比/%
232	85	36.64	101	43.53	20	8.62	26	11.21

6）变量的描述性分析

本书涉及的相关变量及各维度的描述性统计如表 5-18 所示，统计中包含各变量和维度的样本总量（N）、极小值、极大值、均值和标准差。

表 5-18　变量的描述性统计

变量	N	极小值	极大值	均值	标准差
行业分类	232	1.00	3.00	1.780 2	0.609 41
成立年限	232	1.00	4.00	2.271 6	1.248 19
员工人数	232	1.00	4.00	2.931 0	1.126 03
产权性质	232	1.00	4.00	1.944 0	0.949 53
专长性	232	1.80	5.00	3.736 2	0.728 92
可信性	232	2.40	5.00	3.774 1	0.618 07
协调性	232	1.80	4.80	3.483 6	0.673 87
环境适应能力	232	2.40	5.00	3.970 7	0.588 64
组织变革能力	232	2.14	5.00	3.905 2	0.671 36
资源整合能力	232	2.00	5.00	3.852 7	0.645 76
学习能力	232	2.33	5.00	3.877 9	0.655 89
动态能力（总）	232	2.75	4.88	3.898 9	0.427 50
市场动态性	232	1.50	5.00	3.934 3	0.878 27
技术动态性	232	1.00	5.00	3.839 1	0.915 88
环境动态性（总）	232	1.29	5.00	3.893 5	0.754 99
创新财务绩效	232	2.25	5.00	3.905 2	0.667 87
创新成长绩效	232	2.80	5.00	4.183 6	0.581 60

2. 直接效应检验

1）交互记忆系统对创新绩效的影响

将交互记忆系统的三个维度（专长性、可信性、协调性）当作自变量，创新绩效的两个维度（创新财务绩效、创新成长绩效）当作因变量进行回归分析，结果如表 5-19 所示：交互记忆系统三个维度对创新财务绩效和创新成长绩效均有显著的积极影响。由此，本书所作假设 H1 中的 H1a、H1b、H1c 均得到验证。

表 5-19　交互记忆系统对创新绩效的影响

自变量	因变量	
	创新财务绩效	创新成长绩效
专长性	0.350***	0.299***
可信性	0.151*	0.127*

续表

自变量	因变量	
	创新财务绩效	创新成长绩效
协调性	0.287***	0.327***
F 值	32.314***	28.774***
R^2	0.298	0.275
Adjusted R^2	0.289	0.265

***$p<0.001$，*$p<0.05$

2）交互记忆系统对动态能力的影响

将交互记忆系统的三个维度（专长性、可信性、协调性）当作自变量，动态能力的四个维度（环境适应能力、组织变革能力、资源整合能力、学习能力）当作因变量进行回归分析，结果如表 5-20 所示：专长性和协调性对动态能力各维度均有显著的积极影响，可信性对动态能力中资源整合能力和学习能力有显著的积极影响。由此本书假设 H2 中的 H2a、H2c 得到验证，H2b 部分得到验证。

表 5-20　交互记忆系统对动态能力的影响

自变量	因变量			
	环境适应能力	组织变革能力	资源整合能力	学习能力
专长性	0.270***	0.326***	0.350***	0.178**
可信性	0.036	0.074	0.181**	0.335***
协调性	0.372***	0.266***	0.218***	0.281***
F 值	24.989	21.952	28.009	34.186
R^2	0.247	0.224	0.269	0.310
Adjusted R^2	0.238	0.214	0.260	0.301

***$p<0.001$，**$p<0.01$

3）动态能力对创新绩效的影响

将动态能力四个维度（环境适应能力、组织变革能力、资源整合能力、学习能力）当作自变量，创新绩效两个维度（创新财务绩效、创新成长绩效）当作因变量进行回归分析，结果如表 5-21 所示：环境适应能力对创新成长绩效有显著的积极影响，组织变革能力和资源整合能力对创新绩效两个维度都有显著的积极影响，学习能力对创新财务绩效有显著的积极影响。由此本书假设 H3 中的 H3b 和 H3c 得到验证，H3a 和 H3d 部分得到验证。

表 5-21　动态能力对创新绩效的影响

自变量	因变量	
	创新财务绩效	创新成长绩效
环境适应能力	0.102	0.294***
组织变革能力	0.184**	0.161**
资源整合能力	0.344***	0.259***
学习能力	0.244***	0.037
F 值	30.553***	21.123***
R^2	0.350	0.271
Adjusted R^2	0.339	0.258

***$p<0.001$，**$p<0.01$

3. 中介效应检验

在考虑控制变量（行业分类、成立年限、员工人数、产权性质）的基础上，将交互记忆系统三个维度（专长性、可信性、协调性）和动态能力当作自变量，创新绩效两个维度（创新财务绩效、创新成长绩效）当作因变量进行逐步回归分析，结果如表 5-22 所示：动态能力在交互记忆系统专长性和创新绩效中起部分调节作用，动态能力在交互记忆系统可信性和创新绩效中起完全中介作用，动态能力在交互记忆系统协调性和创新绩效中起部分中介作用。由此，本书所作假设 H4 中的 H4a、H4b、H4c 均得到验证。

表 5-22　交互记忆系统、动态能力和创新绩效的回归分析

变量		第一步				第二步		第三步			
		创新财务绩效		创新成长绩效		动态能力		创新财务绩效		创新成长绩效	
		Beta	t	Beta	t	Beta	t	Beta	t	Beta	t
控制变量	行业分类	0.011	0.194	−0.044	−0.759	0.015	0.335	0.005	0.103	−0.047	−0.820
	成立年限	0.130	1.569	0.036	0.418	0.093	1.383	0.098	1.221	0.017	0.199
	员工人数	0.086	1.084	0.014	0.170	0.001	0.022	0.086	1.121	0.014	0.168
	产权性质	0.084	1.425	0.017	0.282	0.041	0.868	0.070	1.225	0.009	0.145
自变量	专长性	0.332***	5.861	0.290***	4.916	0.418***	9.128	0.186**	2.917	0.204**	2.988
	可信性	0.156**	2.618	0.132*	2.140	0.249***	5.174	0.069	1.138	0.081	1.257
	协调性	0.314***	5.484	0.331***	5.543	0.431***	9.304	0.164*	2.525	0.242**	3.486
自变量	动态能力							0.349***	4.392	0.205*	2.408
R^2		0.333		0.278		0.564		0.386		0.297	
Adjusted R^2		0.312		0.256		0.550		0.364		0.271	
F 值		15.982***		12.339***		41.411***		17.538		11.752***	

***$p<0.001$，**$p<0.01$，*$p<0.05$

4. 调节效应检验

在考虑控制变量的基础上，将动态能力、环境动态性和动态能力与环境动态性的乘积当作自变量，创新绩效两个维度（创新财务绩效、创新成长绩效）当作因变量进行逐步回归分析，结果如表5-23所示：环境动态性在动态能力和创新财务绩效之间无显著作用，环境动态性在动态能力与创新成长绩效之间起正向调节作用，并且环境动态性越高，动态能力对创新成长绩效的正相关影响作用越明显。由此，本书所作假设H5中的H5b得到验证、H5a没有得到验证。

表5-23 动态能力、环境动态性和创新绩效的回归分析

变量		第一步				第二步				第三步			
		创新财务绩效		创新成长绩效		创新财务绩效		创新成长绩效		创新财务绩效		创新成长绩效	
		Beta	t	Beta	t	Beta	t	Beta	t	Beta	t	Beta	t
控制变量	行业分类	−0.010	−0.188	−0.066	−1.124	−0.018	−0.343	−0.074	−1.296	−0.019	−0.355	−0.077	−1.379
	成立年限	0.068	0.858	−0.026	−0.301	0.055	0.717	−0.039	−0.465	0.053	0.692	−0.048	−0.581
	员工人数	0.092	1.211	0.020	0.236	0.083	1.122	0.010	0.125	0.078	1.044	−0.015	−0.191
	产权性质	0.060	1.041	−0.006	−0.098	0.058	1.022	−0.009	−0.145	0.055	0.970	−0.022	−0.367
自变量	动态能力	0.565***	10.499	0.478***	8.205	0.554***	10.544	0.467***	8.185	0.558***	10.558	0.483***	8.620
	环境动态性					0.190***	3.613	0.199**	3.486	0.184**	3.441	0.169**	2.979
	动态能力×环境动态性									0.040	0.741	0.190**	3.310
R^2		0.349		0.349		0.237		0.385		0.276		0.386	
Adjusted R^2				0.334		0.220		0.368		0.256		0.367	
F值		24.212		24.212***		14.010***		23.428***		14.276***		20.119***	

***$p<0.001$，**$p<0.01$

5. 有调节的中介效应检验

根据上文中介效应和调节效应的初步检验，笔者将把研究的四个变量放在一个研究框架内进行回归分析。笔者在前面的调节效应检验中发现环境动态性对动态能力和创新成长绩效有显著的调节作用，但对创新财务绩效没有显著的调节作用，并将这两路路径通过Cohen等（2003）的方法制作调节效应图来确认，结果如图5-6和图5-7所示。

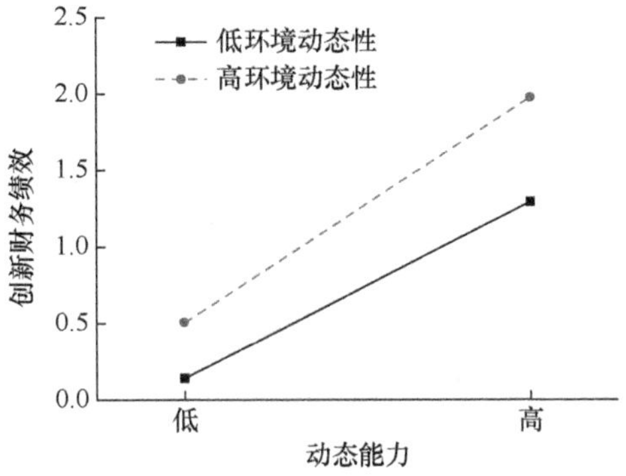

图 5-6　环境动态性调节动态能力对创新财务绩效的调节效应图

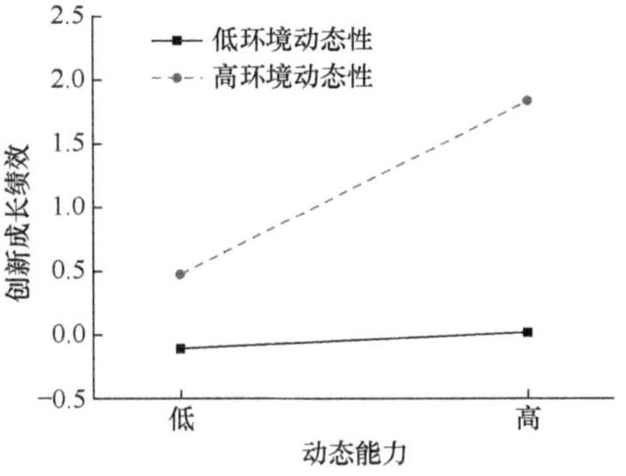

图 5-7　环境动态性调节动态能力对创新成长绩效的调节效应图

1）有调节的中介效应的初步回归分析

在本部分中笔者将因变量创新绩效分为两个维度进行进一步的分析判别，制得表 5-24 和表 5-25。

表 5-24　以创新财务绩效作为因变量的具有调节的中介效应回归分析

因变量	动态能力		创新财务绩效		创新财务绩效		创新财务绩效	
	模型 1		模型 2		模型 3		模型 4	
	Beta	t	Beta	t	Beta	t	Beta	t
行业分类	0.015	0.335	0.011	0.194	0.005	0.103	-0.005	-0.098
成立年限	0.093	1.383	0.130	1.569	0.098	1.221	0.091	1.176
员工人数	0.001	0.022	0.086	1.084	0.086	1.121	0.063	0.844
产权性质	0.041	0.868	0.084	1.425	0.070	1.225	0.065	1.184
专长性	0.418^{***}	9.128	0.332^{***}	5.861	0.186^{**}	2.917	0.185^{**}	2.973
可信性	0.249^{***}	5.174	0.156^{**}	2.618	0.069	1.138	0.095	1.603
协调性	0.431^{***}	9.304	0.314^{***}	5.484	0.164^{*}	2.525	0.171^{**}	2.722
动态能力					0.349^{***}	4.392	0.327^{***}	4.228
环境动态性							0.191^{***}	3.645
动态能力 × 环境动态性							0.053	1.007
R^2	0.564		0.333		0.386		0.427	
Adjusted R^2	0.550		0.312		0.364		0.402	
R^2 变化量					0.053		0.041	
F	41.411^{***}		15.982^{***}		17.538^{***}		16.502^{***}	
F 变化量					19.291^{***}		7.974^{***}	

$^{***}p<0.001$，$^{**}p<0.01$，$^{*}p<0.05$

表 5-25 以创新成长绩效作为因变量的具有调节的中介效应回归分析

因变量	动态能力		创新成长绩效		创新成长绩效		创新成长绩效	
	模型 1		模型 2		模型 3		模型 4	
	Beta	t	Beta	t	Beta	t	Beta	t
行业分类	0.015	0.335	−0.044	−0.759	−0.047	−0.82	−0.059	−1.096
成立年限	0.093	1.383	0.036	0.418	0.017	0.199	0.002	0.029
员工人数	0.001	0.022	0.014	0.170	0.014	0.168	−0.030	−0.385
产权性质	0.041	0.868	0.017	0.282	0.009	0.145	−0.006	−0.111
专长性	0.418***	9.128	0.290***	4.916	0.204**	2.988	0.220**	3.392
可信性	0.249***	5.174	0.132*	2.140	0.081	1.257	0.109	1.766
协调性	0.431***	9.304	0.331***	5.543	0.242**	3.486	0.251***	3.827
动态能力					0.205*	2.408	0.185*	2.295
环境动态性							0.179**	3.272
动态能力 × 环境动态性							0.205***	3.721
R^2	0.564		0.278		0.297		0.379	
Adjusted R^2	0.550		0.256		0.271		0.351	
R^2 变化量					0.018		0.083	
F	41.411***		12.339***		11.752***		13.494***	
F 变化量					5.798*		14.687***	

***$p<0.001$，**$p<0.01$，*$p<0.05$

从表 5-24 可以看出：以专长性、可信性、协调性作为自变量，动态能力作为中介变量，环境动态性作为调节变量，创新财务绩效作为因变量进行有调节的中介模型检验，从模型 2 可以看出专长性、可信性、协调性对创新财务绩效的标准化回归系数分别为 0.332、0.156、0.314，对应的 p 值在 0.001、0.01 和 0.001 水平上达到显著，说明专长性、可信性、协调性对创新财务绩效有显著的正向影响，满足有调节的中介检验第一步。对第二步进行检验，结果如模型 1 所示，专长性、可信性、协调性对动态能力的标准化回归系数为 0.418、0.249、0.431，对应的 p 值均在 0.001 水平上达到显著，说明专长性、可信性、协调性对动态能力有显著的正向影响。对第三步进行检验，结果如模型 3 所示，可以看出动态能力对创新财务绩效的标准化回归系数为 0.349，对应的 p 值在 0.001 水平上达到显著，说明动态能力对创新财务绩效有显著的正向影响，满足中介条件，说明动态能力在专长性、可信性、协调性对创新财务绩效的影响中起到中介作用。进一步从模型 3 中可以看出，专长性对创新财务绩效的影响从 0.332 降为 0.186，在 0.01 水平上显著，可信性对创新财务绩效的影响从 0.156 降为 0.069，没有达到显著水平，协调性对创新财务绩效的影响从 0.314 降为 0.164，在 0.05 水平上显著，说明动态能力在专长性、协调性对创新财务绩效的影响中起到部分中介作用，在可信性对创新财务绩效的影响中起到完全中介作用。进一步对模型 4 分析可以得出：动态能力 × 环境动态性对创新财务绩效的标准化回归系数为 0.053，对应的 p 值没有达到显著水平，说明不存在调节作用，也就是说环境动态性不能调节动态能力对创新财务绩效的影响，具有调节的中介效应不成立。

从表 5-25 可以看出：以专长性、可信性、协调性作为自变量，动态能力作为中介变量，环境动态性作为调节变量，创新成长绩效作为因变量进行有调节的中介模型检验，从模型 2 可以看出专长性、可信性、协调性对创新成长绩效的标准化回归系数分别为 0.290、0.132、0.331，对应的 p 值在 0.001、0.05 和 0.001 水平上达到显著，说明专长性、可信性、协调性对创新成长绩效有显著的正向影响，满足有调节的中介检验第一步。对第二步进行检验，结果如模型 1 所示，专长性、可信性、协调性对动态能力的标准化回归系数为 0.418、0.249、0.431，对应的 p 值均在 0.001 水平上达到显著，说明专长性、可信性、协调性对动态能力有显著的正向影响。对第三步进行检验，结果如模型 3 所示，可以看出动态能力对创新成长绩效的标准化回归系数为 0.205，对应的 p 值在 0.05 水平上达到显著，说明动态能力对创新成长绩效有显著的正向影响，满足中介条件，说明动态能力在专长性、可信性、协调性对创新成长绩效的影响中起到中介作用。进一步从模型 3 中可以看出，专长性对创新成长绩效的影响从 0.290 降为 0.204，在 0.01 水平上显著，可信性对创新成长绩效的影响从 0.132 降为 0.081，没有达到显著水平，协调性对创新成长绩效的影响从 0.331 降为 0.242，在 0.01 水平上显著，说明动态能力在专长性、协调性对创新成长绩效的影响中起到部分中介作用，在可信性对创新成长绩效的影响中起到完全中介作用。进一步对模型 4 分析可以得出：动态能力 × 环境动态性对创新成长绩效的标准化回归系数为 0.205，对应的 p 值在 0.001 水平上达到显著水平，说明存在调节作用，也就是说环境动态性能调节动态能力对创新成长绩效的影响，具有调节的中介效应成立。

2）有调节的中介效应 Bootstrap 进一步检验

为了进一步验证中介效应是否被调节了，本书采用 SPSS 里面的 Bootstrap 程序进行分析，执行次数选择 1000 次，结果如表 5-26 所示。

表 5-26 具有调节的中介效应的各个路径进一步检验

中介路径	环境动态性	Effect	Boot SE	BootLLCI	BootULCI	差异性
专长性-动态能力-创新财务绩效	–1SD（–0.7550）	0.2074	0.0455	0.1223	0.3036	0.0528（0.3252）
	Mean（0.0000）	0.2338	0.0375	0.1699	0.3212	
	+1SD（0.7550）	0.2602	0.0468	0.1723	0.3655	
专长性-动态能力-创新成长绩效	–1SD（–0.7550）	0.0791	0.0400	0.0086	0.1614	0.1781***（0.0001）
	Mean（0.0000）	0.1682	0.0331	0.1148	0.2437	
	+1SD（0.7550）	0.2572	0.0410	0.1851	0.3501	
可信性-动态能力-创新财务绩效	–1SD（–0.7550）	0.2364	0.0456	0.1607	0.3363	0.0412（0.444 9）
	Mean（0.0000）	0.2570	0.0412	0.1849	0.3543	
	+1SD（0.7550）	0.2776	0.0528	0.1816	0.4007	
可信性-动态能力-创新成长绩效	–1SD（–0.7550）	0.103 1	0.039 1	0.0374	0.1879	0.1704***（0.0004）
	Mean（0.0000）	0.1883	0.0353	0.1285	0.2694	
	+1SD（0.7550）	0.2735	0.0478	0.1880	0.3797	
协调性-动态能力-创新财务绩效	–1SD（–0.7550）	0.2429	0.0496	0.1502	0.3458	0.0427（0.4806）
	Mean（0.0000）	0.2643	0.0434	0.1857	0.3605	
	+1SD（0.7550）	0.2856	0.0556	0.1829	0.4027	
协调性-动态能力-创新成长绩效	–1SD（–0.7550）	0.0850	0.0448	0.0057	0.1755	0.1825***（0.0008）
	Mean（0.0000）	0.1763	0.0373	0.1139	0.2637	
	+1SD（0.7550）	0.2675	0.0470	0.1833	0.3667	

***p<0.001

可以看出：中介路径专长性-动态能力-创新财务绩效、可信性-动态能力-创新财务绩效、协调性-动态能力-创新财务绩效在调节变量为正负 1 个标准差的时候，中介效应差值的差异检验结果分别为 0.0528、0.0412、0.0427，对应的 p 值都没有达到显著水平，说明这 3 条中介效应在调节变量为正负 1 个标准差的时候，是没有显著差异，不能够对中介效应进行调节；反之对于中介路径专长性-动态能力-创新成长绩效、可信性-动态能力-创新成长绩效、协调性-动态能力-创新成长绩效来说，在调节变量为正负 1 个标准差的时候，中介效应差值的差异检验结果分别为 0.1781、0.1704、0.1825，对应的 p 值都在 0.001 水平上达到显著，说明此 3 条中介效应是受到调节变量环境动态性的调节，进一步可以看出，在高的环境动态性条件下，专长性-动态能力-创新成长绩效、可信性-动态能力-创新成长绩效、协调性-动态能力-创新成长绩效的中介效果比低的环境动态性条件下的中介效果要更明显。

5.3.4　主要研究结论

通过前文的理论分析和对 232 家杭州 IT 企业问卷数据的实证分析，笔者在文中的模型和假设验证情况如表 5-27 所示。

表 5-27　实证研究对本书提出的模型假设验证情况

假设编号		研究假设	检验结果
H1	H1a	专长性对创新财务绩效和创新成长绩效有积极影响	支持
	H1b	可信性对创新财务绩效和创新成长绩效有积极影响	支持
	H1c	协调性对创新财务绩效和创新成长绩效有积极影响	支持
H2	H2a	专长性对动态能力的各维度有积极影响	支持
	H2b	可信性对动态能力的各维度有积极影响	部分支持
	H2c	协调性对动态能力的各维度有积极影响	支持
H3	H3a	环境适应能力正向影响创新财务绩效和创新成长绩效	部分支持
	H3b	组织变革能力正向影响创新财务绩效和创新成长绩效	支持
	H3c	资源整合能力正向影响创新财务绩效和创新成长绩效	支持
	H3d	学习能力正向影响创新财务绩效和创新成长绩效	部分支持
H4	H4a	动态能力在专长性与创新绩效的关系中起到中介作用	支持
	H4b	动态能力在可信性与创新绩效的关系中起到中介作用	支持
	H4c	动态能力在协调性与创新绩效的关系中起到中介作用	支持
H5	H5a	环境动态性正向调节动态能力对创新财务绩效的影响	不支持
	H5b	环境动态性正向调节动态能力对创新成长绩效的影响	支持
H6	H6a	环境动态性调节交互记忆系统各维度通过动态能力影响创新财务绩效的中介作用	不支持
	H6c	环境动态性调节交互记忆系统各维度通过动态能力影响创新成长绩效的中介作用	支持

（1）交互记忆系统与创新绩效（假设 1 结果分析）：交互记忆系统专长性、可信性和协调性对企业创新绩效有显著的积极影响。团队成员都有自己的专长并熟悉其他团队成员的专长，能够在应对团队任务的时候快速找到解决问题的途径，进而提高企业的绩效，这与黄海艳和武蓓（2016）的研究结果基本一致；现在的企业团队都注重团队的任务分工，当团队中的成员对其他成员做的工作认可度高的时候，可以避免同一个任务的多次反复验证操作，从而提高工作的效率，同时促进了信息和知识的共享，节约时间资源提高创新绩效，这与林筠和王蒙（2014）的研究结论一致；当团队成员间的合作协调性高的时候，能够提供团队学习与工作效率，从而影响绩效，这与王端旭和薛会娟（2013）的研究结果一致。因此，企业团

队的交互记忆系统能力越强大越能节约资源，为企业提供更多价值，提高创新绩效。

（2）交互记忆系统与动态能力（假设 2 结果分析）：交互记忆系统专长性和协调性对动态能力的各个维度有显著的积极影响作用，可信性只对资源整合能力和学习能力有积极的显著作用，但对环境适应能力和组织变革能力没有显著的影响，这个结论也是和 Witnauer 等（2012）的研究结果基本一致。团队交互记忆系统的增强利于构建新的知识体系和企业惯例，使得企业的资源和能力得到重新配置的可能性，有助于企业动态能力的提升，但在可信性维度上与环境适应能力、组织变革能力没有显著的影响作用。

（3）动态能力与创新绩效（假设 3 结果分析）：很多学者都认为动态能力对创新绩效有积极的作用，但并非所有维度都是，本书中环境适应能力对创新财务绩效没有显著的影响作用且学习能力对于创新成长绩效没有显著的影响作用，但在其他维度上均对创新绩效有显著的正向影响。对于环境适应能力对创新财务绩效不存在显著影响作用是因为对于环境的熟悉适应度和创新财务绩效没有直接的内在关系，而学习能力对于创新成长绩效没有显著影响可能是因为学习能力是新产品开发的有利因素，但新产品的研发往往有两面性，成功的新产品会带来巨大的红利使得企业获得竞争优势，但不成功的新产品会造成企业资源的损耗和浪费，会极大影响企业的发展和规划，因此，在这个维度上没有显著的影响作用。

（4）交互记忆系统、动态能力和创新绩效（假设 4 结果分析）：动态能力在交互记忆系统和创新绩效之间起中介作用，其中在专长性、协调性和创新绩效之间起部分中介作用，在可信性和创新绩效之间起完全中介作用，这些结论与黄海艳和武蓓（2016）的初步探索和验证基本符合。由此，团队交互记忆系统的增强能够促进企业动态能力的提升，从而提高企业的创新绩效，动态能力在两者之间起到中介的作用。

（5）动态能力、环境动态性与创新绩效（假设 5 结果分析）：环境动态性在动态能力和创新成长绩效之间起正向调节作用，但在动态能力与创新财务绩效之间没有显著的影响。外部环境变化得越快，使得企业需要在更短的时间内来调整和配置内部的资源和能力来应对这种快速的变化。因此，在越动荡的外部环境下，动态能力越高的企业便会使得企业更加自如、有效地应对，使得企业能够快速获得竞争优势，有助于持续的发展。但对于财务绩效没有显著的调节作用可能是因为财务绩效的提高有多种因素共同来调节制衡动态能力对它的影响，因此环境动态性在动态能力与创新财务绩效之间没有显著的调节作用。

（6）交互记忆系统、动态能力、环境动态性与创新绩效（假设 6 结果分析）：环境动态性调节了交互记忆系统三个维度通过动态能力这个中介变量对创新成长绩效产生的影响，但环境动态性在交互记忆系统-动态能力-创新财务绩效这个路径上的调节作用不显著。

5.4 交互记忆系统与创新绩效关系研究的结论及展望

5.4.1 研究结论

经过实证研究，研究结论主要有：①交互记忆系统专长性、可信性和协调性对企业创新绩效有显著积极影响，企业团队的交互记忆系统能力越强大越能够节约资源，就能为企业提供更多的价值，从而提高企业创新绩效。②交互记忆系统专长性和协调性对动态能力有显著的积极作用，团队交互记忆系统的增强利于构建新的知识体系和企业惯例，使得企业资源和能力得到重新配置的可能性，有助于企业动态能力的提升，但在可信性上与环境适应能力、组织变革能力没有显著的影响作用。③动态能力在交互记忆系统和创新绩效之间起中介作用，团队交互记忆系统的增强能够促进企业动态能力的提升，从而提高企业创新绩效，动态能力在两者之间起到中介作用。④环境动态性在动态能力和创新成长绩效之间起正向调节作用。外部环境变化越快，企业越需要在更短时间内来调整和配置内部资源和能力来应对这种快速变化。因此，在越动荡的外部环境下，动态能力越高的企业便会使企业更加自如、有效地应对，使企业快速获得竞争优势，有助于持续发展。

5.4.2 局限性和未来展望

本书虽然已经有一定的成果和学术参考价值，但是也存在几个不足之处可以在将来的继续研究中改进。

（1）采用实证研究的方法进行，所采用的数据有一定局限性，样本仅限于杭州的 IT 企业，但如果要使研究结论有更大范围的受益，研究结果更具一般性，样本企业所在地域应该更广泛、行业更多元，在题量上进行一定程度的扩充。

（2）变量测量还可以进一步改进精确。交互记忆系统的测量方法受到一定局限，测量的往往是单一个体，但交互记忆系统是一个有机整体；对于动态能力的测量采用的是横向数据收集的方法，无法完全科学合理地展示企业不同发展阶段动态能力的作用机制和影响路径。在未来的研究中可以对这两个变量做进一步精确的测量。

（3）在研究中发现，环境动态性在动态能力与创新财务绩效之间没有显著的调节作用，笔者可以进行更加深入的探讨，列举三个可能的探讨方向：①在动态能力和创新财务绩效之间有和环境动态性协同调节的变量存在；②整体的环境动态性对两者的调节作用不显著，但环境动态性的某一维度，譬如技术动态性或市场动态性，在两者之间的关系中起显著的调节作用；③环境动态性在动态能力和创新财务绩效之间本身即不存在调节作用。

通过本书的研究结果可以为企业（特别是 IT 企业）的管理提供一定的理论依据和指导方向，主要有以下几个方面。

（1）企业应该为企业团队的交互记忆系统构建创造有利条件。现今的企业管理多为一个个以团队为基础单元的模式进行，研究表明交互记忆系统对企业的创新绩效（包括创新财务绩效和创新成长绩效）都有着显著的积极影响作用，因此，企业在人力资源管理上应该更加注重交互记忆系统的构建和增强。企业在人事招聘时应该更加注重企业团队内部成员专长性的多元化，使团队内部成员的专长方向更加多样，使团队在应对不同类型的任务时能够更加具有专业人才来处理应对。同时，应该多注重团队自身的建设，关注团队成员个体的荣誉感和协作能力的培养，团队成员之间的沟通协调能力越强，越有助于团队动态能力的提升，从而有效提高企业的创新绩效。

（2）企业应注重自身动态能力的培养。本书的研究中发现，动态能力对于企业的创新绩效有着不可忽视的重要作用，因此对于企业动态能力的培养有着至关重要的作用。动态能力是企业资源重组、配置的能力，企业应关注企业所在行业各能力因子所占的权重来构建和更新企业的动态能力。同时，动态能力在一个动态变化的环境，企业也应该建立一个动态的机制来对它进行监测和培育。另外需要关注的是，不同维度的不同能力对于企业的各方面发展的影响程度是不一样的，因此在动态能力不同的能力培育方式上需要更加有策略性，使企业能够利用更少部分的资源来完成企业管理最需要做的工作。

（3）企业在谋求发展的同时，应多关注外部环境的动态变化以有效应对不同类型的政策和需求变化。笔者关注到环境动态性在动态能力和创新成长绩效的关系中起显著的正向影响作用，市场需求的快速变化和行业核心技术不断革新容易导致企业固有的产品、运营机制在行业的竞争中处于不利的地位。企业领导者应在关注企业自身发展的同时，及时有效关注和探索行业的技术革新方向，以及市场的需求变化，可以尝试在企业中建立一个环境动态变化的监测机制，如有发现近期某些指标有异常，及时介入做出有利的判断带领企业走向更好的发展。同时，企业领导者也应该关注到政治政策、法律法规、社会环境的动态变化，在企业管理中具有更加敏锐的嗅觉、智慧的决策和过人的胆识。

第 6 章 总结与展望

本书运用管理心理学、动态能力、创新绩效、转型升级等研究领域的基本理论和方法，结合国际化、网络化和信息化背景下企业生存与发展的实践，对管理认知、动态能力与转型升级企业创新绩效研究所涉及的基本问题进行了探索和创新。研究提出支撑动态能力认知基础的三种特定类型的管理认知，基于资源转化、能力更新和惯例演化的视角，进一步系统地揭示了动态能力产生机制的“黑箱”，提出并检验了在高新技术产业背景下动态能力对创新绩效的影响机制，以及环境动态对管理认知与动态能力的调节机制的理论框架。通过实证研究和规范研究相结合的方法，采用案例、仿真与实证研究完成了各变量之间基础关系交互研究，得到如下主要研究结论。

首先，唯物辩证法的发展尤为重要，从悖论中把握事物发展，强调物质第一性，主观能动性，动态与静态结合，认知与行为能力相结合及平衡。唯物辩证法是一种解释性的方法，是指一个命题反对其对立命题，并通过超越对立命题而得到解决。对立统一是辩证法的基础，可将对立统一作为悖论研究的元理论原则来处理对立元素间的相互关联或相互依赖关系。悖论在感知上是对立的，但作为一个整体而存在。明确界定对立面有助于阐明其积极和消极影响，有助于通过“中庸之道”识别暂时平衡，或者有助于在强调积极影响同时避免消极影响的时候探索超越的可能性。寻找平衡是处理紧张状态的一种重要手段，往往涉及一个正在进行的动态性交互过程，通过持续不断地跨对立力量的微移实现动态均衡过程。管理的认知框架重视悖论作为元理论化工具的潜力，鼓励通过对立思维，以及质疑最初原假设拓宽对立观点，同时要坚持对立统一、平衡和整体性原则。

其次，管理惯例与动态能力不断磨合相互影响，才可以使企业不断创新，同时选择合适的战略创造新的绩效。惯例虽是企业的基因，但并不是稳定不变的，惯例内部及惯例之间具有相互依赖关系，并且随着企业动态能力变化，企业惯例也会随之变化，甚至产生新的更加适应企业的惯例。企业网络惯例，以及动态能力之间的柔性调整能够促进企业在战略部署、组织结构和管理流程等方面保持灵活性，从而使企业更加适应环境变化，甚至塑造环境引领行业变革。企业网络惯例与动态能力不断磨合，才可以使企业不断创新，同时选择合适的战略创造新的绩效。同时，企业在发展过程中要注重网络惯例间的相互交流，可以好好利用它们之间的相互依赖，但不可过分依赖这样的关系，以免造成不可避免的惯例僵化。

最后，人的因素将越来越重要，尤其是企业的高层管理者。“以人为本”的企业治理理念既是现代经济社会发展的必然要求和结果，也是知识经济时代人的价值的充分体现。“以人为本”不仅提醒着高层管理者作为“人”的员工在企业中的主体性地位，同时也在提示着我们高层管理者个体在企业发展成长中所扮演的重要角色。另外，我们身处的“颠覆性的创新时代”愈发要求现代企业高层管理者要具备“知行合一”的素质。认知是能力的开始，能力是认知的完成，同“知”“行”的统一辩证关系一样，管理者个体的认知与动态能力也需要相互统一而不可分离。企业的世界观是管理认知，方法论是动态能力，它们告诉企业高层管理者如何持续地对生存环境做出判断，感知并把握住出现的机会，同时也告诉他们如何去重构自身和组织的资源与能力，甚至把握机会使企业成功地转型升级，从而实现企业的长久生存和持续发展。

尽管得到了一定的研究结论，弥补了以往研究的不足，但由于精力有限和研究问题的复杂性，笔者尚有许多待解决的问题，希望能在今后的研究中逐渐完善。

（1）完善研究内容。笔者虽然对管理认知、动态能力和企业转型升级进行了相关研究，但仍有许多研究方向值得进行深入挖掘。例如，个体认知如何转变到企业行为（如创新能力构建）的内在机理尚需更深入的研究。企业创新能力提升与演化过程中资金与知识如何互动协同并最终推动动态能力演进将是未来的重要议题之一。此外，根据共演思想，组织绩效依靠的是各组织要素之间的互为补充、相互依赖性和动量共存。因而，在研究设计时必须考虑到复杂的动态环境，考虑包括战略制定、组织结构、管理系统、组织文化等要素在内的一系列变动，适时加入可能的影响变量。未来仍需进一步考察企业能力与企业绩效或者竞争优势之间的关系，从而为如何提升企业环境适应性提供有效操作建议。

（2）增加纵向研究。案例分析时，在企业实地观察的时间比较短，且由于行业的特殊性，只有很少的企业内部资料，未能将动态能力与网络惯例之间的相互影响体现在具体的指标上。所有的研究都可以在研究周期上增加，长时间深入企业观察，分析具体指标，得出的结论对于企业的发展更具借鉴意义。

（3）提高样本的质量和数量。笔者采用实证研究的方法进行，所采用的数据有一定的局限性，样本大部分属于江浙沪企业，但如果要使研究结论有更大范围的受益，研究结果更具一般性，数据的样本企业所在地域应该更加广泛、行业更加多元，在题量上也可以进行一定程度的扩充。

（4）进一步改进和精确变量测量。其中交互记忆系统的测量方法受到一定的局限，测量的往往是单一的个体，但交互记忆系统是一个有机的整体；对于动态能力的测量笔者采用的是横向数据收集的方法，无法完全科学合理地展示企业不同发展阶段动态能力的不同作用机制和影响路径。在未来的研究中可以对这些变量做进一步的精确测量。

参考文献

白冰，邓修权，郭志琼，等. 2015. 企业 IT 能力的形成机制研究——基于动态能力和惯例的视角[J]. 情报科学，33（9）：45-50.
贝姆. 2004. 软件工程经济学[M]. 李师贤，等，译. 北京：机械工业出版社.
曹红军，赵剑波，王以华. 2009. 动态能力的维度：基于中国企业的实证研究[J]. 科学学研究，27（1）：36-44.
曹明. 2007. 企业信息技术能力相关研究[D]. 北京：北京邮电大学.
常真机. 2016. 我国互联网企业的生命周期与资本运作——以阿里巴巴为例[J]. 经营管理者，（中期）：25.
陈栩茜，张积家. 2003. 注意资源理论及其进展[J]. 心理学探新，（4）：24-28.
程虹，刘三江，罗连发. 2016. 中国企业转型升级的基本状况与路径选择——基于 570 家企业 4794 名员工入企调查数据的分析[J]. 管理世界，（2）：57-70.
邓少军. 2015. 企业转型升级中的动态适应：基于高层管理者认知与企业动态能力的互动演化研究[M]. 北京：中国社会科学出版社.
董保宝，葛宝山，王侃. 2011. 资源整合过程、动态能力与竞争优势：机理与路径[J]. 管理世界，（3）：92-101.
董保宝，李全喜. 2013. 竞争优势研究脉络梳理与整合研究框架构建——基于资源与能力视角[J]. 外国经济与管理，35（3）：2-11.
董俊武，黄江圳，陈震红. 2004. 动态能力演化的知识模型与一个中国企业的案例分析[J]. 管理世界，（4）：117-127，156.
杜俊义，熊胜绪，王霞. 2017. 中小企业动态能力对创新绩效的影响——基于环境动态性的调节效应[J]. 科技管理研究，37（1）：25-31.
杜小民，高洋，刘国亮，等. 2015. 战略与创业融合新视角下的动态能力研究[J]. 外国经济与管理，37（2）：18-28.
方建国. 2010. 基于动态能力观的企业技术创新能力研究——以我国高新技术产业上市公司为例[J]. 科技进步与对策，27（16）：72-77.
谷奇峰，丁慧平. 2009. 企业能力理论研究综述[J]. 北京交通大学学报（社会科学版），8（1）：17-22.
郭斌. 2001. 企业核心能力生命周期论[J]. 科研管理，（1）：92-100.
韩翼，廖建桥，龙立荣. 2007. 雇员工作绩效结构模型构建与实证研究[J]. 管理科学学报，（5）：62-77.
何小钢. 2019. 核心资源、动态能力与跨产业升级——基于科技企业的跨案例研究[J]. 科学学与科学技术管理，40（10）：129-145.
何一清，崔连广，张敬伟. 2015. 互动导向对创新过程的影响：创新能力的中介作用与资源拼凑的调节作用[J]. 南开管理评论，18（4）：96-105.
贺小刚，李新春，方海鹰. 2006. 动态能力的测量与功效：基于中国经验的实证研究[J]. 管理世界，（3）：94-103，113，171.
侯二秀，秦蓉，雍华中. 2016. 基于扎根理论的科研团队创新绩效影响因素研究[J]. 中国管理科学，24（S1）：868-874.
胡钢. 2013. 动态能力对企业多元化及其绩效的影响研究——基于知识的视角[D]. 长沙：中南大学.
胡钰. 2014. 认识国企要有思想定力——国企的改革历程与存在价值[J]. 人民论坛，（1）：51-53.
黄海艳. 2014. 非正式网络对个体创新行为的影响——组织支持感的调节作用[J]. 科学学研究，32（4）：631-638.
黄海艳，武蓓. 2016. 交互记忆系统、动态能力与创新绩效关系研究[J]. 科研管理，37（4）：68-76.
黄卫伟，等. 2014. 以奋斗者为本[M]. 北京：中信出版社.
简兆权，刘念. 2019. 动态能力构建机理与服务创新绩效——基于佛朗斯的服务平台转型研究[J]. 科学学与科学技术管理，40（12）：84-101.
姜忠辉，赵德志. 2007. 企业资源基础理论述评[J]. 市场周刊（理论研究），（9）：29-32.
蒋天颖，王俊江. 2009. 智力资本、组织学习与企业创新绩效的关系分析[J]. 科研管理，30（4）：44-50.
焦豪. 2011. 双元型组织竞争优势的构建路径：基于动态能力理论的实证研究[J]. 管理世界，（11）：76-91，188.
焦豪，魏江，崔瑜. 2008. 企业动态能力构建路径分析：基于创业导向和组织学习的视角[J]. 管理世界，（4）：91-106.
金碚. 2016. 论经济全球化 3.0 时代——兼论“一带一路”的互通观念[J]. 中国工业经济，（1）：5-20.
金昕，陈松. 2015. 知识源战略、动态能力对探索式创新绩效的影响——基于知识密集型服务企业的实证[J]. 科研管理，36（2）：32-40.
况志军. 2006. 基于动态能力视角的 IT 能力与持续竞争优势研究[J]. 科技进步与对策，（10）：115-117.
李大元，项保华，陈应龙. 2009. 企业动态能力及其功效：环境不确定性的影响[J]. 南开管理评论，12（6）：60-68.
李奉书，黄婧涵. 2018. 联盟创新网络嵌入性与企业技术创新绩效研究[J]. 中国软科学，（6）：119-127.
李伟铭，崔毅，陈泽鹏，等. 2008. 技术创新政策对中小企业创新绩效影响的实证研究——以企业资源投入和组织激励为中介变量[J]. 科学学与科学技术管理，（9）：61-65.
李晓宇，陈国卿. 2019. 信息技术投入、技术创新动态能力与企业绩效关系研究[J]. 科技进步与对策，36（16）：100-107.
李兴旺，高鸿雁，武斯琴. 2011. 动态能力理论的演进与发展：回顾及展望[J]. 科学管理研究，29（1）：92-96.
李正卫. 2005. 技术动态性、组织学习与技术追赶：基于技术生命周期的分析[J]. 科技进步与对策，（7）：8-11.
林海芬，王涛. 2017. 惯例演化视角组织创新的实施机理研究——以天地华宇定日达创新为例[J]. 管理评论，29（1）：250-264.
林筠，王蒙. 2014. 交互记忆系统对团队探索式学习和利用式学习的影响：以团队反思为中介[J]. 管理评论，26（6）：143-150，176.
林萍. 2009. 动态能力的测量及作用：来自中国企业的经验数据[J]. 中南大学学报（社会科学版），15（4）：533-540.
刘刚，刘静. 2013. 动态能力对企业绩效影响的实证研究——基于环境动态性的视角[J]. 经济理论与经济管理，（3）：83-94.
刘惠琴，张德. 2007. 高校学科团队中魅力型领导对团队创新绩效影响的实证研究[J]. 科研管理，（4）：185-191.
刘晓静. 2013. 新形势下企业竞争优势的来源——动态能力对企业绩效的提升作用[J]. 经营与管理，（1）：106-108.
刘晔. 2012. 企业能力本质及其演化机制[J]. 西北农林科技大学学报（社会科学版），12（3）：74-78.
刘志彪，张杰. 2007. 全球代工体系下发展中国家俘获型网络的形成、突破与对策——基于 GVC 与 NVC 的比较视角[J]. 中国工业经济，（5）：39-47.
柳卸林，严卫群，常馨之. 2020. 海归人才知识密度对企业创新绩效的影响——基于中关村企业的实证分析[J]. 科学学与科学技术管理，41（10）：62-73.
罗珉，刘永俊. 2009. 企业动态能力的理论架构与构成要素[J]. 中国工业经济，（1）：75-86.
罗仲伟，卢彬彬. 2011. 技术范式变革环境下组织的战略适应性[J]. 经济管理，33（12）：33-42.
马鸿佳，张弼弘，唐思思. 2020. 新创企业惯例形成过程与能力关系的机制研究[J]. 外国经济与管理，42（6）：55-68.
马文聪，朱桂龙. 2011. 环境动态性对技术创新和绩效关系的调节作用[J]. 科学学研究，29（3）：454-460.
毛蕴诗，林彤纯，吴东旭. 2016. 企业关键资源、权变因素与升级路径选择——以广东省宜华木业股份有限公司为例[J]. 经济管理，38（3）：45-56.
毛蕴诗，汪建成. 2006. 基于产品升级的自主创新路径研究[J]. 管理世界，（5）：114-120.
毛蕴诗，吴瑶，邹红星. 2010. 我国 OEM 企业升级的动态分析框架与实证研究[J]. 学术研究，（1）：63-69，77，160.
毛蕴诗，郑奇志. 2016. 论国际分工市场失效与重构全球价值链——新兴经济体的企业升级理论构建[J]. 中山大学学报（社会科学版），56（2）：175-187.
秦剑，王迎军. 2008. 突破性创新的成功驱动因素研究——组织能力的视角[J]. 中国科技论坛，（7）：21-25.
屈晓倩，刘新梅. 2016. 信息型团队断裂与团队创造力关系的实证研究——交互记忆系统的中介作用[J]. 研究与发展管理，28（1）：52-61.
尚航标，黄培伦，田国双，等. 2014. 企业管理认知变革的微观过程：两大国有森工集团的跟踪性案例分析[J]. 管理世界，（6）：126-141，188.
尚航标，李卫宁，蓝海林. 2013. 如何突破认知凝滞？管理认知变革的理论综述[J]. 科学学与科学技术管理，34（8）：25-33.

宋砚秋，杨岚. 2017. 基于系统动力学的复杂产品系统动态能力研究[J]. 科研管理，38（10）：150-160.
陶锋，张会勤，李红. 2018. 外部知识溢出、研发双重效应与企业创新绩效[J]. 财经问题研究，（5）：44-51.
滕修攀，魏云飞，程德俊，等. 2020. 产业互联网背景下传统制造业的转型路径探索：商业模式创新案例分析[J]. 管理现代化，40（4）：19-22.
万鹏宇，王弘钰. 2020. 高管团队交互记忆系统、能力重构与企业创新绩效——团队自反性的视角[J]. 科技管理研究，40（16）：157-166.
王端旭，薛会娟. 2013. 交互记忆系统对团队创造力的影响及其作用机制——以利用性学习和探索性学习为中介[J]. 科研管理，34（6）：106-114.
王核成. 2005. 基于动态能力观的企业竞争力及其演化研究[D]. 杭州：浙江大学.
王核成，鲁东琴，周泯非. 2018. 企业网络权力配置与创新能力的提升——吉利汽车纵向案例研究[J]. 科学学与科学技术管理，39（3）：61-76.
王金凤，吴蕊强，冯立杰，等. 2017. 企业创新氛围、员工创新意愿与创新绩效机理研究——基于高新技术企业的实证分析[J]. 经济与管理研究，38（9）：127-136.
王寅. 2006. 认知语言学[M]. 上海：上海外语教育出版社.
吴红翠. 2012. 供应链社会资本对创新绩效的影响研究：动态能力的中介效应[D]. 天津：天津大学.
吴家曦，李华燊. 2009. 浙江省中小企业转型升级调查报告[J]. 管理世界，（8）：1-5，9.
吴晓波，高忠仕，魏仕杰. 2007. 隐性知识显性化与技术创新绩效实证研究[J]. 科学学研究，(6)：1233-1238.
吴晓波，胡保亮，蔡荃. 2006. 运用信息技术能力获取竞争优势的框架与路径研究[J]. 科研管理，（5）：53-58.
武亚军. 2013. “战略框架式思考”、“悖论整合”与企业竞争优势——任正非的认知模式分析及管理启示[J]. 管理世界，（4）：150-167.
武亚军，冯晓岚，许德音. 2010. 战略理论的隐喻、范式及整合意义[J]. 浙江大学学报（人文社会科学版），40（2）：98-109.
夏炜，蔡建峰. 2008. 企业竞争优势的演化——基于惯例的视角[J]. 科学学与科学技术管理，（11）：164-168.
谢洪明，吴隆增，王成. 2007. 组织学习、知识整合与核心能力的关系研究[J]. 科学学研究，(2)：312-318.
谢洪明，张颖，程聪，等. 2014. 网络嵌入对技术创新绩效的影响：学习能力的视角[J]. 科研管理，35（12）：1-8.
徐宏智. 2015. 民营企业资本运营策略研究——以 A、B 公司为例[D]. 南京：东南大学.
徐杰军，谭滔，李玲. 2009. 基于动态能力理论的项目型企业知识管理研究[J]. 科技进步与对策，26（3）：132-136.
杨桂菊，程兆谦，侯丽敏，等. 2017. 代工企业转型升级的多元路径研究[J]. 管理科学，30（4）：124-138.
杨瑾，解若琳. 2020. 颠覆式创新驱动装备制造业转型升级的关键影响因素及路径[J]. 中国科技论坛，（11）：74-82，109.

殷群，李丹. 2014. 产业技术创新联盟合作伙伴选择研究[J]. 河海大学学报（哲学社会科学版），16（2）：62-66，82，92.

殷融，苏得权，叶浩生. 2013. 具身认知视角下的概念隐喻理论[J]. 心理科学进展，21（2）：220-234.

于倩. 2008. 全球价值链治理与我国加工贸易产业升级[J]. 商业时代，（2）：32-34.

俞兆渊，鞠晓伟，余海晴. 2020. 企业社会网络影响创新绩效的内在机理研究——打开知识管理能力的黑箱[J]. 科研管理，41（12）：149-159.

岳金桂，于叶. 2019. 技术创新动态能力与技术商业化绩效关系研究——环境动态性的调节作用[J]. 科技进步与对策，36（10）：91-98.

张继辰，文丽颜. 2012. 华为的人力资源管理[M]. 3 版. 深圳：海天出版社.

张婕，樊耘，张旭. 2015. 组织激励与组织约束对员工创新的二元影响研究——基于应激交互作用理论[J]. 预测，34（6）：1-7.

张军，张素平，许庆瑞. 2012. 企业动态能力构建的组织机制研究——基于知识共享与集体解释视角的案例研究[J]. 科学学研究，30（9）：1405-1415.

张炼强. 2007. 语言和言语活动的认知思维理据——兼论认知思维与逻辑思维的关系[J]. 首都师范大学学报（社会科学版），（2）：99-114.

张志强，吕爽. 2019. 创新自我效能感与创新行为的关系研究——创新支持的调节作用[J]. 技术经济与管理研究，（4）：50-54.

周瑾，闫晓军. 2010. 知识管理能力、管理决策与企业绩效关系实证研究[J]. 科学学与科学技术管理，31（11）：129-135，162.

周君藏. 2011. 任正非这个人[M]. 北京：中信出版社.

周留征. 2015. 华为哲学：任正非的企业之道[M]. 北京：机械工业出版社.

Abramovitz M. 1994. Catch-Up and Convergence in the Postwar Growth Boom and After[M]. New York: Oxford University Press.

Adner R, Helfat C E. 2003. Corporate effects and dynamic managerial capabilities[J]. Strategic Management Journal, 24(10): 1011-1025.

Akinci C, Sadler-Smith E. 2012. Intuition in management research: A historical review[J]. International Journal of Management Reviews, 14(1): 104-122.

Alvarez S A, Barney J B. 2007. Discovery and creation: Alternative theories of entrepreneurial action[J]. Strategic Entrepreneurship Journal, 1(1/2): 11-26.

Amabile T, Conti R, Coon H, et al. 1996. Assessing the work environment[J]. Journal of Nursing Administration, 16(4): 11-17.

Ambrosini V, Bowman C, Collier N. 2009. Dynamic capabilities: An exploration of how firms renew their resource base[J]. British Journal of Management, 20(S1): S9-S24.

Amit R, Schoemaker P J H. 1993. Strategic assets and organizational rent[J]. Strategic Management Journal, 14(1): 33-46.

Andriopoulos C, Lewis M W. 2009. Exploitation-exploration tensions and organizational ambidexterity: Managing paradoxes of innovation[J]. Organization Science, 20(4): 696-717.

Aragón-Correa J A, Sharma S. 2003. A contingent resource-based view of proactive corporate environmental strategy[J]. The Academy of Management Review, 28(1): 71-88.

Argote L, Ingram P. 2000. Knowledge transfer: A basis for competitive advantage in firms[J]. Organizational Behavior and Human Decision Processes, 82(1): 150-169.

Argote L, Ren Y Q. 2012. Transactive memory systems: A microfoundation of dynamic capabilities[J]. Journal of Management Studies, 49(8): 1375-1382.

Barney J. 1991. Firm resources and sustained competitive advantage[J]. Journal of Management, 17(1): 99-120.

Barreto I. 2010. Dynamic capabilities: A review of past research and an agenda for the future[J]. Journal of Management, 36(1): 256-280.

Baum J R, Locke E A, Kirkpatrick S A. 1998. A longitudinal study of the relation of vision and vision communication to venture growth in entrepreneurial firms[J]. Journal of Applied Psychology, 83(1): 43-54.

Becker M C. 2004. Organizational routines: A review of the literature[J]. Industrial and Corporate Change, 13(4): 643-678.

Becker M C, Knudsen T. 2005. The role of routines in reducing pervasive uncertainty[J]. Journal of Business Research, 58(6): 746-757.

Berg L, Bergström R. 1998. Consumer confidence and consumption in Sweden[J]. SSRN Electronic Journal, 11(9): 1-29.

Besharov M L. 2014. The relational ecology of identification: How organizational identification emerges when individuals hold divergent values[J]. The Academy of Management Journal, 57(5): 1485-1512.

Besharov M L, Smith W K. 2014. Multiple institutional logics in organizations: Explaining their varied nature and implications[J]. The Academy of Management Review, 39(3): 364-381.

Bharadwaj A S. 2000. A resource-based perspective on information technology capability and firm performance: An empirical investigation[J]. MIS Quarterly, 24(1): 169-196.

Bibeault D B. 1982.Corporate turnaround: How managers turn losers into winners[J]. Accountancy, 15(6): 110-111.

Bloom N, van Reenen J V. 2007. Measuring and explaining management practices across firms and countries[J]. The Quarterly Journal of Economics, 122(4): 1351-1408.

Bodrožić Z, Adler P S. 2018. The evolution of management models: A neo-Schumpeterian theory[J]. Administrative Science Quarterly, 63(1): 85-129.

Borch O J, Madsen E L. 2007. Dynamic capabilities facilitating innovative strategies in SMEs[J]. International Journal of Technoentrepreneurship, 1(1): 109-125.

Bresnen M, Goussevskaia A, Swan J. 2005. Implementing change in construction project organizations: Exploring the interplay between structure and agency[J]. Building Research and Information, 33(6): 547-560.

Bruni D S, Verona G. 2009. Dynamic marketing capabilities in science-based firms: An exploratory investigation of the pharmaceutical industry[J]. British Journal of Management, 20(S1): S101-S117.

Bunce D, West M A. 1995. Self perceptions and perceptions of group climate as predictors of individual innovation at work[J]. Applied Psychology, 44(3): 199-215.

Caloghirou Y, Kastelli I, Tsakanikas A. 2004. Internal capabilities and external knowledge sources:

Complements or substitutes for innovative performance? [J]. Technovation, 24(1): 29-39.
Cameron E. 1986. The "godly community" in the theory and practice of the European Reformation[J]. Studies in Church History, 23: 131-153.
Cameron K S, Quinn R E. 1988. Organizational Paradox and Transformation[M]. New York: Ballinger Publishing Co/Harper & Row Publishers.
Carayannis E G. 1999. Fostering synergies between information technology and managerial and organizational cognition: The role of knowledge management[J]. Technovation, 19(4): 219-231.
Carayannis E G, Barth T D, Campbell D F J. 2012. The quintuple helix innovation model: Global warming as a challenge and driver for innovation[J]. Journal of Innovation and Entrepreneurship, 1(1): 1-12.
Chan Y M. 2004. Implementation of an environmental management system in an educational institution: The case of the University of Hong Kong[J]. World Economy, 13(2): 263-273.
Chen X G, Li X, Clark J G, et al. 2013. Knowledge sharing in open source software project teams: A transactive memory system perspective[J]. International Journal of Information Management, 33(3): 553-563.
Christensen C M. 1997. The Innovator's Dilemma: When New Technologies Cause Great Firms to Fail[M]. Boston: Harvard Business School Press.
Christensen C M, Rosenbloom R S. 1995. Explaining the attacker's advantage: Technological paradigms, organizational dynamics, and the value network[J]. Research Policy, 24(2): 233-257.
Christensen L J, Menzel K E. 1998. The linear relationship between student reports of teacher immediacy behaviors and perceptions of state motivation, and of cognitive, affective, and behavioral learning[J]. Communication Education, 47(1): 82-90.
Cohen M D, Bacdayan P. 1994. Organizational routines are stored as procedural memory: Evidence from a laboratory study[J]. Organization Science, 5(4): 554-568.
Cohendet P, Llerena P. 2003. Routines and incentives: The role of communities in the firm[J]. Industrial and Corporate Change, 12(2): 271-297.
Colman A M. 2006. Oxford Dictionary of Psychology.2nd ed[M]. New York: Oxford University Press.
Cossette P, Audet M. 1992. Mapping of an idiosyncratic schema[J]. Journal of Management Studies, 29(3): 325-347.
Costello F J, Keane M T. 2000. Efficient creativity: Efficient constraint guided conceptual combination[J]. Cognitive Science, 24(2): 299-349.
Cusumano M A, Selby R W. 1997. How Microsoft builds software[J]. Communications of the ACM, 40(6): 53-61.
Cyert R M, March J G. 1963. A behaviour theory of the firm[J]. Orginally, 16(1): 1-322.
Danneels E. 2011. Trying to become a different type of company: Dynamic capability at Smith Corona[J]. Strategic Management Journal, 32(1): 1-31.
Danneels E. 2016. Survey measures of first-and second-order competences[J]. Strategic Management Journal, 37(10): 2174-2188.
Day G S. 1990. Market Driven Strategy: Processes for Creating Value[M]. New York: The Free Press.
Demb A, Neubauer F F. 1992. The corporate board: Confronting the paradoxes[J]. Long Range

Planning, 25(3): 9-20.

Denison D R, Hooijberg R, Quinn R E. 1995. Paradox and performance: Toward a theory of behavioral complexity in managerial leadership[J]. Organization Science, 6(5): 524-540.

Denrell J, Fang C, Winter S G. 2003. The economics of strategic opportunity[J]. Strategic Management Journal, 24(10): 977-990.

Dierickx I, Cool K. 1989. Asset stock accumulation and sustainability of competitive advantage[J]. Management Science, 35(12): 1504-1511.

Dosi G, Nelson R R. 1994. An introduction to evolutionary theories in economics[J]. Journal of Evolutionary Economics, 4(3): 153-172.

Dowell G, Swaminathan A. 2000. Racing and back-pedalling into the future: New product introduction and organizational mortality in the US bicycle industry, 1880-1918[J]. Organization Studies, 21(2): 405-431.

Edmondson A C, Bohmer R M, Pisano G P. 2001. Disrupted routines: Team learning and new technology implementation in hospitals[J]. Administrative Science Quarterly, 46(4): 685-716.

Egan T M. 2005. Factors influencing individual creativity in the workplace: An examination of quantitative empirical research[J]. Advances in Developing Human Resources, 7(2): 160-181.

Eggers J P, Kaplan S. 2009. Cognition and renewal: Comparing CEO and organizational effects on incumbent adaptation to technical change[J]. Organization Science, 20(2): 461-477.

Eggers J P, Kaplan S. 2013. Cognition and capabilities: A multi-level perspective[J]. The Academy of Management Annals, 7(1): 295-340.

Eisenhardt K M. 1989. Building theories from case study research[J]. The Academy of Management Review, 14(4): 532-550.

Eisenhardt K M, Martin J A. 2000. Dynamic capabilities: What are they?[J]. Strategic Management Journal, 21(10/11): 1105-1121.

Ericsson K A, Lehmann A C. 1996. Expert and exceptional performance: Evidence of maximal adaptation to task constraints[J]. Annual Review of Psychology, 47(1): 273-305.

Eriksson T, Qin Z H, Wang W J. 2014. Firm-level innovation activity, employee turnover and HRM practices-evidence from Chinese firms[J]. China Economic Review, 30(4): 583-597.

Ethiraj S K, Gambardella A, Helfat C E. 2017. Reviews of strategic management research[J]. Strategic Management Journal, 38(1): 3.

Falasca M, Zhang J M, Conchar M, et al. 2017. The impact of customer knowledge and marketing dynamic capability on innovation performance: An empirical analysis[J]. Journal of Business & Industrial Marketing, 32(7): 901-912.

Farmer S M, Tierney P, Kung-Mcintyre K. 2003. Employee creativity in Taiwan: An application of role identity theory[J]. The Academy of Management Journal, 46(5): 618-630.

Feldman M S. 2000. Organizational routines as a source of continuous change[J]. Organization Science, 11(6): 611-629.

Feldman M S, Orlikowski W J. 2011. Theorizing practice and practicing theory[J]. Organization Science, 22(5): 1240-1253.

Feldman M S, Pentland B T. 2003. Reconceptualizing organizational routines as a source of flexibility and change[J]. Administrative Science Quarterly, 48(1): 94-118.

Felin T, Foss N J. 2005. Strategic organization: A field in search of micro-foundations[J]. Strategic Organization, 3(4): 441-455.

Felin T, Foss N J. 2011. The (proper) microfoundations of routines and capabilities: A response to winter, Pentland, Hodgson and Knudsen[J]. Journal of Institutional Economics, 8(2): 271-288.

Ferraris A, Bogers M L A M, Bresciani S. 2020. Subsidiary innovation performance: Balancing external knowledge sources and internal embeddedness[J]. Journal of International Management, 26(4): 100794.

Flamm K. 1988. Creating the Computer: Government, Industry, and High Technology[M]. Washington D. C.: Brookings Institution.

Freud A. 1938. The Ego and the Mechanisms of Defence[M]. New York: International Universities Press.

Gaglio C M, Katz J A. 2001. The psychological basis of opportunity identification: Entrepreneurial alertness[J]. Small Business Economics, 16(2): 95-111.

Gans J S, Stern S. 2003. The product market and the market for "ideas": Commercialization strategies for technology entrepreneurs[J]. Research Policy, 32(2): 333-350.

Gavetti G. 2005. Cognition and hierarchy: Rethinking the microfoundations of capabilities' development[J]. Organization Science, 16(6): 599-617.

Gavetti G, Levinthal D. 2000. Looking forward and looking backward: Cognitive and experiential search[J]. Administrative Science Quarterly, 45(1): 113-137.

Gazzaniga M S, Heatherton T F, Halpern D F. 2010. Psychological Science.3rd ed[M].New York: W. W. Norton & Company.

Gereffi G. 1999. International trade and industrial upgrading in the apparel commodity chain[J]. Journal of International Economics, 48(1): 37-70.

Gilley K M, Rasheed A. 2000. Making more by doing less: An analysis of outsourcing and its effects on firm performance[J]. Journal of Management, 26(4): 763-790.

Goodwin P, Cochran J J, Cox L A, et al. 2011.Combining Scenario Planning with Multiattribute Decision Making[M]. New York: John Wiley & Sons, Inc.

Grant A M, Berry J W. 2011. The necessity of others is the mother of invention: Intrinsic and prosocial motivations, perspective taking, and creativity[J]. The Academy of Management Journal, 54(1): 73-96.

Griffith D A, Harvey M G, Lusch R F. 2006. Social exchange in supply chain relationships: The resulting benefits of procedural and distributive justice[J]. Journal of Operations Management, 24(2): 85-98.

Grodal S, Nelson A J, Siino R M. 2015. Help-seeking and help-giving as an organizational routine: Continual engagement in innovative work[J]. The Academy of Management Journal, 58(1): 136-168.

Gunawan T, Jacob J, Duysters G. 2016. Network ties and entrepreneurial orientation: Innovative performance of SMEs in a developing country[J]. International Entrepreneurship and Management Journal, 12(2): 575-599.

Hagedoorn J, Cloodt M. 2003. Measuring innovative performance: Is there an advantage in using multiple indicators?[J]. Research Policy, 32(8): 1365-1379.

Hampden-Turner C, Trompenaars F. 1997. Mastering the Infinite Game: How East Asian Values are Transforming Business Practices[M]. Mankato: Capstone.

Handy C. 1995. The Age of Paradox[M]. Brighton: Harvard Business School Press.

Helfat C E, Finkelstein S, Mitchell W, et al. 2007. Dynamic capabilities: Understanding strategic change in organizations[J]. The Academy of Management Review, 30(1): 203-207.

Helfat C E, Peteraf M A. 2003. The dynamic resource-based view: Capability lifecycles[J]. Strategic Management Journal, 24(10): 997-1010.

Helfat C E, Peteraf M A. 2015. Managerial cognitive capabilities and the microfoundations of dynamic capabilities[J]. Strategic Management Journal, 36(6): 831-850.

Helfat C E, Winter S G. 2011. Untangling dynamic and operational capabilities: Strategy for the (n)ever- changing world[J]. Strategic Management Journal, 32(11): 1243-1250.

Hesterly W, Hallberg N L, Felin T, et al. 2013. The Origins (or Evolution) of Organizational Capabilities[M]. Glencoe: Free Press.

Hodgkinson G P, Healey M P. 2011. Psychological foundations of dynamic capabilities: Reflexion and reflection in strategic management[J]. Strategic Management Journal, 32(13): 1500-1516.

Hollingshead A B. 1998. Distributed expertise and transactive processes in decision-making groups[J]. Research on Managing Groups and Teams, 1: 103-123.

Hooley G J, Lynch J E, Jobber D. 1992. Generic marketing strategies[J]. International Journal of Research in Marketing, 9(1): 75-89.

Hoopes D G, Madsen T L. 2008. A capability-based view of competitive heterogeneity[J]. Industrial and Corporate Change, 17(3): 393-426.

Hunley S ,Schaller M. 2009. Assessment the key to creating spaces that promote learning[J]. Educause Review, (March/April): 26-33.

Jansen J J P, van den Bosch F A J, Volberda H W. 2006. Exploratory innovation, exploitative innovation, and performance: Effects of organizational antecedents and environmental moderators[J]. Management Science, 52(11): 1661-1674.

Janssen O. 2000. Job demands, perceptions of effort-reward fairness and innovative work behaviour[J]. Journal of Occupational and Organizational Psychology, 73(3): 287-302.

Janssen O, van Yperen N W. 2004. Employees' goal orientations, the quality of leader-member exchange, and the outcomes of job performance and job satisfaction[J]. The Academy of Management Journal, 47(3): 368-384.

Jantunen A, Ellonen H K, Johansson A. 2012. Beyond appearances - do dynamic capabilities of innovative firms actually differ? [J]. European Management Journal, 30(2): 141-155.

Jones D R. 2003. Position taking and position avoidance in the U.S. Senate[J]. The Journal of Politics, 65(3):851-863.

Jung R. 1965. Physiology and pathophysiology of sleep[J]. Die Medizinische Welt, 24:1358-1359.

Kaplan R S, Norton D P. 2004. Keeping score on community investment[J]. Leader to Leader, (33): 13-19.

Kaplan S, Henderson R. 2005. Inertia and incentives: Bridging organizational economics and organizational theory[J]. Organization Science, 16(5): 509-521.

Karim S, Mitchell W. 2000. Path-dependent and path-breaking change: Reconfiguring business resources following acquisitions in the U. S. medical sector, 1978-1995[J]. Strategic Management Journal, 21(10/11): 1061-1081.

Karim S, Mitchell W. 2004. Innovating through acquisition and internal development: A quarter-century of boudary evolution at Johnson & Johnson[J]. Long Range Planning, 37(6): 525-547.

Katkalo V S, Pitelis C N, Teece D J. 2010. Aquarius platinum limited - 2nd Qtr 2007 financial year production results (financial report)[J]. Industrial & Corporate Change, 19(19): 1175-1186.

Kierkegaard S. 1944. Attack upon Christendom[M]. Princeton: Princeton University Press.

King A A, Tucci C L. 2002. Incumbent entry into new market niches: The role of experience and managerial choice in the creation of dynamic capabilities[J]. Management Science, 48(2): 171-186.

Koestler A. 1967. Sonnenfinsternis: Roman[M]. München: Deutscher Taschenbuch Verlag.

Kolmann K. 2002. Explorations in the sociology of consumption. Fast food, credit cards and casinos[J]. Journal of Consumer Policy, 25(3/4):460-462.

Kor Y Y, Mesko A. 2013. Dynamic managerial capabilities: Configuration and orchestration of top executives' capabilities and the firm's dominant logic[J]. Strategic Management Journal, 34(2): 233-244.

Kosslyn S M, Rosenberg R S. 2006. Psychology: The Brain, the Person, the World[M]. Boston:Allyn and Bacon.

Kozlowski S W J, Bell B S. 2003. Work groups and teams in organizations[M]// Handbook of Psychology: Industrial and Organizational Psychology, Vol. 12, 2nd ed. Hoboken: John Wiley & Sons, Inc.

Kreiner C T, Munch J R, Whitta-Jacobsen H J. 2015. Taxation and the long run allocation of labor: Theory and Danish evidence[J]. Journal of Public Economics, 127: 74-86.

Lakoff G, Johnson M. 1980. The metaphorical structure of the human conceptual system[J]. Cognitive Science, 4(2): 195-208.

Langlois R N, Robertson P L. 2018. Stop crying over spilt knowledge: A critical look at the theory of spillovers and technical change[J]. Journal of Public Finance and Public Choice, 33(1): 63-80.

Lavie D, Haunschild P R, Khanna P. 2012. Organizational differences, relational mechanisms, and alliance performance[J]. Strategic Management Journal, 33(13): 1453-1479.

Lazaric N, Marengo L. 2000. Towards a characterization of assets and knowledge created in technological agreements: Some evidence from the automobile robotics sector[J]. Industrial and Corporate Change, 9(1): 53-86.

Lazonick W. 2002. The Japanese economy and corporate reform: What path to sustainable prosperity?[M]// Corporate Governance and Sustainable Prosperity. New York: Palgrave Macmillan.

Lazonick W, Prencipe A. 2005. Dynamic capabilities and sustained innovation: Strategic control and financial commitment at Rolls-Royce plc[J]. Industrial and Corporate Change, 14(3): 501-542.

Leiblein M J. 2011.What do resource and capability-based theories propose?[J]. Journal of Management, 37(4): 909-932.

Leonard-Barton D. 1992. Core capabilities and core rigidities: A paradox in managing new product development[J]. Strategic Management Journal, 13(1): 111-125.

Levinthal D A. 2001. Organizational capabilities in complex worlds[M]// Dosi G, Nelson R R, Winter S G. The Nature and Dynamics of Organizational Capabilities. New York: Oxford University Press.

Lewis K. 2003. Measuring transactive memory systems in the field: Scale development and validation[J]. Journal of Applied Psychology, 88(4): 587-604.

Lewis M W, Grimes A J. 1999. Metatriangulation: Building theory from multiple paradigms[J]. The Academy of Management Review, 24(4): 672-690.

Liang D W, Moreland R, Argote L. 1995. Group versus individual training and group performance: The mediating role of transactive memory[J]. Personality and Social Psychology Bulletin, 21(4): 384-393.

Lyneis J M, Ford D N. 2007. System dynamics applied to project management: A survey, assessment, and directions for future research[J]. System Dynamics Review, 23(2/3): 157-189.

Makadok R. 2001.Toward a synthesis of the resource-based and dynamic capability views of rent creation[J]. Strategic Management Journal, 22(5): 387-401.

Mantoux P. 1961. The Industrial Revolution in the Eighteenth Century: An Outline of the Beginnings of the Modern Factory System in England[M]. London: MacMillan.

March J G, Simon H A. 1958. Organizations[M]. Hoboken: John Wiley & Sons Inc.

Marshall A. 1920. Principles of Economics .8th ed[M].London: MacMillan.

Mokyr J. 2002. The Gifts of Athena: Historical Origins of the Knowledge Economy[M]. Princeton: Princeton University Press.

Moore J R, Penrose E T. 1959. The theory of the growth of the firm[J]. Southern Economic Journal, 27(2): 151.

Moreland R L. 1999. Transactive Memory: Learning Who Knows What in Work Groups and Organizations: The Management of Knowledge[M]. London: Psychology Press.

Moreland R L, Myaskovsky L. 2000. Exploring the performance benefits of group training: Transactive memory or improved communication?[J]. Organizational Behavior and Human Decision Processes, 82(1): 117-133.

Mowery D C. 1983. Innovation, market structure, and government policy in the American semiconductor electronics industry: A survey[J]. Research Policy, 12(4): 183-197.

Mowery D C. 2007. The Boundaries of the US Firm in R&D[M]. Chicago: University of Chicago Press.

Murmann J P. 2000. Knowledge and competitive advantage in the synthetic dye industry, 1850-1914: The coevolution of firms, technology, and national institutions in Great Britain, Germany, and the United States[J]. Enterprise and Society, 1(4): 699-704.

Narduzzo A, Rocco E, Warglien M. 2000. Talking about routines in the field: The emergence of organizational capabilities in a new cellular phone network company[J]. Nature & Dynamics of Organizational Capabilities, 27(1): 23-24.

Nelson R R, Winter S G. 1982. An Evolutionary Theory of Economic Change[M]. Cambridge: Harvard University Press.

North D C. 2005. Understanding the Process of Economic Change[M]. Princeton: Princeton University Press.

O'Reilly C A, Tushman M L. 2008. Ambidexterity as a dynamic capability: Resolving the innovator's dilemma[J]. Research in Organizational Behavior, 28: 185-206.

Olofsson D. 2003. Radical Product Innovations: A Multidimensional Model for Identifying Radical Product Innovations[M]. Eskilstuna: Mälardalens Högskola.

Ottosson S. 2004. Dealing with innovation push and market need[J]. Technovation, 24(4): 279-285.

Pandza K, Thorpe R. 2009. Creative search and strategic sense making: Missing dimensions in the concept of dynamic capabilities[J]. British Journal of Management, 20(S1): S118-S131.

Parida V, Örtqvist D. 2015. Interactive effects of network capability, ICT capability, and financial slack on technology-based small firm innovation performance[J]. Journal of Small Business Management, 53(S1): 278-298.

Parmigiani A, Howard-Grenville J. 2011. Routines revisited: Exploring the capabilities and practice perspectives[J]. The Academy of Management Annals, 5(1): 413-453.

Peltokorpi V. 2008. Transactive memory systems[J]. Review of General Psychology, 12(4): 378-394.

Peng K P, Nisbett R E. 1999. Culture, dialectics, and reasoning about contradiction[J]. American Psychologist, 54(9): 741-754.

Penrose E. 1959. The Theory of the Growth of the Firm[M]. New York: Oxford University Press.

Penrose R. 1963. The price of middle east oil: An essay in political economy by Wayne A. Leeman[J]. Economica, 30(118): 214-215.

Pentland B T, Recker J, Wyner G. 2016. Conceptualizing and measuring interdependence between organizational routines[C]. Association for Information Systems.

Peteraf M A, Stefano G D, Verona G. 2013. The elephant in the room of dynamic capabilities: Bringing two diverging conversations together[J]. Strategic Management Journal, 34 (12): 1389-1410.

Pierce J R, Aguinis H. 2013. The too-much-of-a-good-thing effect in management[J]. Journal of Management, 39(2): 313-338.

Pollard S. 1965. Education suffers as offender, not victim, comes first[J]. Mechanisms in Bioenergetics, 200(1):209-225.

Poon T. 2004. Beyond the global production networks: A case of further upgrading of Taiwan's information technology industry[J]. International Journal of Technology and Globalisation, 1(1): 130-144.

Posner M I, Rothbart M K. 2007. Research on attention networks as a model for the integration of psychological science[J]. Annual Review of Psychology, 58(1): 1-23.

Postrel S, Rumelt R P. 1992. Incentives, routines, and self-command[J]. Industrial and Corporate Change, 1(3): 397-425.

Powell T C. 1996. How much does industry matter? An alternative empirical test[J]. Strategic Management Journal, 17(4): 323-334.

Putnam L L, Fairhurst G T, Banghart S. 2016. Contradictions, dialectics, and paradoxes in organizations: A constitutive approach[J]. The Academy of Management Annals, 10(1): 65-171.

Rahmandad H, Repenning N. 2016. Capability erosion dynamics[J]. Strategic Management Journal, 37(4): 649-672.

Rahmandad H, Weiss D M. 2009. Dynamics of concurrent software development[J]. System Dynamics Review, 25(3): 224-249.

Raisch S, Birkinshaw J. 2008. Organizational ambidexterity: Antecedents, outcomes, and moderators[J]. Journal of Management, 34(3): 375-409.

Raisch S, Birkinshaw J, Probst G, et al. 2009. Organizational ambidexterity: Balancing exploitation and exploration for sustained performance[J]. Organization Science, 20(4): 685-695.

Ren Y Q, Argote L. 2011. Transactive memory systems 1985-2010: An integrative framework of key dimensions, antecedents, and consequences[J]. The Academy of Management Annals, 5(1): 189-229.

Repenning N P, Sterman J D. 2002. Capability traps and self-confirming attribution errors in the dynamics of process improvement[J]. Administrative Science Quarterly, 47(2): 265-295.

Reynaud B. 2005. The void at the heart of rules: Routines in the context of rule-following. The case of the Paris metro workshop[J]. Industrial and Corporate Change, 14(5): 847-871.

Rindova V P, Kotha S. 2001. Continuous "Morphing": Competing through dynamic capabilities, form, and function[J]. The Academy of Management Journal, 44(6): 1263-1280.

Ritzer G. 1990. Metatheorizing in sociology[J]. Sociological Forum, 5(1): 3-15.

Rivkin J W. 2001. Reproducing knowledge: Replication without imitation at moderate complexity[J]. Organization Science, 12(3): 274-293.

Rivkin J W, Siggelkow N. 2003. Balancing search and stability: Interdependencies among elements of organizational design[J]. Management Science, 49(3): 290-311.

Robbins D K, Pantuosco L J, Parker D F,et al. 2000. An empirical assessment of the contribution of small business employment to U.S. State economic performance[J]. Small Business Economics, 15(4):293-302.

Roberts J. 2004. The Modern Firm[M]. New York: Oxford University Press.

Rosenberg N, Birdzell Jr L E. 1986. How the West Grew Rich: The Economic Transformation of the Industrial World[M]. New York: Basic Books.

Ross J W, Beath C M, Goodhue D L. 1996. Develop long-term competitiveness through IT assets[J]. Sloan Management Review, 38(1): 31-42.

Rothenberg G S, Franzblau S H, Geer J H. 1979. Educating the learning disabled adolescent about sexuality[J]. Journal of Learning Disabilities, 12(9):576-580.

Salvato C. 2009. Capabilities unveiled: The role of ordinary activities in the evolution of product development processes[J]. Organization Science, 20(2): 384-409.

Schilke O. 2014. On the contingent value of dynamic capabilities for competitive advantage: The nonlinear moderating effect of environmental dynamism[J]. Strategic Management Journal, 35(2): 179-203.

Schmookler J. 1957. Inventors past and present[J]. The Review of Economics and Statistics, 39(3): 321-333.

Schneider S F. 1990. Psychology at a crossroads[J]. American Psychologist, 45(4): 521-529.

Scott S G, Bruce R A. 1994. Determinants of innovative behavior: A path model of individual

innovation in the workplace[J]. The Academy of Management Journal, 37(3): 580-607.
Sharif N. 1999. Strategic role of technological self-reliance in development management[J]. Technological Forecasting and Social Change, 62(3): 219-238.
Shaw G, Brown R, Bromiley P. 1998. Strategic stories: How 3M is rewriting business planning[J]. Harvard Business Review, 76(3): 41-42, 44, 46-50.
Shippmann J S, Ash R A, Batjtsta M, et al. 2000. The practice of competency modeling[J]. Personnel Psychology, 53(3): 703-740.
Siggelkow N. 2002. Evolution toward fit[J]. Administrative Science Quarterly, 47(1): 125-159.
Slawinski N, Bansal P. 2015. Short on time: Intertemporal tensions in business sustainability[J]. Organization Science, 26(2): 531-549.
Smith A. 1776. The Wealth of Nations Books I-III[M]. London: Penguin Classics.
Smith K K, Berg D N. 1987. Paradoxes of Group Life: Understanding Conflict, Paralysis, and Movement in Group Dynamics[M]. San Francisco: Jossey-Bass.
Smith S W. 2014. Follow me to the innovation frontier? leaders, laggards, and the differential effects of imports and exports on technological innovation[J]. Journal of International Business Studies, 45(3): 248-274.
Sotiriou D, Wittmer D. 2001.Influence methods of project managers: Perceptions of team members and project managers[J]. Project Management Journal, 32(3):12-20.
Stene E O. 1940. An approach to a science of administration[J]. American Political Science Review, 34(6): 1124-1137.
Stephan U, Andries P, Daou A. 2019. Goal multiplicity and innovation: How social and economic goals affect open innovation and innovation performance[J]. Journal of Product Innovation Management, 36(6): 721-743.
Sundaramurthy C, Lewis M. 2003. Control and collaboration: Paradoxes of governance[J]. The Academy of Management Review, 28(3): 397-415.
Szulanski G, Jensen R J. 2004. Overcoming stickiness: An empirical investigation of the role of the template in the replication of organizational routines[J]. Managerial and Decision Economics, 25(6/7): 347-363.
Teece D J. 2007. Explicating dynamic capabilities: The nature and microfoundations of (sustainable) enterprise performance[J]. Strategic Management Journal, 28(13): 1319-1350.
Teece D J. 2012.Dynamic capabilities: Routines versus entrepreneurial action[J]. Journal of Management Studies, 49(8): 1395-1401.
Teece D J, Pisano G P. 1994. The dynamic capabilities of firms: An introduction[J]. Industrial and Corporate Change, 3(3): 537-556.
Teece D J, Pisano G P, Shuen A. 1997.Dynamic capabilities and strategic management[J]. Strategic Management Journal, 18(7): 509-533.
Tierney P, Farmer S M. 2002.Creative self-efficacy: Its potential antecedents and relationship to creative performance[J]. The Academy of Management Journal, 45(6): 1137-1148.
Tripsas M, Gavetti G. 2000. Capabilities, cognition, and inertia: Evidence from digital imaging[J]. Strategic Management Journal, 21(10/11): 1147-1161.

Tripsas M. 2009. Technology, identity, and inertia through the lens of"the digital photography company"[J]. Organization Science, 20(2): 441-460.

Tunzelmann V. 1978. Steam power and British industrialization to 1860[J].The Economic Journal, 88(351): 589.

Usselman S W. 1993. Daniel Willard and progressive management on the Baltimore & Ohio Railroad by David M. Vrooman[J]. Technology and Culture, 34(2): 432-434.

van de Ven A H, Poole M S. 1995 Explaining development and change in organizations[J]. The Academy of Management Review, 20(3):510-540.

van Knippenberg D, Sitkin S B. 2013. A critical assessment of charismatic—transformational leadership research: Back to the drawing board?[J]. The Academy of Management Annals, 7(1): 1-60.

Wallerstein I. 1974. The rise and future demise of the world capitalist system: Concepts for comparative analysis[J]. Comparative Studies in Society and History,16(4):387-415.

Wallerstein I. 1976. The Modern World-System[M]. New York: Academic Press.

Walsh J P. 1995.Managerial and organizational cognition: Notes from a trip down memory lane[J]. Organization Science, 6(3): 280-321.

Wang C L, Ahmed P K. 2007. Dynamic capabilities: A review and research agenda[J]. International Journal of Management Reviews, 9(1): 31-51.

Wang Y. 2016. Environmental dynamism, trust and dynamic capabilities of family businesses[J]. International Journal of Entrepreneurial Behavior & Research, 22(5): 643-670.

Wegner D M. 1987. Transactive Memory: A Contemporary Analysis of the Group Mind[M]. New York: Springer.

Wegner D M. 1995. A computer network model of human transactive memory[J]. Social Cognition, 13(3): 319-339.

Weick K. E. 1979. The Social Psychology of Organizing[M]. Boston: Addison Wesley.

Wernerfelt B. 1984. A resource-based view of the firm[J]. Strategic Management Journal, 5(2): 171-180.

Whishaw I Q, Kolb B. 2009. The Behavior of the Laboratory Rat: A Handbook with Tests[M]. New York: Oxford University Press.

White R, Limerick P N. 1994. The Frontier in American Culture[M]. Berkeley: University of California Press.

Wilden R, Gudergan S P. 2015. The impact of dynamic capabilities on operational marketing and technological capabilities: Investigating the role of environmental turbulence[J]. Journal of the Academy of Marketing Science, 43(2): 181-199.

Wilden R, Gudergan S P. 2017. Service-dominant orientation, dynamic capabilities and firm performance[J]. Journal of Service Theory and Practice, 27(4): 808-832.

Wilhelm H, Schlömer M, Maurer I. 2015. How dynamic capabilities affect the effectiveness and efficiency of operating routines under high and low levels of environmental dynamism[J]. British Journal of Management, 26(2): 327-345.

Wing L S. 2005. Leadership in high-performance teams: A model for superior team performance[J].

Team Performance Management, 11(1/2): 4-11.

Winter S G. 2000. The satisficing principle in capability learning[J]. Strategic Management Journal, 21(10/11): 981-996.

Winter S G. 2003. Understanding dynamic capabilities[J]. Strategic Management Journal, 24(10): 991-995.

Witnauer J E, Wojick B M, Polack C W, et al. 2012. Performance factors in associative learning: Assessment of the sometimes competing retrieval model[J]. Learning & Behavior, 40(3):347-366.

Witt J K. 2011. Action's effect on perception[J]. Current Directions in Psychological Science, 20(3): 201-206.

Woiceshyn J, Daellenbach U. 2005. Integrative capability and technology adoption: Evidence from oil firms[J]. Industrial and Corporate Change, 14(2): 307-342.

Wu L Y. 2010. Applicability of the resource-based and dynamic-capability views under environmental volatility[J]. Journal of Business Research, 63(1): 27-31.

Zahra S A, George G. 2002. Absorptive capacity: A review, reconceptualization, and extension[J]. The Academy of Management Review, 27(2): 185-203.

Zahra S A, Newey L R. 2010. Maximizing the impact of organization science: Theory-building at the intersection of disciplines and/or fields[J]. Journal of Management Studies, 46(6): 1059-1075.

Zahra S A, Sapienza H J, Davidsson P. 2006.Entrepreneurship and dynamic capabilities: A review, model and research agenda[J]. Journal of Management Studies, 43(4): 917-955.

Zajac E J, Kraatz M S, Bresser R K F. 2000. Modeling the dynamics of strategic fit: A normative approach to strategic change[J]. Strategic Management Journal, 21(4): 429-453.

Zheng Y F, Liu J, George G. 2009. The dynamic impact of innovative capability and inter-firm network on firm valuation: A longitudinal study of biotechnology start-ups[J]. Journal of Business Venturing, 25(6): 593-609.

Zhou J, Oldham G R. 2001. Enhancing creative performance: Effects of expected developmental assessment strategies and creative personality[J]. Journal of Creative Behavior, 35(3): 151-167.

Zollo M, Winter S G. 2002. Deliberate learning and the evolution of dynamic capabilities[J]. Organization Science, 13(3): 339-351.

Zott C. 2003. Dynamic capabilities and the emergence of intraindustry differential firm performance: Insights from a simulation study[J]. Strategic Management Journal, 24(2): 97-125.

附录 1

任正非历年讲话清单（共 121 篇）

1994 年：

《赴美考察散记》

《胜利祝酒辞[1]》

《对中国农话网与交换机产业的一点看法》

《从二则空难事故看员工培训的重要性》

《致新员工书》

《团结奋斗，再创华为佳绩——与市场培训人员座谈》

1995 年：

《上海电话信息技术和业务管理研讨会致谢词》

《在第四届国际电子通信展华为庆祝酒会上的发言》

《坚定不移地坚持发展方向——在中央研究部干部就职仪式上的讲话》

《解放思想，迎接 1996 年市场大战——在办事处工作会议上的讲话》

《励精图治，再创辉煌——在财经采购系统干部就职仪式上的讲话》

《目前的形势与我们的任务》

《英雄好汉站出来——在市场总部高、中级干部就职仪式上的讲话》

《不前进就免职——在生产系统干部就职仪式上的讲话》

《要建立一个均衡的平台——在公司秘书业务培训班上的讲话》

《我们要向市场、开放、创造性工作倾斜——在工资改革汇报会上的讲话》

《胜负无定数，敢搏成七分——在市场部内部竞聘现场答辩会上的讲话》

1996 年：

《加强合作，走向世界——在华为公司与云南电信器材厂通信电源合作签字仪式上的讲话》

《再论反骄破满，在思想上艰苦奋斗——在市场庆功及科研成果表彰大会上的讲话》

《赴俄参展杂记》

---

① 应为祝酒词——编著注。

《坚持顾客导向，同步世界潮流》

《当干部是一种责任——在市场部全体正职集体辞职仪式上的讲话》

《要树立服务意识、品牌意识、群体意识——在行政系统员工对话会上的讲话》

《管理改革，任重道远——在管理工程事业部工作汇报会上的讲话》

《实行低重心管理，层层级级都要在做实上下功夫——在劳动工资汇报会上的讲话》

《做好基础工作，逐步实现全面质量管理——在品质系统工作会上的讲话》

《持续技术领先，扩大突破口——答中央电视台记者问》

《我们是要向前迈进一小步，而不是一次大飞跃——在技术能手大比武之前的讲话》

《秘书体系是信息桥——与中国人民大学孙健敏博士谈秘书体系建设等问题》

《团结起来接受挑战，克服自我溶入大我——在 1996 年 12 月 28 日公司各条战线优秀员工报告会上的讲话》

《培训——通向华为明天的重要阶梯——在人力资源部培训工作汇报会上的讲话》

《苦练基本功，争做维护专家——在用服工程师培训动员大会上的讲话》

1997 年：

《不要忘记英雄——在来自市场前线汇报会上的讲话》

《秘书如何定位——在秘书座谈会上的讲话》

《资源是会枯竭的，唯有文化才能生生不息》

《加强用户服务中心建设，不断提高用户服务水平——在用服中心 97 年管理培训班上的讲话》

《坚定不移地推行 ISO9000——对市场部培训干部的讲话》

《悼念杨琳》

《自强不息，荣辱与共，促进管理的进步》

《走过亚欧分界线》

《谈学习》

《呼唤英雄——在公司研究试验系统先进事迹汇报大会上的讲话》

《为提高电信网营运水平而努力》

《不要叶公好龙——在管理改革工作动员大会上的讲话摘要》

《建立一个适应企业生存发展的组织和机制——与 Way 专家在任职资格考核会上的讲话》

《谈干部队伍建设》

《当代青年怎样爱国——在 9 月 16 日与员工关于钓鱼岛事件座谈会》

《提升自我，找到切入点，迎接人生新挑战——与客户工程部座谈纪要》

1998 年：
《我们向美国人民学习什么》
《要从必然王国，走向自由王国》
《小改进，大奖励》
《华为的红旗到底能打多久》
《全心全意对产品负责，全心全意为客户服务》
《不做昙花一现的英雄》
《在自我批判中进步——在 GSM 鉴定会后答谢词》
《印度随笔》
《在“委员会管理法”评审会上的重要讲话》
《加强夏收管理，促进增产增收——在第三批机关干部赴前线欢送会上的讲话》
《希望寄托在你们身上——在中研部“品格的成熟铸就产品的成熟”交流会上的讲话》
1999 年：
《创业创新必须以提升企业核心竞争力为中心》
《能工巧匠是我们企业的宝贵财富》
《中国人今天说不》
《任正非总裁答新员工问》
《在实践中培养和选拔干部——任总在第二期品管圈活动汇报暨颁奖大会上的讲话》
2000 年：
《一个职业管理者的责任和使命》
《凤凰展翅 再创辉煌——在“市场部集体大辞职四周年颁奖典礼”上的讲话》
《创新是华为发展的不竭动力》
《为什么要自我批判》
《活下去是企业的硬道理》
《与身处逆境的员工对话录》
2001 年：
《雄赳赳、气昂昂，跨过太平洋——在欢送海外将士出征大会上的讲话》
《北国之春》
《华为的冬天》
《我的父亲母亲》
2002 年：
《认识驾驭客观规律，发挥核心团队作用，不断提高人均效益，共同努力度过

难关[①]——在华为研委会会议、市场三季度例会上的讲话》

《迎接挑战，苦练内功，迎接春天的到来》

2003 年：

《在理性与平实中存活——在华为公司内部干部管理培训班上的讲话》

《产品发展的路标是客户需求导向，企业管理的路标是流程化的组织建设——在 PIRB 产品路标规划评审会议上的讲话》

2004 年：

《持续提高人均效益，建设高绩效企业文化——在干部工作会议上的讲话》

2005 年：

《鼓励创新更须保护知识产权》

2006 年：

《天道酬勤》

《与港湾高层杭州谈话会议记录》

《实事求是的科研方向与二十年的艰苦努力》

《在 BT 系统部、英国代表处汇报会上的讲话》

《华为大学要成为将军的摇篮——在华为大学和党委领导座谈会上的讲话》

《冰岛游记》

《我的青春岁月》

2007 年：

《要快乐地度过充满困难的一生——给陈珠芳及党委成员的一封信》

《任总在英国代表处的讲话纪要》

2008 年：

《只有强者才会自我批评——在核心网产品表彰大会上的讲话》

《不要试图做完人——在优秀党员座谈会上的发言》

《从汶川特大地震一片瓦砾中，一座百年前建的教堂不倒所想到的——任总在中央平台研发部表彰大会上的讲话纪要》

2009 年：

《深淘滩，低作堰——在运作与交付体系奋斗表彰大会上的讲话》

《让一线直接呼唤炮火——销服体系奋斗颁奖大会上的讲话》

《开放、妥协与灰度》

《财经的变革是华为的变革，不是财务系统的变革——在财经变革项目规划汇报会上的讲话》

① 应为渡过难关——编者注。

2010年：

《2010新年致辞》

《华为不再做“黑寡妇”》

《华为要改善和媒体的关系》

2011年：

《为客户服务是企业生存的唯一理由——谈谈华为公司的企业战略》

《如何与奋斗者分享利益》

《一江春水向东流——为轮值CEO鸣锣开道》

《在华为大学干部高级管理研讨班上的讲话》

2012年：

《在2012实验室的讲话》

《董事会领导下的CEO轮值制度辨》

2013年：

《在持股员工代表大会的发言摘要》

《在华为2013年度干部工作会议的讲话》

《在片联开工会上的讲话》

2014年：

《在大机会时代，千万不要机会主义——与消费者BG管理团队午餐会上的讲话》

《华为会怎么失败，华为会怎么垮掉》

《与英国媒体会谈纪要》

《2014年6月接受中国媒体采访实录》

《做谦虚的领导者》

《为什么我们今天还要向“蓝血十杰”学习》

《在人力资源汇报上的讲话》

《风物长宜放眼量——在成研所业务汇报会上的讲话》

《在后备干部项目管理与经营短训项目座谈会上的讲话》

《互联网时代仍然需要科学管理——在华为“蓝血十杰”表彰会上的讲话》

《致新员工书》

2015年：

《在达沃斯论坛发言实录》

《在达沃斯论坛年会答BBC记者的提问》

附录2
调 查 问 卷

尊敬的先生／女士：

您好！我是浙江工业大学经贸管理学院企业战略管理研究所的研究人员，本问卷旨在研究软件和信息技术服务类企业交互记忆系统对企业创新绩效的影响，烦请您百忙之中花几分钟时间填写问卷。本问卷纯属用作学术研究，内容不涉及企业商业机密，所获信息也不会用于任何商业用途，请您放心且客观填写，您的回答对笔者有着非常重要的作用。最后，衷心感谢您的支持和帮助，谢谢！

附表　浙江工业大学经贸管理学院企业战略管理研究

第一部分：背景资料【请您根据实际情况在选项前打“√”】

1. 您的性别：①男　②女

2. 您的年龄：①30岁及以下　②31～40岁　③41～50岁　④50岁以上

3. 您的学历：①大专及以下　②本科　③硕士　④博士及以上

4. 您的企业行业分类：①软件产品　②信息技术服务　③嵌入式系统软件

5. 您的企业成立年限：①5年内　②5～10年　③11～20年　④20年以上

6. 您的企业员工人数：①10人内　②10～100人　③101～300人　④300人以上

7. 您的企业产权性质：①国有企业　②民营企业　③合资企业　④其他

第二部分：交互记忆系统题项【请您在同意程度序号前打“√”】
（①非常不同意；②不同意；③不确定；④同意；⑤非常同意）

TMS1-1	团队中的每个成员都具有项目有关方面的专业知识	① ② ③ ④ ⑤
TMS1-2	我掌握项目所需但其他成员不擅长的某一方面的专长	① ② ③ ④ ⑤
TMS1-3	团队的每个成员负责不同领域的专业知识和技能	① ② ③ ④ ⑤
TMS1-4	每个团队成员所具有的不同领域专长知识都是完成任务所需的	① ② ③ ④ ⑤
TMS1-5	我知道其他团队成员所熟悉掌握的专长领域	① ② ③ ④ ⑤
TMS2-1	我很乐意接受其他团队成员给我的科学性建议	① ② ③ ④ ⑤
TMS2-2	我相信团队其他成员在各自专长领域上的知识和技能是值得信赖的	① ② ③ ④ ⑤

	第二部分：交互记忆系统题项【请您在同意程度序号前打“√”】 （①非常不同意；②不同意；③不确定；④同意；⑤非常同意）	
TMS2-3	我相信其他成员在团队讨论中提出的信息是可靠的	① ② ③ ④ ⑤
TMS2-4	当团队成员提供信息时，我会仔细检查来确认（反向题）	① ② ③ ④ ⑤
TMS2-5	我不太信任其他成员所掌握专长领域的知识（反向题）	① ② ③ ④ ⑤
TMS3-1	工作团队合作协调性很好	① ② ③ ④ ⑤
TMS3-2	团队在工作中有比较明确的分工	① ② ③ ④ ⑤
TMS3-3	团队在工作时经常会重新做一遍已经做过的工作（反向题）	① ② ③ ④ ⑤
TMS3-4	团队总是能顺利而且高效地完成任务	① ② ③ ④ ⑤
TMS3-5	团队对如何完成任务感到迷茫和混乱（反向题）	① ② ③ ④ ⑤
	第三部分：动态能力题项【请您在同意程度序号前打“√”】 （①非常不同意；②不同意；③不确定；④同意；⑤非常同意）	
DC1-1	本企业对所在产业发展运行规律了解非常深入	① ② ③ ④ ⑤
DC1-2	本企业能充分认识到所处环境的变化和发展趋势并制订计划以使企业提前做好应对	① ② ③ ④ ⑤
DC1-3	本企业和同行、顾客、供应商等利益相关者频繁交流，能从他们那里及时获得对企业有用的信息	① ② ③ ④ ⑤
DC1-4	本企业能够不断地观察市场、检查客户和竞争者并有根据市场活动配置资源的能力	① ② ③ ④ ⑤
DC1-5	本企业能够根据业务发展优先性来进行企业内部系统演进	① ② ③ ④ ⑤
DC2-1	本企业的员工非常支持员工的创新活动	① ② ③ ④ ⑤
DC2-2	本企业鼓励具有创新精神的企业文化	① ② ③ ④ ⑤
DC2-3	本企业对有创新能力的员工给予充分的激励和奖励	① ② ③ ④ ⑤
DC2-4	本企业员工经常提出有创意的设想和主意	① ② ③ ④ ⑤
DC2-5	本企业的员工敢于冒险、富有首创精神	① ② ③ ④ ⑤
DC2-6	本企业建立了有效的流程、方法以促进并考核员工的革新思想	① ② ③ ④ ⑤
DC2-7	企业对革新活动投入了大量的资金	① ② ③ ④ ⑤
DC3-1	企业不断完善其自身的资源禀赋	① ② ③ ④ ⑤
DC3-2	企业能够用整合的资源提升工作效率和效能	① ② ③ ④ ⑤
DC3-3	企业对资源的开发和拓展很满意	① ② ③ ④ ⑤
DC3-4	企业利用资源完成了跨部门之间的任务	① ② ③ ④ ⑤
DC3-5	企业对部门之间的资源共享很满意	① ② ③ ④ ⑤

	第三部分：动态能力题项【请您在同意程度序号前打“√”】 （①非常不同意；②不同意；③不确定；④同意；⑤非常同意）	
DC3-6	经过整合的资源提升了企业的整体效率和效能	① ② ③ ④ ⑤
DC4-1	企业善于通过联盟、合作等形式向其他企业学习	① ② ③ ④ ⑤
DC4-2	企业经常与供应商、客户等一起探讨问题的解决方案	① ② ③ ④ ⑤
DC4-3	企业内部的沟通渠道畅通无阻	① ② ③ ④ ⑤
DC4-4	企业实现了知识的内部共享	① ② ③ ④ ⑤
DC4-5	企业能够对新知识进行加工、利用	① ② ③ ④ ⑤
DC4-6	企业能够创造新的知识	① ② ③ ④ ⑤
	第四部分：环境动态性题项【请您在同意程度序号前打“√”】 （①非常不同意；②不同意；③不确定；④同意；⑤非常同意）	
ED1-1	企业所处的产品市场会频繁推出新产品	① ② ③ ④ ⑤
ED1-2	在企业的产品领域，顾客对产品的偏好会随着时间发生很大的转变	① ② ③ ④ ⑤
ED1-3	企业所处的产品市场的竞争白热化	① ② ③ ④ ⑤
ED1-4	企业所处的产品领域中的营销手段会持续变化	① ② ③ ④ ⑤
ED2-1	企业所处产业的技术更新速度很快	① ② ③ ④ ⑤
ED2-2	企业所处产业，未来两到三年的技术变化很难预测	① ② ③ ④ ⑤
ED2-3	企业所处产业，技术突破会带来很大的机会和威胁	① ② ③ ④ ⑤
	第五部分：创新绩效题项【请您在同意程度序号前打“√”】 （①非常不同意；②不同意；③不确定；④同意；⑤非常同意）	
IP1-1	企业进行的技术创新为公司带来许多利润	① ② ③ ④ ⑤
IP1-2	企业进行的技术创新提高了投资回报率	① ② ③ ④ ⑤
IP1-3	企业进行的技术创新提高了企业的市场占有率	① ② ③ ④ ⑤
IP1-4	企业进行的技术创新明显为企业降低了成本	① ② ③ ④ ⑤
IP2-1	企业进行的技术创新符合企业的长期战略	① ② ③ ④ ⑤
IP2-2	企业进行的技术创新有利于新的创新的开展	① ② ③ ④ ⑤
IP2-3	企业进行的技术创新提高了企业未来发展的潜力	① ② ③ ④ ⑤
IP2-4	企业进行的技术创新能够提高公司竞争力	① ② ③ ④ ⑤
IP2-5	企业进行的技术创新十分利于企业未来的发展	① ② ③ ④ ⑤